2024년 부동산 세금, 부동산 절세 주택임대, 상가임대 재산 관련 세무

이진규 지음

어지러운 부동산 세금 간편 정리

■ 저자 이진규 (약력)
(현)삼일인포마인 세무상담위원
(현)비즈폼, 이지분개 세무상담위원
  20여년간 세무상담
(현)경영정보사 도서 집필 및 발간
(전)국세청 세무조사관

■ 저자 저서
법인관리 및 법인세무 컨설팅
법인기업의 세무회계실무
세법의 가산세 및 세무회계실무
부가가치세 및 원천세 실무
세금개요 및 절세

2024년 부동산 세금, 부동산 절세
주택임대, 상가임대 재산 관련 세무

2024. 01. 10. 초판 발행
저　　자 : 이 진 규
발 행 인 : 강 현 자
발 행 처 : 경영정보사
신고번호 : 제2021 - 00026호

주　　소 : 대구시 동구 동촌로 255
　　　　　태왕 아너스 101동 401호
전　　화 : 080 - 250 - 5771
홈페이지 : www.ruddud.co.kr
E-Mail　 : lee24171@naver.com

머리말

부동산과 관련한 세금인 부동산 양도소득에 대한 양도소득세의 경우 부동산 가격 안정을 위한 정부의 빈번한 세법 개정으로 법령체계가 매우 복잡하여져서 세법에 관한 전문가들조차 관련 규정을 정확히 판단하는 것이 쉽지 않습니다.

이로 인하여 주택을 양도하면서 1세대 1주택으로 판단하여 양도소득세 신고를 하지 아니하였으나 과세당국의 추적 조회 결과 1세대 1주택에 해당되지 아니하므로 인하여 무거운 세금이 부과되는 사례 또는 일시적 2주택 비과세 적용대상인 줄 알고 양도소득세 신고를 하지 아니하였으나 추후 세금이 부과되는 사례, 상가 양도시 포괄 양도양수 적용을 잘못 적용하여 부동산 양도 이후 세금이 추징되는 경우 등이 빈번히 발생하고 있습니다.

한편, 부동산과 관련한 세법에 대한 기본 지식만 있었더라도 양도소득세를 충분히 줄일 수 있음에도 세금을 부담하는 기막힌 일들이 일어나기도 합니다. 따라서 본서는 부동산 양도와 관련한 세금 폭탄을 사전에 예방하고, 세법이 허용하는 범위내에서 최대한 줄일 수 있는 사례 등을 분석하여 수록하였습니다.

저자는 이러한 세무상 문제에 대하여 다양한 사례를 분석하여 세금 폭탄을 예방하기 위한 핵심적인 내용을 본서에 수록하여 실질적인 도움이 될 수 있도록 각고의 노력 끝에 이 책을 저술하였으므로 독자분들에게 도움이 되었으면 합니다.

2024년 1월 저자 이진규

양도소득세 세금 절세 및 세무리스크 해결 방안

빈번한 세법 개정과 부동산 세법 관련 내용이 여기저기 얽혀 있어 부동산 양도와 관련한 양도차익이 발생한 경우로서 해당 사안이 복잡한 경우 비과세 대상등을 판단하기가 정말 쉽지가 않습니다.

이로 인하여 조세전문가들조차 양도소득세 관련 상담을 기피하고 있으며, 국세청 홈택스 상담 또한 애매한 사안의 경우 나중에 발생할 수 있는 문제를 회피하기 위하여 과세가 되는 쪽으로 편의적인 답변을 할 수도 있습니다.

따라서 부동산을 양도하면서 고액의 양도차익이 발생될 것으로 예상되는 경우 세금을 절세하거나 세무리스크를 방지할 수 있는 최선의 방법은 국세청에 사전질의 또는 서면질의를 하여 공식적인 답변을 받는 것입니다.

[사전질의/서면질의] 국세청 홈페이지 → 국세정책제도 → 세법해석질의안내

다만, 사전질의 또는 서면질의의 경우 회신 기간이 너무 오래 걸릴 수 있고, 법리 판단을 요하는 사안의 경우 회신 자체를 받지 못할 수도 있으며, 질의자가 사실 관계를 정확히 제시하지 못한 경우 문제가 발생할 수도 있습니다.

이러한 여러 가지로 문제로 양도소득세를 비과세받거나 절세하기가 쉽지 않습니다만, 차선책으로 다음 내용을 참고하시기 바랍니다.

[1] 홈택스 인터넷 질의
홈택스에 전화(☎126)로 문의하는 경우 통화 자체가 매우 어렵고, 질의의 불완전성 및 국세청 상담관의 판단 착오 등이 발생할 수 있으므로 가능한 홈택스에서 인터넷 질의를 하시기 바랍니다.

[홈택스] → 상담/제보 → 인터넷 상담사례 → 세법 관련 상담하기 → 양도소득세, 상속세 및 증여세

[2] 양도소득세 분야 전문 세무사님에게 상담을 하시기 바랍니다.
양도소득세 분야의 경우 세무사분들의 일상적인 업무가 아니므로 복잡한 양도소득세의 경우 여러 루트를 통하여 전문가를 수소문하여 상담을 하시는 것이 최선의 방법입니다.

[3] 상담료 몇 푼 아낄려고 하지 마시기 바랍니다.
양도소득세 신고납부를 잘못하여 추징되는 세금이 많은 경우 감당하기 어려운 경제적 고통을 받게 될 것입니다. 따라서 양도차익이 많은 경우 부동산을 양도하기 전에 최소한 2군데 이상의 양도소득세 분야 세무전문가에게 문의를 하시기 바랍니다.

[4] 이 책을 포함한 양도소득세 관련 도서의 활용 및 재확인
너무나 복잡한 세법 내용으로 저를 포함하여 양도소득세 관련 도서의 저자분들은 아마 혼신의 힘을 다하여 도서를 저술하였을 것입니다. 그럼에도 불구하고, 만의 하나 도서에 오류가 있을 수도 있으므로 도서는 참고용으로 활용하시고, 최종 판단은 양도소득세 분야 전문가분에게 의뢰를 하여야 합니다. 단, 양도소득세 상담을 하시는 전문가분들도 확정적인 상담을 드릴 수는 없을 것이므로 납세자 본인이 양도소득세 신고 및 납부 오류로 인한 리스크가 발생하지 않도록 확인하고 또 확인하여 낭패를 겪는 일이 발생하지 않기를 간절히 바랍니다.

■ 부동산 관련 세무 상담시 주의사항

부동산 관련 세무 상담의 경우 납세자들이 본인의 정보를 잘못 제공(세대 구성원 보유 주택, 실제 거주 여부, 농어촌주택 또는 지분주택 보유사실 누락등)하거나 보유 또는 양도하는 주택이 재개발, 재건축된 주택임을 알리지 아니하여 내지 않아도 될 세금을 내거나 양도소득세가 추징될 수 있기 때문입니다.

또한 상담을 하시는 분이 사실 관계를 오인하거나, 판단 착오, 과세당국의 해석(예규) 변경이 있었음에도 종전 예규를 적용함으로서 잘못된 상담이 될 수 있으므로 비과세 등을 적용받는 경우 각별히 주의를 하시기 바랍니다.

◆ 양도, 조심2013중4196, 2013.12.23, 기각, 완료
비과세대상이라는 세무공무원의 안내에 따라 납세자가 납부세액이 없는 것으로 양도세 신고를 하였어도 감면대상에 해당하지 아니함

◆ 양도, 조심2010서3968, 2011.03.25, 기각, 완료
담당공무원이 제공한 요약표는 납세자의 신고 및 납세편의를 위하여 제공한 것에 불과하고 납세자로서는 그 신고안내 내용을 참고하여 적법한지를 검토한 후 신고·납부하여야 할 것인 바 주의의무를 다함이 없이 양도소득세를 신고·납부한 것은 가산세를 면제할 정당한 사유가 있다고 보기 어려운 것임

◆ 양도, 조심2010중0430, 2010.04.29, 기각, 완료
납세자가 세무공무원의 잘못된 안내를 믿고 그에 따라 신고의무를 이행하지 않았다 하더라도 그것이 관련법령에 어긋나는 것임이 명백한 때에는 정당한 사유에 해당하지 않으므로 가산세 부과는 정당함.

목 차

2024년 부동산 세금, 부동산 절세 주택임대, 상가임대 재산 관련 세무

CONTENTS •••••

주택 양도소득세 등

SECTION 1 부동산 세금 조견표

양도소득세 세율	3
소득세 기본세율	4
증여세 또는 상속세 세율	4
취득세 세율 요약표	5

SECTION 2 2022. 5. 10. 이후 세법 개정 사항

양도소득세 중과세 한시 배제 기간 연장	7
1세대 1주택 양도소득세 비과세 2년 보유기간 개정	8
일시적 2주택 양도소득세 비과세 요건 완화	9

SECTION 3 1세대 1주택 양도소득세 비과세

1세대 및 1세대에 포함하여야 하는 경우	11
1세대에 포함하지 않는 경우	13
주택의 범위 및 1세대 1주택	14
비과세대상 1세대 1주택 및 보유기간	17
상생임대주택 비과세 특례	19

SECTION 4 1세대 1주택 특례 (일시적 2주택 등)

이사를 위해 일시적으로 2주택이 된 경우	22
조정대상지역 일시적 2주택 비과세 종전주택 처분기한	23
기타 2주택임에도 비과세 특례가 적용되는 경우	24
상속주택과 일반주택을 보유한 경우 과세특례 등	30

SECTION 5 조정대상지역 지정, 해제, 중과세 한시 배제

조정대상지역 소재 주택 양도소득세 중과 한시 배제	33
조정대상지역 해제	34
[23.01.05.] 서울 일부, 경기지역 조정대상지역 모두 해제	38
조정대상지역 해제시 바뀌는 것들	39
- 1세대 1주택 비과세 2년 거주요건 적용 제외	39
- 대출규제 완화(해제일 이후 계약한 경우)	43
- 주택담보대출 주요 개정 내용 [22.12.1. 시행]	44

목차 2

- 다주택자 규제지역내 주택담보대출 허용 등　　　46
- 전매행위 제한기간 규제완화　　　48

SECTION 6　분양권 양도소득세

분양권 양도소득세　　　49
분양권 취득과 기존주택 양도 비과세 특례　　　50
분양권 취득과 취득세 중과세 여부　　　52

SECTION 7　입주권 양도소득세

1주택과 조합원입주권 1세대 1주택 비과세 특례　　　53
조합원입주권 양도소득세　　　55

SECTION 8　겸용 주택 취득세, 양도소득세 등

상가주택의 취득과 관련한 세금　　　58
상가주택 양도와 관련한 세금　　　59
상가주택의 주택 연면적이 큰 경우 1세대 1주택 적용　　　60
조정대상지역 상가주택 양도 → 주택수 2채 이상 중과세　　　60
상가주택 매매시 주택가액과 상가가액 구분　　　61
겸용주택 양도소득세 절세 및 세무리스크　　　62

SECTION 9　비사업용 토지 양도소득세 중과

비사업용토지 양도소득세 10% 중과세　　　63
비사업용 토지 종류　　　64
비사업용에서 제외되는 토지　　　66
비사업용 토지의 장기보유특별공제 및 세율　　　69
비사업용토지 기본세율　　　69

SECTION 10 양도소득세 신고 및 납부

양도가액	71
양도소득 필요경비	72
양도소득 기본공제	74
장기보유특별공제	75
양도소득세 과세표준 및 세율	77
양도소득세 신고 및 납부	79

SECTION 11 양도소득세 비과세, 감면 등

자경 농지 감면	80
공익사업용 토지 등에 대한 양도소득세 감면	83
양도소득세 감면 종합한도	84

SECTION 12 양도소득세 계산시 주의 사항, 세금 절세

하나의 계약으로 2건 이상 물건을 양도하는 경우	85
증여받은 자산을 10년 이내 양도하는 경우	87
사업자가 사업용 부동산을 양도하는 경우	87
양도소득 부당행위계산부인(저가 또는 고가양도)	88
직계존비속, 배우자간 양도시 주의사항	88
양도소득세 등 세금절세 전략	89
합법적인 절세	89
특정 기간 중 미분양주택, 신축주택 취득 감면	92

SECTION 13 취득세 및 개정 내용

취득세 세율 및 신고·납부	97
취득세 관련 주택수 및 중과세 여부	100
취득세 관련 개정 세법	104
주택 취득 관련 제비용	108

상가 및 오피스텔 세무

SECTION 1 부동산임대 사업자등록

사업자 및 사업자등록 신청	113
사업자 구분 및 사업자등록 정정	118
부동산임대업 일반사업자와 간이사업자 구분	119
상가 임대시 알아 두어야 할 법령	121

SECTION 2 개인사업자 세금

종합소득세라 함은?	123
종합소득에 합산하여야 하는 소득은?	124
공적연금 및 사적연금 종합소득세 합산	124
주택외 부동산 임대사업자 부가가치세	125
근로소득세 (직원 급여에 대한 세금)	126
퇴직소득세 (직원 퇴직금에 대한 세금)	127
세금 신고 및 납부일정표	128

SECTION 3 부동산 임대업 부가가치세 신고·납부

부동산임대업 임대수익 부가가치세	132
임대(전세)보증금에 대한 부가가치세	134
부동산임대업 세금계산서 발급	136
부동산임대업 부가가치세 신고 및 납부	141
부동산임대업의 부가가치세 신고시 제출할 서류	145
부가가치세 기한 후 신고 및 수정신고	147
부동산임대업의 세금폭탄 사례	150
부동산임대업(간이과세자) 부가가치세 세무	151
간이과세자인 부동산임대업 부가가치세 세액 계산	154

간이과세자 부가가치세 신고 및 납부 155
일반과세자(부동산임대업)의 간이과세자 전환 157
부동산임대업의 간이과세 포기 신고 160
특수관계자에게 무상 또는 저가임대시 부가가치세 162
특수관계자에게 무상 또는 저가임대시 증여세 163
특수관계자 간 부동산 무상사용 시 절세 대책 164

SECTION 4 오피스텔 세금

오피스텔 임대와 관련한 세금 개요 166
오피스텔 업무용 임대 또는 사용 168
오피스텔을 주택으로 임대 또는 사용하는 경우 170
오피스텔 매입과 부가가치세 171
오피스텔 취득세 173
오피스텔 재산세 173
오피스텔 종합부동산세 175
오피스텔 양도와 양도소득세 176
업무용 오피스텔 양도시 부가가치세 177
오피스텔 장기임대주택 등록 세금 절세 등 178
오피스텔의 용도변경과 세무문제 180
오피스텔 임대수익 세금 182
주거용 오피스텔 임대 세금 183

SECTION 5 상가 건물 양도, 부동산임대업 폐업

부가가치세 징수 및 납부 184
일반과세사업자가 상가 건물을 양도하는 경우 185
간이사업자가 상가 건물을 양도하는 경우 187
건물 양도없이 부동산임대업을 폐업하는 경우 189
건물 감가상각비는 양도소득 취득가액에서 차감 190
포괄양도양수 및 세무상 유의할 사항 192
포괄양도양수에 해당하지 않는 경우 194
포괄양도양수와 대리납부 196

상가 임대 종합소득세

SECTION 1 부동산 임대 종합소득세 신고·납부

종합소득세 개요	201
부동산임대업의 사업소득금액 및 소득공제	205
총수입금액, 필요경비	205
이월결손금(소득금액에서 공제)	206
사업소득금액	206
종합소득금액	207
연금소득의 종합소득 합산 등	208
소득공제(인적공제)	210
종합소득세 과세표준 및 세율과 산출세액	213
연금계좌세액공제	215
상가임대료를 인하한 임대사업자에 대한 세액공제	218
종합소득세 신고 유형	222
복식부기 및 복식부기 기장의무사업자	222
간편장부대상자	222
성실신고확인제도 및 성실신고확인대상사업자	224
종합소득세 신고 및 납부 기한	226

SECTION 2 간편장부에 의한 종합소득세 신고

간편장부 작성	227
총수입금액(부동산임대업)	229
임대보증금에 대한 간주임대료의 총수입금액 산입	229
필요경비	234
필요경비에 산입할 수 있는 기부금	237
간편장부대상자 종합소득세 신고서 작성	240
총수입금액 및 필요경비명세서 등 작성	241
필요경비에 대한 지출증빙 및 정규영수증	244

정규영수증을 수취하지 않아도 되는 거래	245
간이과세자와 거래시 주의하여야 할 사항	246
인건비 지출증빙	246
근로소득 간이지급명세서 제출	247
연말정산 및 지급명세서 제출	247

SECTION 3 부동산임대업 종합소득세 추계 신고

간편장부대상자 추계신고	248
추계신고시 경비율 적용	249
단순경비율에 의한 추계소득금액 계산	250
간편장부대상자의 추계소득금액 계산	252
간편장부대상자의 기준경비율에 의한 추계소득금액	252
추계신고자 종합소득세 신고서 작성절차	253
복식부기기장의무자의 추계신고	254
부동산임대업 신규사업자 추계신고	256
공동사업자 종합소득세 신고 관련 유의사항	257

주택 임대 종합소득세

SECTION 1 주택임대소득 종합소득세

주택임대소득 과세 개요	263
주택의 정의 및 주택 수 계산	263
주택수의 부부합산 및 종합소득세 신고 · 납부	265
부부합산 1채의 주택만 보유한 경우	265
부부합산 2채의 주택을 보유한 경우	265
부부합산 3채 이상의 주택을 보유한 경우	265
부부의 주택수 합산 및 종합소득세 각자 신고	266
다가구주택, 다세대주택, 오피스텔 임대소득	267

주택임대 사업자등록 신청	268
주택임대업 사업장현황신고서 제출의무	271
주택임대소득 종합소득세 신고 등	272
주택 보증금 간주임대료	274
임대보증금에 대한 간주임대료 계산 사례	276
주택 임대소득 분리과세	279
분리과세 주택임대소득 소득금액 및 과세표준	281
주택 임대업 규모별 종합소득세 신고 방법	**284**
당해연도 주택임대 총수입금액이 2천만원 이하인 경우	284
직전연도 총수입금액 2400만원 이하 당해연도 2천만원 초과	285
직전연도 총수입금액 2400만원 초과 4800만원 이하	286
직전연도 총수입금액이 4800만원 초과 7500만원 이하	286
직전연도 총수입금액이 7500만원을 초과하는 경우	288
주택임대소득이 2천만원 이하로서 공적연금만 있는 경우	**289**
주택임대소득 추계신고	**290**
단순경비율에 의한 추계소득금액 계산	291
간편장부대상자 기준경비율에 의한 추계소득금액	292
주택임대업의 장부기장에 의한 신고·납부 등	**294**
소형주택 임대사업자에 대한 소득세 감면	**295**

SECTION 2 장기일반민간임대주택 세제 혜택

장기일반민간임대주택 세금 혜택	301
아파트 장기일반민간임대주택 폐지	305
장기임대주택 개정 세법	306
임대주택 세제 혜택 및 개정 내용 요약	307
장기임대주택 종합부동산세 합산 배제	308

SECTION 3 종합부동산세

종합부동산세 개요	309
종합부동산세 납세의무자 및 과세대상	310
종합부동산세 과세표준 및 세율	311

[핵심 요약] 주택분 종합부동산세 계산구조	315
1세대 1주택자 종합부동산세	316
1세대 1주택자 세액공제	319
2주택이나 1주택자 공제를 받을 수 있는 경우	320
- 일시적 2주택	320
- 상속주택	321
- 지방 저가주택	321
종합부동산세 합산대상에서 제외되는 주택	323
종합부동산세 고지 및 납부	324
종합부동산세 납부유예	325

주택 임대 관련 법령 등

SECTION 1 주택 임대차보호법

[주택임대차보호법] 일부 개정 법률	329
지방자치단체(시·군·구) 임대등록	331
(일반임대) 주택임대차보호법 요약	332
[부동산 거래신고 등에 관한 법률] 일부 개정	336

SECTION 2 등록임대주택 및 의무사항

시·군·구 등록 임대주택 관련 의무사항	338
임대차계약 신고 등 및 설명의무	338
임대차계약 신고 및 표준임대차계약서 사용	338
등록 민간임대주택의 부기등기	339
임대보증금에 대한 보증보험 가입	341
시·군·구 등록 임대주택 양도시 의무사항	343
임대기간 종료 후 양도시 신고의무	346
임대사업자 건강보험료 피부양자 자격 요건 등	346

증여세, 상속세

SECTION 1 증여세 및 증여재산공제

증여재산공제 및 증여세 과세표준	351
혼인에 따른 증여재산 공제 신설	352
창업자금에 대한 증여세 과세특례	354
가업승계 증여세 과세특례 혜택 확대	356
증여세 또는 상속세 세율	357
증여세 신고 및 납부	357
증여에 대한 자금출처조사	358
부담부 증여 및 양도소득세	360

SECTION 2 상속세 및 상속재산공제

상속세	361
상속재산	362
상속재산에서 공제되는 금액	364
상속재산 기초공제액 및 일괄공제	364

★ 경영정보사에서 발간한 도서를 구입하신 분은 경영정보사 홈페이지 자료를 무료로 사용할 수 있습니다.

▶ 경영정보사 홈페이지 이용방법

경영정보사 홈페이지(www.rudud,co,kr)에 접속하시어
 지정 아이디(aa11) 및 지정 비밀번호(aa1111)를
입력하시면 특별한 절차 없이 사용할 수 있습니다.

주택 양도소득세

SECTION 01

부동산 세금 조견표

양도소득세, 증여세, 상속세, 취득세 세율

■ 양도소득세 세율

구분		종전				개정	
		주택·입주권	분양권		주택 외	주택·입주권	분양권
			조정	일반			
보유기간	1년미만	40%	50%	50%	50%	70%	70%
	2년미만	기본세율		40%	40%	60%	60%
	2년이상	기본세율		기본세율	기본세율	기본세율	

<적용시기> 2021.6.1. 이후 양도하는 분부터 적용

▶ 양도소득세 계산 구조 → 과세표준 × 세율

과세표준 = 양도가액 - 필요경비(취득가액 및 취득세 등) - 장기보유특별공제(3년 이상 보유) - 기본공제(250만원)

장기보유특별공제
○ 2주택 이상자 및 토지, 건물 등 → [표1]
○ 1주택자(양도가액 12억원 초과 고가주택) → [표2] (본문)

[표1] 장기보유특별공제 공제율 (2주택 이상, 토지, 건물)

보유기간	공제율	보유기간	공제율
3년 이상 4년 미만	100분의 6	10년 이상 11년 미만	100분의 20
4년 이상 5년 미만	100분의 8	11년 이상 12년 미만	100분의 22
5년 이상 6년 미만	100분의 10	12년 이상 13년 미만	100분의 24
6년 이상 7년 미만	100분의 12	13년 이상 14년 미만	100분의 26
7년 이상 8년 미만	100분의 14	14년 이상 15년 미만	100분의 28
8년 이상 9년 미만	100분의 16	15년 이상	100분의 30
9년 이상 10년 미만	100분의 18		

<적용시기> 2019.1.1. 이후 양도분부터

■ 2023년, 2024년 소득세 기본세율 (소득세법 §55①)

과세표준 구간	세율	누진공제액
1,400만원 이하	6%	
1,400만원 5,000만원 이하	15%	126만원
5,000만원 8,800만원 이하	24%	576만원
8,800만원 1.5억원 이하	35%	1,544만원
1.5억원 3억원 이하	38%	1,994만원
3억원 5억원 이하	40%	2,594만원
5억원 10억원 이하	42%	3,594만원
10억원 초과	45%	6,594만원

<적용시기> '23.1.1. 이후 발생하는 소득 분부터 적용

■ 증여세 또는 상속세 세율

과세표준	세 율	누진공제액
1억원 이하	10%	
1억원 초과 5억원 이하	20%	1천만원
5억원 초과 10억원 이하	30%	6천만원
10억원 초과 30억원 이하	40%	1억 6천만원
30억원 초과	50%	4억 6천만원

▶ 증여재산공제

증여자와의 관계	공제금액	비고
배우자	6억원	
직계존속(부모)	5천만원	증여자의 부모, 조부모 등
직계비속(성년자녀)	5천만원	증여자의 자녀, 손자녀 등
직계비속(미성년자)	2천만원	증여자의 자녀, 손자녀 등
기타친족	1천만원	6촌이내 혈족, 4촌 이내 인척

▶ 상속세 일괄공제
1) 상속인의 배우자가 없는 경우 → 5억원
2) 상속인의 배우자와 자녀가 있는 경우 일괄공제 → 10억원

■ 취득세 세율 요약표 [1주택 기준]

취득구분	종류	구분		취득세	지방교육세	농어촌특별세	합계
상속	농지			2.3%	0.06%	0.2%	2.56%
	농지외			2.8%	0.16%	0.2%	3.16%
무상취득				3.5%	0.30%	0.2%	4.00%
원시취득				2.8%	0.16%	0.2%	3.16%
유상취득		농지		3.0%	0.20%	0.2%	3.40%
		농지외		4.0%	0.40%	0.2%	4.60%
	주택	6억원 이하	국민주택	1.0%	0.10%	-	1.10%
			기타	1.0%	0.10%	0.2%	1.30%
		6억원 9억원	국민주택	2~3%	0.20%	-	
			기타	2~3%	0.20%	0.2%	
		9억원 초과	국민주택	3.0%	0.30%	-	3.3%
			기타	3.0%	0.30%	0.2%	3.5%

▶ 조정대상지역에 소재한 주택 증여 취득에 대한 취득세율
○ 조정대상지역 3억원 미만 주택 증여 취득 : 취득세율 3.5%
○ 조정대상지역 3억원 이상 주택 증여 취득 : 취득세율 12%

○ 조정대상지역에 소재한 주택이더라도 증여자가 1세대 1주택인 주택을 증여하는 경우 : 취득세율 3.5%

▶ 취득세율 → 주택수는 세대 단위로 판단함

구 분	1주택	2주택	3주택	법인, 4주택
조정대상지역	1~3%	8%	12%	12%
非조정대상지역	1~3%	1~3%	8%	12%

(적용례) ① 1주택 소유자가 非조정대상지역 주택 취득시 세율 :1~3%
② 1주택 소유자가 조정대상지역 주택 취득시 세율 : 8%
③ 2주택 소유자가 非조정대상지역 주택 취득시 세율 : 8%

■ 지방교육세 중과세 세율
○ 일반과세 : 주택규모 및 가액에 따라 0.1% ~ 0.3%
○ 중과세대상 주택 : 0.4%

■ 농어촌특별세 중과세 세율
○ 국민주택 → 없음
○ 국민주택 규모 초과 주택 0.2%
○ 조정대상지역내 2주택, 일반지역 3주택 0.6%
○ 조정대상지역내 3주택, 일반지역 4주택 1.0%

SECTION 02
2022 .5. 10. 이후 세법 개정 및 23년 및 24년 개정 세법

양도소득세 분야

다주택자의 조정대상지역 소재 주택 양도시 양도소득세 중과세 한시 배제 기간 연장
(소득세법 시행령 제167조의3제1항제12의2호, 제167조의4제3항제6의2호, 제167조의10제1항제12의2호 및 제167조의11제1항제12호 신설)

[개정] 보유기간 2년 이상인 조정대상지역 內 주택을 '23.5.10일부터 <u>'24.5.9일까지</u> 양도 시 양도소득세는 소득세 기본세율(6~45%)만을 적용하고, 장기보유특별공제를 받을 수 있음

[개정] 2024년 경제정책방향
다주택자에 대한 양도세 중과배제(~'24.5월) 1년 한시 연장

■ (2022. 5. 9. 이전) 조정대상지역 소재 주택 양도시 중과세
1세대가 주택의 양도 당시 2주택(중과세 판정시 주택수에 포함하는 주택) 이상을 보유하고 있으면서 조정대상지역내 주택을 양도하는 경우 2주택

자는 양도소득세의 20%가 중과세되고, 3주택 이상을 보유한 경우 양도소득세의 30%가 중과세된다. 한편, 중과세되는 주택은 소득세법 제95조 제2항의 장기보유특별공제를 받을 수 없다.

1세대 1주택 양도소득세 비과세 2년 보유기간 개정

2022. 5. 10. 이후 1세대 1주택 양도소득세 비과세를 적용받기 위한 2년 보유기간을 계산할 때 다주택자가 1주택을 제외한 모든 주택을 처분하여 최종 1주택이 된 경우 최종1주택을 보유한 날부터 보유기간을 계산한다.

▶ 종전 규정에 의한 보유기간 계산
[2020.12.31. 이전] 해당 주택의 취득일부터 기산
[2021.1.1 ~ 2022.5.9.] 다주택자의 경우 1주택을 제외한 모든 주택을 양도하여 최종적으로 1주택자가 된 날부터 보유·거주기간 재기산

[개정] 1세대 1주택 양도소득세 비과세 보유 및 거주기간 재기산 제도 폐지(소득세법 시행령 제154 ⑤)

(대상) 1세대가 양도일 현재 국내에 보유하고 있는 1주택
(요건) 2년 이상 보유, 조정대상지역 내 주택('17.8.3일 이후 취득)의 경우 보유기간 중 2년 이상 거주
(보유·거주기간 계산) 해당 주택의 취득·전입일부터 기산
<적용시기> '22.5.10. 이후 양도하는 분부터 적용

[사례] 2주택 이상인 1세대가 나중에 취득한 신규주택을 양도(과세)하고 1주택에 된 경우 최종 주택의 보유 및 거주기간은 취득일부터 기산함

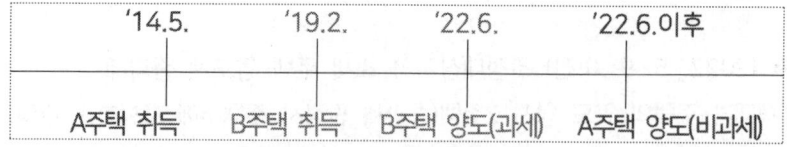

[해설] A주택 양도시 취득일 → A주택 취득일('14.5.)부터 보유기간 기산

일시적 2주택 양도소득세 비과세 요건 완화

(소득세법 시행령 제155조제1항)

종전주택과 신규주택이 모두 조정대상지역에 소재한 일시적 1세대 2주택자에 대해 종전주택 양도 시 비과세를 적용받기 위한 양도기한을 신규주택 취득일부터 1년 이내에서 2년(2023.1.12. 이후 3년) 이내로 완화하고, 신규주택으로 세대전원이 이사 및 전입신고해야 하는 요건을 삭제함

종전주택	신규주택	중복기간	시행시기
조정, 비조정	조정, 비조정	3년	
조정대상지역	조정대상지역	2년	('18.09.14. 이후)
조정대상지역	조정대상지역	1년	('19.12.17. 이후)
조정대상지역	조정대상지역	2년	('22.05.10. 이후)
조정대상지역	조정대상지역	3년	('23.01.12. 이후)

[개정 세법] 배우자 또는 직계존비속에게 증여받은 부동산 등의 취득가액 계산 특례 기간 연장 (소득법 §97의2)

[종전] (적용기간) 증여일부터 5년 이내 양도
[개정] (적용기간) 증여일부터 10년 이내 양도
<적용시기> '23.1.1. 이후 증여받는 분부터 적용

▶ 증여받은 자산을 10년 이내 양도하는 경우 취득가액 계산 특례

거주자가 양도일부터 소급하여 10년 이내에 그 배우자 또는 직계존비속으로부터 증여받은 양도소득세 과세대상 자산의 양도차익을 계산할 때 취득가액은 그 배우자 또는 직계존비속의 취득 당시가액으로 한다. 이 경우 거주자가 증여받은 자산에 대하여 납부한 증여세 상당액이 있는 경우에는 필요경비에 산입한다. (소득세법 제97조의2)

[세법 개정] 부담부증여 시 기준시가 산정방법 합리화
(소득세법 시행령 제159조)
<양도가액> 시가(또는 기준시가) × 채무액/증여가액
[현행] 취득가액
(양도가액이 평가가액 또는 임대료등의 환산가액인 경우) : 기준시가
(양도가액이 임대보증금인 경우) : 실지거래가액
[개정] 양도가액이 임대보증금인 경우에도 기준시가 적용
<적용시기> '23. 2. 28. 이후 양도하는 분부터 적용

■ 부담부증여에 대한 양도소득세
부담부 증여란 증여를 받는 자(수증자)가 부동산 등을 증여받으면서 증여를 하는 자(증여자)의 채무를 인수하는 것을 말하며, 채무를 제외한 금액은 수증자가 증여세를 부담하여야 하나 채무액은 증여자가 해당 자산을 수증자에게 양도한 것으로 보아 양도소득세를 신고 및 납부하여야 한다.

[개정 세법] 양도소득세 이월과세 필요경비 합리화(소득법 §97의2)

종 전	개 정
□ 양도소득세 이월과세 시 취득가액·필요경비 계산 ○ (취득가액) 증여자(배우자 또는 직계존비속)의 취득 당시 취득가액 ○ (필요경비) 수증자의 자본적 지출액, 양도비, 증여세 <추 가>	□ 필요경비 합리화 ○ (좌 동) - 증여자가 지출한 자본적 지출액 포함

<적용시기> '24.1.1. 이후 양도 분부터 적용

SECTION 03

1세대 1주택 양도소득세 비과세

1세대 1주택 비과세

1세대가 양도일 현재 국내에 1주택을 보유하고 있는 경우로서 해당 주택의 보유기간이 2년 이상인 주택[취득 당시 조정대상지역에 있는 주택의 경우 해당 주택의 보유기간이 2년 이상이고 그 보유기간 중 거주기간이 2년 이상인 것]을 양도하는 경우 양도소득세가 과세되지 않는다. 다만, 양도 당시 실지거래가액이 12억원을 초과하는 고가주택의 12억원 초과분은 과세된다. [소령 제154조 ①, 소령 제156조 ①]

◑ 1세대 및 1세대에 포함하여야 하는 경우

1세대

1세대란 거주자(비거주자 제외) 및 그 배우자가 그들과 **동일한 주소 또는 거소에서 생계를 같이 하는 가족(직계존속, 형제·자매)**과 함께 구성하는 1세대를 말하며, 주민등록을 달리 하더라도 실질적으로 생계를 같이 하는 경우라면, 1세대로 보아야 한다. 즉, 배우자 및 직계비속의 경우 세대를 달리하더라도 생계를 같이하는 것으로 보아 1세대에 포함하여야 한다. 예를 들어 배우자가 근무 또는 사업상 형편으로 별도의 주민등록이 되어 있거나 자녀가 취학 등의 사유로 따로 거주하는 경우 1세대의 구성원으로 본다.

▶ 가족

가족이라 함은 거주자와 그 배우자의 직계존비속(그 배우자 포함) 및 형제자매를 말하며, 취학, 질병의 요양, 근무상 또는 사업상의 형편으로 본래의 주소 또는 거소를 일시퇴거한 자를 포함한다.

생계를 같이하는 것으로 보는 경우 (소득세법 제88조 6)

1) 취학·질병의 요양, 근무상 또는 사업상의 형편으로 본래의 주소 또는 거소를 일시퇴거한 자
2) 군 복무중에 있는 자녀(양도, 조심2011서1570 , 2011.10.04.)
3) 주민등록이 따로 되어 있으나 부모와 사실상 생계를 같이 하는 30세 미만 자녀
4) 직계존속이 주민등록상 세대를 분리하여 별도세대를 구성하였다 하더라도 실제로는 거주자와 동일주소에서 함께 거주하는 경우

[사례] 본인은 단독으로 세대가 되어 있고, 배우자 및 자녀의 주민등록이 따로 되어 있는 경우 전 가족을 세대구성원에 포함하여 1세대로 보아야 하는지
<해설> [자녀 기준] 자녀가 30세 이상이거나 19세 이상 30세 미만이더라도 독립적으로 생계가 가능한 경우 자녀는 별도의 세대로 본다. 단, 이 경우에도 배우자는 본인과 동일 세대원으로 본다.

🔲 1세대에 포함하지 않는 경우

1세대란 통상 부부 및 그들과 생계를 같이하는 직계존비속, 형제·자매를 말한다. 다만, 다음의 하나에 해당하는 경우 1세대에 포함하지 아니하며, 독립된 세대로서 1세대 1주택 비과세 여부를 판정한다.
(소득세법 시행령 제152조의3)

직계비속의 연령이 30세 이상인 자로서 세대를 달리하는 경우 세대에 포함하지 않음

자녀의 연령이 30세 이상인 자로서 세대를 달리하는 경우 자녀에게 배우자가 없더라도 별도 세대로 봄으로 자녀가 주택을 가지고 있어도 주택수에 포함하지 않는다. 예를 들어 30세 이상인 아들이 주민등록이 따로 되어 있는 경우로서 실질적으로 별도의 생계를 유지하는 경우 세대구성원에 포함하지 않는다.

19세 이상 30세 미만인 직계비속이 세대를 달리하면서 독립적으로 생계를 유지하는 경우 세대에 포함하지 않음

직계비속이 성년자로 세대를 따로 하면서 독립적으로 생계를 유지하는 경우 별도의 세대로 보아 1세대에 포함하지 아니한다. 다만, 이 경우 직계비속의 소득이 보건복지부에서 고시하는 기준 중위소득의 100분의 40 이상으로서 소유하고 있는 주택 또는 토지를 관리·유지하면서 독립된 생계를 유지할 수 있는 경우에 한한다.

▶ 보건복지부 고시 기준 중위소득 [2024년 기준]

구 분	1인가구	2인가구	3인가구	4인가구
월 소득	2,228,445	3,682,609	4,714,657	5,729,913
중위소득의 40%	891,378	1,473,044	1,885,863	2,291,965

🅠 주택의 범위 및 1세대 1주택

1세대가 보유한 주택수가 1주택인 경우 비과세 적용

1세대 1주택에서 '주택'이라 함은 사실상 주거용으로 사용하는 건물을 말하며, 건축허가서상의 내용 또는 등기 내용에 관계없이 거주의 목적을 위하여 사용되는 건축물은 주택으로 본다. 거주용으로 사용하는지 여부는 공부(등기부등본, 건축물관리대장등)상의 용도에 관계없이 **사실상 용도**에 따라 판단하되, 사실상의 용도구분이 불분명한 경우에는 공부상의 용도에 따라 판단한다.

> 1세대가 1주택만을 보유한 경우로서 2년 이상 보유한 주택(조정대상지역 지정 이후 취득한 경우 2년 거주하여야 함)을 양도하는 경우 비과세가 적용되는 것으로서 주택에 해당하는 주택수가 양도 당시 2주택 이상인 경우 양도소득세를 신고 및 납부하여야 한다.

▶ 주택에 해당하는 주택 등
- 주택, 아파트, 도시형 생활주택, 주거용 오피스텔, 장기임대주택
- 조합원입주권, 분양권(2021.1.1.이후 취득분에 한함)
- 다가구주택, 상가겸용주택, 부동산매매사업자의 재고주택
- 지분 소유 주택, 소수지분이 아닌 상속주택

☐ 1주택을 공동으로 상속받은 소수지분자의 1세대 1주택의 비과세를 판단하는 경우 당해 공동상속주택은 거주자의 주택으로 보지 아니함
(양도, 서면인터넷방문상담4팀-1928 , 2004.11.29.)

☐ 1세대 1주택 비과세 적용시 1주택을 여러 사람이 공유하는 경우 공유자 각인이 1주택을 소유한 것으로 보는 것임
(양도, 서면인터넷방문상담5팀-855 , 2008.04.22.)

다가구주택

다가구주택은 한 가구가 독립하여 거주할 수 있도록 구획된 부분을 각각 하나의 주택으로 본다. 다만, 해당 다가구주택을 구획된 부분별로 양도하지 아니하고 하나의 매매단위로 하여 양도하는 경우에는 그 전체를 하나의 주택으로 본다.

다가구주택의 1세대 1주택 비과세 처리시 여러 가지 세무상 문제가 발생할 수 있으므로 각별한 주의를 하여야 한다.

다가구주택 : 다음의 요건을 모두 갖춘 주택으로서 공동주택에 해당하지 아니하는 것을 말한다.
1) 주택으로 쓰는 층수(지하층은 제외한다)가 3개 층 이하일 것. 다만, 1층의 전부 또는 일부를 필로티 구조로 하여 주차장으로 사용하고 나머지 부분을 주택 외의 용도로 쓰는 경우에는 해당 층을 주택의 층수에서 제외한다.
2) 1개 동의 주택으로 쓰이는 바닥면적의 합계가 **660제곱미터 이하일 것**
3) 19세대(대지 내 동별 세대수를 합한 세대를 말한다) 이하가 거주할 수 있을 것

☐ 양도, 조심-2018-서-0896,2018.05.14, 기각 , 완료
공부상 기재사항(단독주택)과 달리 4층 이상을 주택으로 사용(공동주택)한 겸용주택에 대해 1세대 1주택 비과세 대상인 단독주택에 해당하지 않는 것으로 보아 양도소득세를 과세한 처분 당부

★ <주의> 옥상에 옥탑방을 설치한 경우 다가구주택 요건을 충족하지 못하게 되어 임대에 사용한 면적에 대하여 양도소득세를 과세하게 됨

조합원입주권

조합원입주권은 주택수에 포함한다. 따라서 1주택과 1조합원입주권을 보유한 상태에서 주택 또는 조합원입주권을 양도하는 경우 양도소득세가 과세된다. 단, 일시적 2주택 요건을 충족하는 주택을 양도하는 경우에는 비과세된다.

분양권

분양권의 경우 주택수에 포함하지 아니하였으나 2021.1.1. 이후 취득한 분양권은 주택수에 포함된다.

오피스텔의 주택 여부 및 양도소득세

오피스텔이 주택용도인 경우로서 1세대 1주택 요건을 충족하는 경우 비과세를 적용받을 수 있지만, 1주택을 보유한 자가 주택용도인 오피스텔을 보유한 경우 1세대 2주택에 해당되어 1세대 1주택 비과세가 적용되지 않는다.

▶ 공부상 업무시설인 오피스텔을 주거용으로 사용하는 경우

공부상 업무시설인 오피스텔을 상시 주거용 건물로 사용하는 경우에는 주택으로 보아 1세대 1주택 비과세적용이 가능하다.

폐가(농어촌주택 등)의 주택 해당 여부 및 양도소득세

소득세법상 주택을 판정하는 때에 주택부분은 양도당시 사실상 사용하는 용도에 따라 판정하는 것이며, 그 사실상 사용하는 용도가 불분명한 경우에는 공부상의 등재내용에 따라 판정한다. 따라서 주택으로 사용하던 건물을 장기간 공가상태로 방치한 경우에도 공부상의 용도가 주거용으로 등재되어 있으면 주택으로 본다.

〈세금 폭탄〉 폐가가 아닌 경우 주택에 해당함
폐가는 주택으로 보지 아니하나, 폐가가 아닌 경우 주택으로 보아 폐가외의 다른 주택이 있는 경우 다른 주택 양도시 1세대 1주택에 해당하지 아니함에도 1세대 1주택으로 보아 양도소득세를 납부하지 않은 사실에 대하여 양도소득세를 추징함

〈세금 폭탄〉 폐가는 1세대 1주택 비과세를 적용받을 수 없음
폐가는 주택이 아니며, 주택이 아닌 폐가를 양도한 경우 양도차익에 대하여 양도소득세를 신고 및 납부하여야 함에도 1세대 1주택 비과세로 신고한 내용에 대하여 양도소득세를 추징함
(양도, 조심-2015-서-1868 , 2015.09.21 , 기각 , 완료)

★ <주의> 1세대가 1주택과 폐가(주로 농어촌 지역)를 보유한 경우로서 1주택 비과세를 적용받기 위해서는 폐가를 허물고 양도하여야 한다.

★ <주의> 일반적인 경우 주택의 양도일은 잔금청산일이나 주택을 멸실한 경우 주택 또는 토지 거래인지 여부는 **매매계약일** 현재를 기준으로 판단한다.

1세대 1주택 보유기간

비과세대상 1세대 1주택 및 보유기간(소득세법 제98조)
1세대가 양도일 현재 국내에 1주택을 보유하고 있는 경우로서 해당 주택의 보유기간이 2년 이상인 것으로 하며, 자산의 보유기간은 그 자산의 취득일부터 양도일까지로 하되, **양도 또는 취득 시기는 해당 자산의 대금을 청산한 날로 한다.**

다주택자가 주택을 처분하고 최종 1주택이 된 경우 1세대 1주택 보유기간

2022년 5일 10일 이후 1세대 1주택 양도소득세 비과세를 적용받기 위한 2년 보유기간을 계산할 때 다주택자가 1주택을 제외한 모든 주택을 처분하여 최종 1주택이 된 경우 최종1주택을 보유한 날부터 보유기간을 계산한다.

▶ 종전 규정에 의한 보유기간 계산
○ 2020.12.31. 이전 : 해당 주택의 취득일부터 기산
○ 2021.1.1 ~ 2022.5.9. : 다주택자의 경우 1주택을 제외한 모든 주택을 양도하여 최종적으로 1주택자가 된 날부터 보유·거주기간 재기산

[개정] 1세대 1주택 양도소득세 비과세 보유 및 거주기간 재기산 제도 폐지(소득세법 시행령 제154 ⑤)

(대상) 1세대가 양도일 현재 국내에 보유하고 있는 1주택
(요건) 2년 이상 보유 → 조정대상지역 내 주택('17.8.3일 이후 취득)의 경우 보유기간 중 2년 이상 거주
(보유·거주기간 계산) 해당 주택의 취득·전입일부터 기산
<적용시기> '22.5.10. 이후 양도하는 분부터 적용

조정대상지역 1세대 1주택 비과세

2022.5.10. 이후 양도분부터 1세대가 2주택 이상을 보유한 상황에서 다른 주택들을 모두 양도하고 조정대상지역에 소재한 최종 1주택이 된 경우 보유기간 2년 이상 및 거주기간 2년 이상은 **해당 주택의 취득일부터 기산한다.**

상생임대주택 비과세 특례

상생임대주택이란?

1세대가 조정대상지역내 1주택을 2021년 12월 20일부터 2024년 12월 31일까지의 기간 중에 임대차계약을 한 후(일정한 요건 충족 → 2년 이상 임대등) 다른 주택을 보유하지 아니하거나(임대주택외 다른 주택을 보유하고 있는 경우 다른 주택을 모두 처분한 이후)

임대주택과 보유주택이 일시적 2주택 요건을 충족하는 경우로서 임대주택을 처분하는 경우 조정대상지역 소재 주택이더라도 2년 이상 보유만 하더라도 1세대 1주택 비과세 적용을 받을 수 있다.

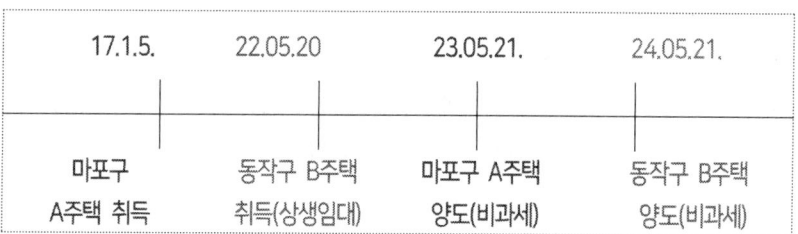

1) A주택 양도 비과세 → 1년 이상 보유한 후 B주택 취득
   B주택 취득일로부터 2년 이내 양도
2) B주택 양도 비과세 → 상생임대주택으로서 2년 이상 보유한 후 해당 주택외 주택이 없는 상황(1주택)에서 양도

상생임대주택 요건

국내에 1주택을 소유한 1세대가 다음 각 호의 요건을 모두 갖춘 주택(상생임대주택)을 양도하는 경우에는 1세대1주택 비과세, 1세대1주택의 특례를 적용할 때 거주기간의 제한을 받지 않는다.
(소득세법 시행령 제155조의3)

1. 1세대가 주택을 취득한 후 해당 주택에 대하여 임차인과 체결한 직전 임대차계약(해당 주택의 취득으로 임대인의 지위가 승계된 경우의 임대차계약은 제외한다) 대비 임대보증금 또는 임대료의 증가율이 100분의 5를 초과하지 않는 임대차계약을 **2021년 12월 20일**부터 2024년 12월 31일까지의 기간 중에 체결(계약금을 지급받은 사실이 확인되는 경우로 한정)하고 상생임대차계약에 따라 임대한 기간이 2년 이상일 것

2. 제1호에 따른 직전 임대차계약에 따라 임대한 기간이 1년 6개월 이상일 것

상생임대주택에 대한 특례적용신고서 제출

상생임대주택에 대한 비과세 특례 적용을 받으려는 자는 양도소득세 과세표준 신고기한까지 '상생임대주택에 대한 특례적용신고서'에 해당 주택에 관한 직전 임대차계약서 및 상생임대차계약서를 첨부하여 납세지 관할 세무서장에게 제출해야 한다.

□ 상생임대차 계약서 서식
별도의 서식은 없으며, 상생임대주택 요건을 충족하는 계약서로 하면 된다.

상생임대주택 핵심 요약

1. 조정대상지역의 주택으로 주택가격 불문
- 비조정지역 → 거주요건이 없으므로 상생임대주택 의미 없음
2. 임대계약일 → 2021년 12월 20일부터 2024년 12월 31일까지
3. 직전 임대차계약(계약기간 1년 6개월 이상 유지)이 있는 경우
- 신축아파트 → 최초 임대차계약 이후 재계약시 가능

4. 임차인이 있는 아파트를 구입한 경우 임대차계약을 새로 하여야 한다.
- 승계한 경우 불가
5. 직전 임대차계약 대비 임대료 인상 5%이내
6. 갱신청구권에 의한 갱신계약의 경우에도 인정
7. 다주택자의 경우 최종 1주택이 상생임대주택인 경우 비과세

☐ 시·군·구에 임대주택 등록 및 세무서에 사업자등록을 하지 않아도 됨

상생임대주택이 고가주택인 경우 장기보유특별공제

1세대 1주택이더라도 양도가액이 12억원을 초과하는 경우 12억원 초과분의 양도차익에 대하여는 양도소득세를 계산하여 납부하여야 하나 이 경우 1주택이므로 1주택자 장기보유특별공제를 받을 수 있다. 다만, 실제 거주한 기간이 없으므로 보유기간에 따른 장기보유특별공제만 받을 수 있다. (2년이상 8% ~ 10년 이상 40% 공제)

SECTION 04

1세대 1주택 특례
(일시적 2주택 등)

이사를 위해 일시적으로 2주택이 된 경우

일시적 2주택 비과세 요건 → 취득 후 1년 경과

한 채의 주택(종전 주택)을 가지고 있던 1세대가 그 집을 취득한 날로부터 **1년 이상**이 지난 후 새로운 주택 1채를 추가 구입하여 일시적으로 2주택이 된 경우, 새로운 주택을 구입한 날부터 **3년내에 종전의 주택**을 팔게 되면 비과세가 적용된다. 단, 종전주택 **보유기간은 2년 이상**이어야 한다.

계약 당시 비조정지역이었으나 잔금청산일 전에 조정대상지역으로 지정된 경우 2년 이상 거주를 하여야 하나?

조정대상지역 지정일 ~ 해제일 기간 취득분은 조정대상지역에서 해제되더라도 세대원 전원(예외 참조)이 2년 이상 거주하여야 한다. 단, **무주택세대**가 조정대상지역 지정 전에 주택을 계약하였으나 잔금청산일 전 조정대상지역으로 지정된 경우에는 해당 주택 양도시 1세대 1주택 2년 거주 요건은 적용하지 않는다. [소령 제154조 ① 5]

조정대상지역 일시적 2주택 비과세 특례대상 종전주택 처분기한

조정대상지역 일시적 2주택 요건(전부 충족)

1) 종전의 주택을 취득한 날부터 **1년 이상**이 지난 후 신규 주택을 취득하고, 양도일 현재 종전주택과 신규주택 각각 1채만 보유하여야 함
2) 종전주택의 보유기간이 2년 이상일 것 단, 취득 당시 조정지역에 있는 종전주택은 보유기간 중 거주기간이 2년 이상일 것
3) 종전 주택이 **조정대상지역에 있는 상태에서 조정대상지역에 있는 신규 주택을 취득**하는 경우에는 신규주택의 취득일부터 3년 이내 (**2023.1.12. 이후**)에 종전의 주택을 양도하여야 함

▶ 일시적 2주택 중복 보유기간(소득세법 시행령 제155조 ① 2)

종전주택	신규주택	중복기간	시행시기
비조정, 조정	비조정, 조정	3년	
조정대상지역	조정대상지역	2년	('18.09.14. 이후)
조정대상지역	조정대상지역	1년	('19.12.17. 이후)
조정대상지역	조정대상지역	2년	('22.05.10. 이후)
조정대상지역	조정대상지역	3년	('23.01.12. 이후)

'22.5.10. 이후 조정대상지역내 일시적 2주택 신규주택 전입신고 및 주민등록의무 삭제

(종전) 신규 주택의 취득일로부터 **1년 이내에** 그 주택으로 세대전원이 이사하고, 주민등록법에 의한 전입신고와 함께 **30일 이상 거주**하여야 일시적 1세대 1주택 비과세 특례가 적용된다.
[소령 제155조 ① 2]

기타 2주택임에도 비과세 특례가 적용되는 경우

취학, 전근 등 사유로 수도권 밖 소재 주택을 취득하여 두 채의 집을 갖게 된 경우

취학, 근무상의 형편, 질병의 요양, 그 밖에 부득이한 사유로 취득한 **수도권 밖에 소재하는 주택**과 그 밖의 주택(일반주택)을 국내에 각각 1개씩 소유하고 있는 1세대가 부득이한 사유가 해소된 날부터 3년 이내에 **일반주택**을 양도하는 경우에는 국내에 1개의 주택을 소유하고 있는 것으로 보아 1세대 1주택 비과세를 적용한다.
(소득세법 시행령 제155조 제8항)

▶ 부득이한 사유가 해소된 날부터 3년 이내
부득이한 사유가 해소된 날이라 함은 전근 이후 퇴사, 전직, 복귀 정년퇴직 또는 취학 후 졸업 등의 사유가 발생한 날을 말한다.

◆ 부득이한 사유가 해소되지 않은 상태에서 일반주택을 양도하는 경우 해당 일반주택에 대하여 소득령 제155조 제8항이 적용됨
(양도 사전-2020-법령해석재산-08342020.10.26.) [예규 원문 확인]

■ 헷갈리는 근무상 형편, 취학등 사유 관련 비과세
1) [1세대 1주택 비과세] 근무상 형편, 취학 등으로 1년 이상 거주한 주택을 양도하는 경우 (대체주택을 취득하지 않는 경우) → 비과세
(소득세법 시행령 제154조 ① 3)
2) [1세대 1주택 특례] 비과세, 단, 종전주택은 일시적 2주택 요건 충족
(소득세법 시행령 제155조 ①)
3) [중과세 제외] 1세대의 구성원 중 일부가 근무상 형편, 취학 등 사유로 조정대상지역 소재 주택(3억원 이하)을 취득한 후 해당 주택을 양도하는 경우 [소령 제167조의 10 ① 3] → 조정대상지역 2주택 참조

(선)이농주택 + (후)일반주택 → 일반주택 양도

이농인(농업, 어업에서 떠난 자)이 취득일후 5년이상 거주한 사실이 있는 **농어촌주택**[수도권 밖의 지역 중 읍지역(도시지역안의 지역 제외) 또는 면지역에 소재하는 주택]과 **일반주택**을 국내에 각각 1개씩 소유하고 있는 1세대가 비과세 요건을 충족하는 일반주택을 양도하는 경우 1세대 1주택 비과세를 적용한다. [소득령 제155조 ⑦, ⑨]

(선)일반주택 + (후)귀농주택 → 일반주택 양도

1주택(일반주택)을 소유한 1세대가 귀농주택을 취득하여 1세대 2주택이 된 이후에 귀농주택을 취득한 날로부터 **5년 이내**에 비과세 요건을 갖춘 일반주택을 양도하는 경우 양도소득세가 과세되지 않는다. [소득령 제155조 ⑦, ⑩]

(선)일반주택 + (후)농어촌주택 → 일반주택 양도

1세대가 2003년 8월 1일(고향주택은 2009년 1월 1일)부터 2025년 12월 31일까지 기간 중에 농어촌주택 등을 취득하여 **3년 이상** 보유하고 그 농어촌주택 등을 **취득하기 전**에 보유하던 다른 주택(일반주택)을 양도하는 경우 그 농어촌주택등을 해당 1세대의 소유주택이 아닌 것으로 보아 소득세법 제89조제1항제3호(비과세 양도소득)를 적용한다. [조세특례제한법 제99조의4]

(1) 농어촌주택

① 지역기준
수도권을 제외한 읍면지역(경기도 연천군, 인천광역시 옹진군 포함)
[수도권] 서울특별시, 인천광역시, 경기도

◆ 농어촌주택의 범위에서 제외되는 지역
- 수도권

- 국토해양부 장관이 지정하는 도시지역(주거, 상업, 공업지역)
- 기획재정부장관이 지정한 지정지역(투기지역)
- 문화관광부장관이 지정한 관광단지

② 가액기준
- 2007.12.31. 이전 취득 : 취득당시 기준시가 7천만원이하
- 2008.1.1이후 취득 : 취득당시 기준시가 1.5억원 이하인 경우
- 2009.1.1.이후 취득 : 취득당시 기준시가 2억원 이하인 경우
- 2023.1.1.이후 취득 : 취득당시 기준시가 3억원 이하인 경우

③ 일반주택은 행정구역상 같은 읍·면, 또는 연접한 읍·면에 소재하지 않아야 한다.

[주의] 농어촌주택 취득 이후 일반주택을 취득하는 경우
농어촌주택을 취득한 후에 일반주택을 취득하는 경우 농어촌주택 비과세 특례 규정이 적용되지 아니한다.

(2) 고향주택(인구 20만명 이하 소도시지역)

고향주택이란 고향에 소재하는 인구 20만명 이하 시지역(별표 12)을 말한다. 이 경우 등록기준지 등 또는 거주한 사실이 있는 지역의 시·군이 행정구역의 개편 등으로 이에 해당하지 아니한 경우에도 같은 시·군으로 본다.

① 지역기준 ~ 가족관계등록부에 **10년 이상 등재된 등록기준지로서 10년 이상 거주한 사실이 있는 지역**으로서 취득 당시 인구 20만 이하의 시 지역에 소재할 것. 단, 수도권지역, 소득세법에 따른 지정지역, 관광진흥법에 따른 관광단지에 소재한 주택은 제외한다.

[별표 12] 고향주택 소재 지역 범위(조특령 제99조의4제2항)
<개정 2016.2.5.>

구분	시 (26개)
충청북도	제천시
충청남도	계룡시, 공주시, 논산시, 보령시, 당진시, 서산시
강원도	동해시, 삼척시, 속초시, 태백시
전라북도	김제시, 남원시, 정읍시
전라남도	광양시, 나주시
경상북도	김천시, 문경시, 상주시, 안동시, 영주시, 영천시
경상남도	밀양시, 사천시, 통영시
제주도	서귀포시

② 가격기준 ~ 주택 및 이에 딸린 토지의 가액(소득세법에 따른 기준시가)의 합계액이 해당 주택의 취득 당시 2억원(해당 지방자치단체의 장에게 등록된 한옥은 4억원)을 초과하지 아니할 것

[세법 개정] 농어촌주택 및 고향주택에 대한 양도소득세 주택 수 제외 특례 요건 완화 및 적용기한 연장(조특법 §99의4)

종 전	개 정
□ 농어촌주택·고향주택에 대한 양도소득세 과세특례	□ 주택가격 요건 완화 및 적용기한 연장
○ (요건) ❶ & ❷ & ❸ ❶ (보유기간) 3년 이상 ❷ (소재지) 수도권, 조정대상지역 등 제외 ❸ (기준시가) 2억원(한옥 4억원) 이하	○ (좌 동) ❸ 3억원(한옥 4억원) 이하
○ (적용기한) '22.12.31.까지 취득분	○ '25.12.31.까지 취득분

<적용시기> '23.1.1. 이후 양도하는 분부터 적용

[개정 세법] 농어촌주택 양도세 특례 도시지역·수도권 예외 신설
(조특령 §99의4④)

종 전	개 정
<신 설>	□ 농어촌주택의 소재지가 될 수 없는 도시지역에서 제외되는 지역 ○ 인구감소지역 및 기업도시 개발구역에 모두 해당하는 도시지역으로서 기획재정부령으로 정하는 지역* * 태안군, 영암·해남군
□ 농어촌주택의 소재지가 될 수 없는 수도권에서 제외되는 지역 ○ 연천군, 옹진군 및 그 밖에 지역특성이 유사한 기획재정부령으로 정하는 지역	□ 농어촌주택 소재지가 될 수 없는 수도권에서 제외되는 지역 확대 ○ 인구감소지역 및 접경지역에 모두 해당하는 수도권으로서 기획재정부령으로 정하는 지역* * 강화군, 연천군, 옹진군

<적용시기> (도시지역 제외) '23.1.1. 이후 양도하는 분부터 적용
(수도권 제외) 2023.2.28. 이후 양도하는 분부터 적용

[개정 세법] 농어촌주택 양도소득세 특례 확대(조특법 §99조의4)

현 행	개 정
□ 일반주택, 농어촌주택을 각 1채 보유한 1세대가 일반주택 양도 시 비과세	□ 적용대상 농어촌주택 확대

■ (대상 농어촌주택) ❶&❷&❸	■ 농어촌주택 소재지 확대
❶ '읍·면 또는 인구 20만 이하 시의 동'*에 소재 　* 수도권, 도시지역, 조정대상지역, 부동산거래 허가구역, 관광단지 등 제외	❶ '기회발전특구' 포함 (읍·면·동 소재 여부, 도시지역, 조정대상지역, 부동산거래 허가구역, 관광단지 여부와 무관히 허용)
❷ 주택 취득 당시 기준시가 3억원 이하(한옥 4억원 이하)	(좌 동)
❸ '03.8월~'25.12월간 취득	
○ (요건) 농어촌주택 3년 이상 보유 & 농어촌주택 취득 전 보유한 일반주택 양도	

< 시행시기 > '24.1.1. 이후 양도하는 분부터 적용

기타 두 채의 주택을 갖게 된 경우 비과세 특례

1) 60세 이상 직계존속을 모시기 위하여 세대를 합쳐 두 채의 집을 갖게 된 후 10년 이내 먼저 양도하는 주택 [소득령 제155조 ④]

2) 결혼으로 두 채의 집을 갖게 된 후 5년 이내 먼저 양도하는 주택 [소득령 제155조 ⑤]]

3) 조세특례제한법의 양도소득세 감면주택은 거주자의 소유주택으로 보지 아니하므로 감면주택을 제외한 1주택이 비과세요건을 충족하는 경우 비과세 적용을 받을 수 있다. [조특법 제98조의2 ~ 99조의2]

상속주택과 일반주택을 보유한 경우 과세특례 등

일반주택 양도 → 1세대 1주택 요건 충족시 비과세

상속개시 당시 별도세대인 피상속인으로부터 상속받은 주택과 **일반주택(상속개시 당시 보유한 주택만 해당함)**을 국내에 각각 1개씩 소유하고 있는 1세대가 **일반주택을 양도하는 경우** 국내에 1개의 주택을 소유하고 있는 것으로 보아 보유기간이 2년 이상(조정대상지역의 경우 2년 거주)이면 비과세 적용을 받을 수 있다. [소득령 제155조 ②]

▶ 피상속인의 주택이 2채 이상인 경우 특례대상 상속주택

피상속인이 상속개시 당시 2 이상의 주택을 소유한 경우에는 피상속인이 소유한 기간이 가장 긴 주택만 상속주택 특례가 적용된다.

[개정 세법] 사전 증여주택에 대한 비과세 특례 적용 배제
(소득세법 시행령 제155조 제2항, 제156조의2 제6항·제7항)
상속개시일부터 소급하여 2년 이내에 피상속인으로부터 증여받은 주택은 '일반주택'으로 보지 않고 비과세 배제

상속받은 주택이 공동명의인 경우

공동상속주택과 일반주택을 보유한 자의 경우 1세대 1주택 특례 규정을 적용함에 있어서 공동상속주택외의 다른 주택을 양도하는 때에는 상속지분이 가장 큰 자를 제외한 **소수지분자는 당해 공동상속주택을 당해 거주자의 주택으로 보지 아니한다**. 단, 상속지분이 가장 큰 자가 2인 이상인 경우에는 그 2인 이상의 자 중 다음 각 호의 순서에 따라 당해 각 호에 해당하는 자가 당해 공동상속주택을 소유한 것으로 본다. [소득령 제155조 ② ③]
1. 당해 주택에 거주하는 자
2. 최연장자

피상속인이 5년이상 거주한 수도권 밖의 읍면지역에 소재한 농어촌주택을 상속받은 이후 취득한 일반주택을 양도하는 경우 1세대 1주택 비과세 특례

상속받은 주택이 수도권 밖의 지역 중 읍지역(도시지역안의 지역은 제외) 또는 면지역에 소재하는 농어촌주택으로서 피상속인이 취득 후 **5년 이상 거주한 농어촌주택을 상속받은 이후에 일반주택을 취득하고** 양도하는 경우 1세대 1주택 비과세 특례를 적용받을 수 있다.
(소득세법 시행령 제155조 ⑦)

상속주택과 일시적 2주택 비과세 특례

상속받은 주택과 상속개시 당시 그 밖의 주택(일반주택)을 보유하고 있는 1세대가 일반주택을 취득한 날부터 1년 이상이 지난 후 다른 주택을 취득하고 취득한 날부터 3년 이내에 비과세요건을 충족하는 일반주택을 양도하는 때에는 1세대 1주택 특례 규정을 적용한다.

동일세대원으로부터 상속받은 주택 → 상속주택 또는 일반주택 양도시 2주택자로서 과세됨

동일세대원으로부터 상속받은 주택은 상속받은 주택으로 볼 수 없어 비과세특례 규정이 적용되지 않는다. 단, 동거봉양하기 위하여 세대를 합침에 따라 2주택을 보유하게 된 경우 일반주택은 1세대 1주택의 특례로 비과세된다. (양도, 서면-2015-부동산-0803, 2015.6.22.)

상속주택과 일반주택 중 상속받은 주택을 먼저 양도하는 경우 → 양도소득세가 과세됨

일반주택을 보유한 상태에서 상속받은 주택을 먼저 양도하는 경우에는 1세대 2주택자에 해당되어 양도소득세가 과세된다.

SECTION 05

조정대상지역 지정 및 해제
양도소득세 중과세 한시 배제

2017. 8.3. 이후 주택시장 안정화 정책 방안으로 양도소득세 분야에 중요한 세법 개정이 있었으며, 그 주요 내용은 국내에 2채 이상의 주택을 보유하고 있는 1세대가 조정대상지역내의 주택을 양도하는 경우 양도소득세가 중과되고, 장기보유특별공제가 배제되며, 조정대상지역내 주택의 1세대 1주택 비과세 적용시 2년 거주요건을 추가하였다.

한편, 현정부 들어 다주택자가 조정대상지역에 소재하는 주택을 2022년 5월 10일부터 2024년 5월 9일(2025년 5월 9일까지 연장 예정)까지 양도하는 경우 양도소득세가 중과세되지 아니하며, 양도소득세가 중과세되지 않는 경우 해당 주택의 보유기간(양도하는 주택의 취득일부터 양도일까지의 기간)이 2년 이상이면 장기보유특별공제를 받을 수 있다.

따라서 본서 내용 중 양도소득세 중과세에 관한 내용은 전부 없는 것으로 한다.

[개정] 다주택자의 조정대상지역 소재 주택 양도시 양도소득세 중과 한시 배제

보유기간 2년 이상인 조정대상지역 內 주택을 '22.5.10일부터 '24.5 9일까지 양도 시 기본세율 및 장기보유특별공제 적용

다주택자가 보유기간이 2년 이상이고 조정대상지역에 소재하는 주택을 2022년 5월 10일부터 2023년 5월 9일[2024년 5월 9일까지 재연장]까지 양도하는 경우 양도소득세 중과를 배제하여 과도한 세부담을 합리화하고 부동산 시장 안정을 도모함.

[소득세법 시행령 제167조의3제1항제12의2호, 제167조의4제3항제6의2호, 제167조의10제1항제12의2호 및 제167조의11제1항제12호 신설]

○ 세율: 기본세율(6~45%)
○ 장기보유특별공제 적용
보유기간 3년 이상인 경우 적용, 15년 이상 보유 시 최대 30% 공제

<참고> 조정대상지역 소재 주택 양도시 양도소득세 중과

1세대가 주택의 양도 당시 2주택(중과세 판정시 주택수에 포함하는 주택) 이상을 보유하고 있으면서 조정대상지역내 주택을 양도하는 경우 2주택자는 양도소득세의 20%가 중과세되고, 3주택 이상을 보유한 경우 양도소득세의 30%가 중과세된다. 한편, 중과세되는 주택은 소득세법 제95조 제2항의 장기보유특별공제를 받을 수 없다.

■ 중과세 요건 (1 + 2 + 3)
1. 양도 당시 조정대상지역에 소재한 주택으로 중과세대상 주택일 것
2. 양도 당시 중과세판정 주택수에 포함하는 주택이 2주택 이상일 것
3. (2주택자) 양도 당시 양도주택의 기준시가가 1억원을 초과할 것

조정대상지역 해제

[2022.07.05.] 일부 지역 조정대상지역 해제
○ 대구 동구·서구·남구·북구·중구·달서구·달성군 ('20.12.18. 지정)
○ 경북 경산시, 전남 여수시·순천시·광양시
○ 안산 단원구 대부동동·대부남동·대부북동·선감동·풍도동, 화성 서신면

▶ 조정대상지역, 투기과열지구 지정 현황('22.07.05 기준)

	투기과열지구(43곳)	조정대상지역(101곳)
서울	전 지역('17.8.3)	전 지역('16.11.3)
경기	과천('17.8.3), 성남분당('17.9.6), 광명, 하남('18.8.28), 수원, 성남수정, 안양, 안산단원1), 구리, 군포, 의왕, 용인수지·기흥, 동탄2주2)('20.6.19)	과천, 성남, 하남, 동탄2주2)('16.11.3), 광명('17.6.19), 구리, 안양동안, 광교지구주3)('18.8.28), 수원팔달, 용인수지·기흥('18.12.31), 수원영통·권선·장안, 안양만안, 의왕('20.2.21) 고양, 남양주주4), 화성주5), 군포, 부천, 안산주6), 시흥, 용인처인주7), 오산, 안성주8), 평택, 광주주9), 양주주10), 의정부('20.6.19), 김포주11)('20.11.20) 파주주12)('20.12.18) 동두천시('21.8.30)주13)
인천	연수, 남동, 서('20.6.19)	중주14), 동, 미추홀, 연수, 남동, 부평, 계양, 서('20.6.19)
부산	-	해운대, 수영, 동래, 남, 연제('20.11.20) 서구, 동구, 영도구, 부산진구, 금정구, 북구, 강서구, 사상구, 사하구('20.12.18)
대구	-	수성('20.11.20)
광주	-	동구, 서구, 남구, 북구, 광산구('20.12.18)
대전	-	동, 중, 서, 유성, 대덕('20.6.19)
울산	-	중구, 남구('20.12.18)

세종	세종주15)('17.8.3)	세종주15)('16.11.3)
충북	-	청주주16)('20.6.19)
충남	-	천안동남주17)·서북주18), 논산주19), 공주주20)('20.12.18)
전북	-	전주완산·덕진('20.12.18)
경북	-	포항남주21)('20.12.18)
경남	-	창원성산('20.12.18)

주1) 대부동동, 대부남동, 대부북동, 선감동, 풍도동 제외

주2) 화성시 반송동 · 석우동, 동탄면 금곡리 · 목리 · 방교리 · 산척리 · 송리 · 신리 · 영천리 · 오산리 · 장지리 · 중리 · 청계리 일원에 지정된 동탄2택지개발지구에 한함

주3) 수원시 영통구 이의동·원천동·하동·매탄동, 팔달구 우만동, 장안구 연무동, 용인시 수지구상현동, 기흥구 영덕동 일원에 지정된 광교택지개발지구에 한함

주4) 화도읍, 수동면, 조안면 제외

주5) 서신면 제외

주6) 안산시 단원구 대부동동, 대부남동, 대부북동, 선감동, 풍도동 제외

주7) 포곡읍, 모현읍, 백암면, 양지면 및 원삼면 가재월리 · 사암리 · 미평리 · 좌항리 · 맹리 · 두창리 제외

주8) 일죽면, 죽산면, 삼죽면, 미양면, 대덕면, 양성면, 고삼면, 보개면, 서운면 , 금광면 제외

주9) 초월읍, 곤지암읍, 도척면, 퇴촌면, 남종면, 남한산성면 제외

주10) 백석읍, 남면, 광적면, 은현면 제외

주11) 통진읍, 대곶면, 월곶면, 하성면 제외

주12) 문산읍, 파주읍, 법원읍, 조리읍, 월롱면, 탄현면, 광탄면, 파평면, 적성면, 군내면, 장단면, 진동면, 진서면 제외

주13) 광암동, 걸산동, 안흥동, 상봉암동, 하봉암동, 탑동동 제외

주14) 을왕동, 남북동, 덕교동, 무의동 제외

주15) 건설교통부고시 제2006-418호(2006.10.13.)에 따라 지정된 행정중심복합도시 건설 예정지역으로, 「신행정수도 후속대책을 위한 연기 · 공주지역 행정중심복합도시 건설을 위한 특별법」 제15조제1호에 따라 해제된 지역을 포함

주16) 낭성면, 미원면, 가덕면, 남일면, 문의면, 남이면, 현도면, 강내면, 옥산면, 내수읍, 북이면 제외

주17) 목천읍, 풍세면, 광덕면, 북면, 성남면, 수신면, 병천면, 동면 제외

주18) 성환읍, 성거읍, 직산읍, 입장면 제외

주19) 강경읍, 연무읍, 성동면, 광석면, 노성면, 상월면, 부적면, 연산면, 벌곡면, 양촌면, 가야곡면, 은진면, 채운면 제외

주20) 유구읍, 이인면, 탄천면, 계룡면, 반포면, 의당면, 정안면, 우성면, 사곡면, 신풍면 제외

주21) 구룡포읍, 연일읍, 오천읍, 대송면, 동해면, 장기면, 호미곶면 제외

[2022.09.26.] 지방 광역시·도 및 경기 외곽 5곳 조정대상지역 전면 해제

[지방광역시 및 도] 조정대상지역 해제 지역
(부산) 해운대·수영·동래·남·연제·서·동·영도·부산진·금정·북·강서·사상·사하구
(대구) 수성구
(광주) 동·서·남·북·광산구
(대전) 동·중·서·유성·대덕구 (울산) 중·남구
(청주) (천안) 동남·서북 (논산) (공주)
(전주) 완산·덕진 (포항) 남 (창원) 성산
<해제일> 2022. 9.26.

▶ 규제지역 현황 ('22.9.26일 기준)

	투기과열지구(43→39곳)	조정대상지역(101→60곳)
서울	전 지역('17.8.3)	전 지역('16.11.3)
경기	과천('17.8.3), 성남분당('17.9.6), 광명·하남('18.8.28), 수원·성남수정·안양· 안산단원[주1]·구리·군포·의왕· 용인수지·기흥·동탄2[주2]('20.6.19)	과천·성남·하남·동탄2[주2]('16.11.3), 광명('17.6.19), 구리·안양동안·광교지구[주3]('18.8.28), 수원팔달·용인수지·기흥('18.12.31), 수원영통·권선·장안·안양만안· 의왕('20.2.21) 고양·남양주[주4]·화성[주5]·군포· 부천·안산[주6]·시흥·용인처인[주7]· 오산··광주[주9]· 의정부('20.6.19) 김포[주11]('20.11.20)
인천		중[주14]·동·미추홀·연수· 남동·부평·계양·서('20.6.19)
세종		세종[주15]('16.11.3)

주1) 대부동동, 대부남동, 대부북동, 선감동, 풍도동 제외
주2) 화성시 반송동·석우동, 동탄면 금곡리·목리·방교리·산척리·송리·신

리 · 영천리 · 오산리 · 장지리 · 중리 · 청계리 일원에 지정된 동탄2택지개발지구에 한함
주3) 수원시 영통구 이의동·원천동·하동·매탄동, 팔달구 우만동, 장안구 연무동, 용인시 수지구상현동, 기흥구 영덕동 일원에 지정된 광교택지개발지구에 한함
주4) 화도읍, 수동면, 조안면 제외
주5) 서신면 제외
주6) 안산시 단원구 대부동동, 대부남동, 대부북동, 선감동, 풍도동 제외
주7) 포곡읍, 모현면, 백암면, 양지면 및 원삼면 가재월리 · 사암리 · 미평리 · 좌항리 · 맹리 · 두창리 제외
주9) 초월읍, 곤지암읍, 도척면, 퇴촌면, 남종면, 남한산성면 제외
주11) 통진읍, 대곶면, 월곶면, 하성면 제외
주14) 을왕동, 남북동, 덕교동, 무의동 제외
주15) 건설교통부고시 제2006-418호(2006.10.13.)에 따라 지정된 행정중심복합도시 건설 예정지역으로, 「신행정수도 후속대책을 위한 연기 · 공주지역 행정중심복합도시 건설을 위한 특별법」 제15조제1호에 따라 해제된 지역을 포함

[22.11.14.] 서울 및 연접 4곳 외 조정대상지역 모두 해제

[조정대상지역 해제(경기)] 수원팔달·영통·권선·장안, 안양만안·동안, 안산, 구리, 군포, 의왕, 용인수지·기흥·처인, 고양, 남양주, 화성, 부천, 시흥, 오산, 광주, 의정부, 김포, 동탄2, 광교지구, 성남(중원)
[조정대상지역 해제(인천)] 인천 중·동·미추홀·연수·남동·부평·계양·서구
<해제일> 2022.11.14일(월) 0시부터

▶ 규제지역 현황 ('22. 11. 14일 기준)

	투기과열지구	조정대상지역
서울	전 지역('17.8.3)	전 지역('16.11.3)
경기	과천('17.8.3), 성남분당('17.9.6) 광명·하남('18.8.28) 성남수정('20.6.19)	과천('16.11.3) 성남분당·수정('16.11.3) 하남('16.11.3) 광명('17.6.19)

[23.01.05.] 서울 일부 및 경기지역 조정대상지역 모두 해제

[지정해제 지역] 서울시 종로구 · 중구 · 성동구 · 광진구 · 동대문구 · 중랑구 · 성북구 · 강북구 · 도봉구 · 노원구 · 은평구 · 서대문구 · 마포구 · 양천구 · 강서구 · 구로구 · 금천구 · 영등포구 · 동작구 · 관악구 · 강동구, 과천시, 성남시 수정구 · 분당구, 하남시, 광명시
〈해제일〉 2023년 1월 5일

▶ 조정대상지역 현황 ('23. 01. 05일 기준)

시·도	종 전	현 행
서울	전 지역('16.11.3)	서초구·강남구·송파구·용산구
경기	과천('16.11.3) 성남분당·수정('16.11.3) 하남('16.11.3) 광명('17.6.19)	

■ 조정대상지역 지정 및 해제 [국토해양부 홈페이지]
정책자료 → 법령정보 → 행정규칙(훈령·예규·고시) → 공고
(검색어) 조정대상지역

조정대상지역 해제시 바뀌는 것들

◈ 1세대 1주택 비과세 2년 거주요건 적용 제외

1세대 1주택 비과세 2년 이상 거주요건 없어짐
주택이 없는 1세대가 조정대상지역 해제일 이후 주택을 취득하는 경우 2년 보유만 하면 1세대 1주택 비과세를 적용받을 수 있음

단, 조정대상지역 지정일 ~ 해제일 기간 취득분은 조정대상지역에서 해제되더라도 2년 이상 거주하여야 한다.

▶ 조정대상지역 1세대 1주택 비과세 요건
1) 1세대가 양도일 현재 국내에 1주택을 보유하고 있을 것
2) 취득 당시 조정대상지역에 있는 주택
3) 해당 주택의 보유기간이 2년 이상이고, 보유기간 중 거주기간이 2년 이상이어야 함

▶ 거주기간 → 주민등록표의 전입일부터 전출일까지의 기간
<주의> 1세대 구성원의 보유주택수 계산시에는 사실상 거주 여부에 의함

▶ 2년 이상 거주 → (원칙) 세대전원 거주
(예외) 취학, 근무상의 형편, 질병의 요양 그 밖의 부득이한 사유로 세대의 구성원 중 일부가 이사하지 못하는 경우 거주한 것으로 봄

▶ 2017. 8. 2. 이전에 조정대상지역 소재 주택을 취득한 경우
2년 이상 보유하면 되는 것으로 2년 거주요건은 적용하지 않는다.

조정대상지역 지정 및 해제시 1세대 1주택 거주요건

▶ **2017.8.3. 이후 조정대상지역 주택 취득시 1세대 1주택 비과세는 보유기간 중 2년 이상 거주하여야 함**

2017. 8. 3. 이후 조정대상지역에 소재한 주택을 취득하는 경우 또는 일반지역에서 새로 조정대상지역으로 지정이 된 지역의 주택을 취득하는 경우 보유기간이 2년 이상이고 그 보유기간 중 거주기간(주민등록표 등본에 따른 전입일부터 전출일까지의 기간)이 2년 이상은 되어야 1세대 1주택 비과세를 적용받을 수 있다.

▶ <u>무주택자</u>가 조정대상지역 지정 전에 주택을 계약하였으나 잔금청산일 전 조정대상지역으로 지정된 경우 → 일반지역 주택 요건

조정대상지역의 공고가 있은 날 이전에 매매계약을 체결하고, 계약금을 지급한 사실이 증빙서류에 의하여 확인되는 경우로서 해당 거주자가 속한 1세대가 계약금 지급일 현재 주택을 보유하지 아니한 경우(무주택세대)에 향후 해당 주택 양도시 1세대 1주택 판정시에는 2년 거주 요건은 적용하지 않는다. [소득세법 시행령 제155조 ① 5]

★ <u>유주택자(일시적 2주택자 포함)</u>가 조정대상지역 지정 전에 주택을 계약하였으나 이후 조정대상지역으로 지정된 경우 → 조정대상지역 주택 요건

조정대상지역의 공고가 있은 날 이전에 매매계약을 체결하였으나 이후 조정대상지역으로 지정이 된 경우 다른 주택을 처분하고 최종 1주택이 되더라도 해당 주택에 2년 이상 거주를 하여야 1세대 1주택 비과세를 적용받을 수 있다.

🔲 취득세 중과세 완화

조정지역 또는 비조정지역 주택 취득 및 취득세

조정대상지역에서 2주택 취득(일반지역 3주택 취득)의 경우에는 8%의 세율이 적용되며, 조정대상지역 3주택 취득(일반주택 4주택 이상 취득)의 경우에는 12%의 세율을 적용하고 있다.

그러나 조정대상지역에서 해제되는 경우 추가로 주택을 취득하는 경우 주택수 기준으로 다음의 세율이 적용된다.

- 조정지역 1주택 + (신규)비조정주택 → 일반과세(1% ~ 3%)
- 조정지역 1주택 + (신규)조정주택 → 중과세(8%)
- 비조정지역 1주택 + (신규)조정주택 → 중과세(8%)
- 비조정지역 2주택 + (신규)비조정지역 → 중과세(8%)
- 비조정지역 2주택 + (신규)조정지역 → 중과세(12%)
- 조정지역 2주택 + (신규)조정주택 → 중과세(12%)

■ 지방교육세 중과세 (중과세 대상 주택 → 0.4%)
  ○ 일반과세 : 주택규모 및 가액에 따라 0.1% ~ 0.3%
  ○ 중과세대상 주택 : 0.4%

■ 농어촌특별세 중과세 (중과세대상 주택 → 0.6%, 1.0%)
  ○ 일반과세 : 국민주택 → 없음, 국민주택 규모 초과 주택 0.2%
  ○ 조정대상지역내 2주택, 일반지역 3주택 0.6%
  ○ 조정대상지역내 3주택, 일반지역 4주택 1.0%

▶ **조정대상지역의 분양권 취득 이후 해제된 경우 취득세**

분양권의 경우에도 2020.8.12. 이후 주택수에 포함한다. 다만, 조정대상지역에 주택을 보유한 자가 새로 조정대상지역의 분양권을 취득하였으나 이후 조정대상지역에서 해제된 경우 분양권으로 취득하는 주택의 취득시기는 잔금청산일이므로 취득세가 중과세되지 않는다.

조정대상지역 해제 후 주택 증여시 취득세 중과세 제외

조정대상지역에서 해제된 이후 주택을 증여로 취득하는 경우 시가표준액에 관계없이 3.5%의 취득세율이 적용된다.

■ 다주택자 소유 조정대상지역 시가표준액이 3억원 이상인 주택 증여 취득세율 → 12%

[개정 세법] 무상취득의 경우 취득세 과세표준(지방세법 제10조의2)
2023.1.1. 이후 부동산등을 무상취득하는 경우 취득 당시의 가액은 취득시기 현재 매매사례가액, 감정가액, 공매가액 등 시가로 인정되는 가액으로 한다.

🅠 대출규제 완화[해제일 이후 계약한 경우]

비조정지역의 경우 2주택자도 대출가능
조정지역 2주택 이상 취득 대출 불가 → LTV 60%, DTI 50%

대체주택 잔금 대출시 종전주택 처분 조건이 없어짐
조정대상지역이더라도 대체주택을 취득하는 경우 주택담보대출을 받을 수 있으나 종전주택을 2년 이내에 처분하여야 하는데 조정대상지역에서 해제되면, 2년내 처분 조건이 없어진다.

실제 거래가액 6억원 이하 주택 취득시 자금조달계획서 제출의무가 없어짐
조정대상지역에서 해제되는 경우 해제일 이후 실제거래가액이 6억원 이하의 주택 취득시 자금조달계획서 제출의무가 없어지게 된다.
☐ 부동산 거래신고 등에 관한 법률 시행령 [별표 1]

▣ ['23.1.5.] 규제지역(조정대상지역, 투기과열지구, 주택 투기지역)

	조정대상지역	투기과열지구	주택 투기지역
서울	서초구·강남구 송파구·용산구	서초구·강남구 송파구·용산구	서초구·강남구 송파구·용산구

▶ '23.4.10. 현재 추가 변동사항 없음

☐ [조정대상지역 지정 및 해제] 국토교통부 → 정책자료 → 행정규칙
☐ [투기과열지구 지정 및 해제] 국토교통부 → 정책자료 → 행정규칙
☐ [주택투기지역 지정 및 해제] 기획재정부 → 법령 → 행정규칙
　 공고 → (검색어) 지정지역

▶ 주택 투기지역 현황('23.01.05.)

구분	2023. 1.5일 이후(4곳)
주택 투기지역	('17.8.3. 지정) 용산·서초·강남·송파구

▶ 투기과열지구, 주택투기지역

투기과열지구 및 주택투기지역은 다른 개념으로 주택투기지역에서 해제되는 경우 금융규제만 해당이 된다.

□ 주택법 제63조(투기과열지구의 지정 및 해제)
□ 소득세법 제104조의2(지정지역의 운영)

■ 주택담보대출 주요 개정 내용 [22.12.1. 시행]

[1] <U>규제지역 내 지역별·주택가격별 LTV 완화</U>
(종전) LTV 규제는 보유주택·규제지역·주택가격별 차등적용
- 무주택자 및 1주택자(처분조건부)
  (非규제지역) 70% (규제지역) 20 ~ 50%
- 다주택자 : (非규제지역) 60% (규제지역) 0%
(개선) <U>규제지역 내 무주택자·1주택자(기존주택 처분조건부)</U>에 대해 LTV를 50%로 단일화(다주택자는 현행유지)

[2] <U>투기·투기과열지구 내</U> 시가 15억원 초과 아파트 주담대 허용
(종전) 투기·투기과열지구 내 시가 15억원 초과 APT의 주택구입목적 주담대 금지
(개선) <U>투기·투기과열지구 내</U> 무주택자·1주택자(기존 주택 처분조건부) 대상 → 시가 15억원 초과 APT 주담대 허용(LTV 50% 적용)

[3] 규제지역 內 서민·실수요자 우대혜택 확대

(종전) 서민 실수요자의 경우 규제지역 內 주택구입목적 주담대시 4억 한도 內에서 LTV 우대폭을 10 ~ 20%p 적용

(개선) 서민·실수요자의 대출한도를 확대(4억 → 6억)하며,

<u>규제지역內</u> 주택구입목적 LTV 최대 70% 허용

- 서민·실수요자의 요건은 현행과 동일

▶ 서민·실수요자에 대한 주택담보대출 우대요건 및 우대혜택 개선

구 분	투기과열지구	조정대상지역
우대요건	무주택 세대주(유지)	
① 소득기준	부부합산 연소득 0.9억(생애최초구입자 1억미만)이하	
② 주택기준	9억원 이하	8억원 이하
우대수준	최대 6억원 한도(공통)	
① LTV	(~6억) 60%(6~9억) 50%	(~5억) 70% (5~8억) 60%
② DTI	60%	60%
③ DSR	은행권 40% / 비은행권 50%	

■ LTV = 대출 가능한 금액 / 주택 담보물의 가치 × 100

예를 들어 매입금액이 6억원인 아파트의 LTV가 70%면 최대대출가능 금액은 4.2억원이다.

■ DTI = [(모든 주택담보대출 연간 총상환액(원금+이자) + 기타 대출 이자)] / 연소득 × 100

■ DSR = [모든 주택담보대출 연간 총상환액(원금+이자) + 기타 부채 연간 총상환액(원금+이자)] / 연소득 × 100

예를 들어 연간 소득이 5천만원이고, DSR비율이 40%인 경우 연간 총 부채원리금 상환예정금액이 2천만원을 넘게 되면, 대출을 받을 수 없다.

★ 주택담보대출은 소득(부부합산 가능) 대비 DSR비율이 40%(보험회사 50%)이내인 경우 가능하다.

▶ 조정대상지역, 투기과열지구, 일반지역 LTV · DTI 비율

주택가격	구 분		투기과열지구 투기지역		조정대상 지역		조정대상 지역 外 수도권		기타	
			LTV	DTI	LTV	DTI	LTV	DTI	LTV	DTI
일반주택	서민실수요자		70%	60%	70%	60%	70%	60%	70%	60%
	무주택 세대		50%	40%	70%	50%	70%	60%	70%	60%
	1주택 세대	원칙	30%	40%	30%	50%	60%	50%	60%	50%
		예외	50%	40%	50%	50%	60%	50%	60%	50%
	2주택 이상		30%	40%	30%	50%	60%	50%	60%	50%
고가주택	무주택·1주택		50%	40%	30%	50%	60%	50%	60%	50%

■ [LTV] 한국주택금융공사의 특례 보금자리론의 경우 1주택을 보유한 세대가 기존주택 처분조건부(3년 이내 등)로 대출을 신청하는 LTV비율은 70%임

▣ 다주택자 규제지역내 주택담보대출 허용 등
('23.2.10.보도) → '23.3.2. 시행

[1] 다주택자 <u>규제지역내</u> 주택담보대출 허용
(종전) 다주택자의 규제지역 내 주택구입목적 주택담보대출 취급 금지
(개선) 다주택자의 규제지역 내 주택구입목적 주택담보대출 취급 허용
　　　(규제지역 LTV : 0 → 30%, 비규제지역 LTV 60%)

[2] 서민·실수요자의 주택담보대출 한도 폐지
서민·실수요자의 규제지역 내 주택구입목적 주택담보대출
대출한도(現 6억원) 폐지(LTV·DSR 범위 한도내 대출취급 가능)
<서민·실수요자> ① + ② + ③
① 부부합산 연소득 9천만원 이하
② 무주택세대주

③ (주택가격) 투기·투과지역 9억원 이하, 조정대상지역 8억원 이하

[3] 생활안정자금 목적 주택담보대출 한도 폐지
(종전) 생활안정자금 목적(주택구입목적 外) 주택담보대출은
　　　 연 최대 2억원까지 취급 가능
(개선) 생활안정자금 목적 주택담보대출의 대출한도 폐지
　　　 (LTV·DSR 범위 한도내 대출취급 가능)

[4] 주택담보대출 대환시 기존 대출시점의 DSR 적용(1년 한시)
(종전) 원칙적으로 주택담보대출 대환은 신규대출로 취급하여
　　　 대환시점의 DSR 적용
(개선) 대환시 기존 대출시점의 DSR을 적용하여, 금리상승·
　　　 DSR 규제강화 등으로 인한 기존 대출한도의 감액을 방지
　　　 (1년 한시, 증액불허)

[5] 임대·매매사업자에 대한 주택담보대출 허용
(종전) 주택 임대·매매사업자의 경우 全지역 주택담보대출 취급 금지
(개선) 주택 임대·매매사업자에 대한 주택담보대출 취급 허용
　　　 (규제지역 LTV : 0 → 30%, 비규제지역 LTV : 0 → 60%)

[6] 임차보증금 반환목적 주택담보대출 관련 각종 제한 완화
(종전) 임차보증금 반환목적 주택담보대출 취급시 각종 제한* 존재
1. 투기·투과지역 15억 초과 아파트 주택담보대출 대출한도(2억원)
2. 규제지역 내 9억 초과 주택에 대한 전입의무
3. 2주택 보유세대의 규제지역 소재 담보대출시 다른 주택 처분의무
4. 3주택이상 보유세대의 규제지역내 주택담보대출 금지
(개선) 임차보증금 반환목적 주택담보대출 취급시 각종 제한 일괄폐지
　　　 (LTV·DSR 범위 한도내 대출취급 가능)

전매행위 제한기간 규제완화

2023년 4월 7일 이후 수도권은 공공택지·규제지역은 3년, 과밀억제권역은 1년, 그 외 지역은 6개월로 완화하고, 비수도권은 공공택지·규제지역은 1년, 광역시 도시지역은 6개월로 완화하고, 그 외 지역은 전면 폐지한다.

【 전매제한 제한기간 개선 】

□ 종전

	투기과열지구	조정대상지역	분양가상한제 적용지역						민간택지		
			투기과열지구(공공+민간택지)			그 외 지역(공공택지)			자연보전권역	성장관리권역	과밀억제권역
수도권			분양가시세 100% 이상	80~100%	80% 미만	분양가시세 100% 이상	80~100%	80% 미만			
	5년	3년	5년	8년	10년	3년	6년	8년	6개월	3년	

	투기과열지구	조정대상지역	분양가상한제 적용지역			민간택지		
			투기과열지구		그 외 지역 (공공택지)	그 외 지역	광역시	
비수도권			민간택지	공공택지			도시지역 외 지역	도시지역
	5년	3년	3년	4년	3년	없음	6개월	3년

□ 개선

	공공택지 또는 규제지역*	과밀억제권역	기타
수도권	3년**	1년	6개월
비수도권	공공택지 또는 규제지역	광역시(도시지역)	기타
	1년	6개월	없음

* 투기과열지구, 조정대상지역(과열지역), 분양가상한제 적용지역
** 3년 이전 소유권이전등기가 완료되는 경우 3년 경과한 것으로 간주
ㅇ 이번 전매제한 기간 완화는 개정안 공포·시행 이전에 공급된 주택에 대해서도 소급 적용된다.

SECTION 06

분양권 양도소득세

분양권 취득과 기존주택 양도 비과세 특례

📌 분양권 양도소득세

분양권 양도차익에 대한 양도소득세 신고 및 납부

분양권의 양도로 양도차익이 발생하는 경우 그 이익에 대하여 양도소득세를 신고.납부하여야 한다. 한편, 투기가 과열된 지역의 경우 과세당국은 세무조사를 실시하여 탈세한 세금을 추징하기도 한다.

분양권의 양도소득세 계산 방법

양도가액 - 취득가액 - 기타필요경비 = 양도차익
양도차익 - 기본공제(250만원) = 과세표준
과세표준 × 양도소득세 세율

▶ **취득가액**

분양권 양도시까지 주택건설업자에게 납부한 계약금, 중도금 등

▶ **기본공제 [소득세법 제103조(양도소득 기본공제)]**
해당 과세기간의 양도소득금액에서 연 1회 250만원을 공제한다.

분양권 양도소득세[지방소득세(양도소득세의 10%) 별도]
2021년 6월 1일 이후 양도하는 주택분양권의 양도소득세율은 양도일 현재 조정대상지역 소재 여부와 관계없이 보유기간이 1년 미만은 과세표준에 70%의 세율을 1년 이상인 경우 60% 세율이 적용된다.

[개정 세법] 양도소득세 세율 인상

구분		종전			개정	
		주택·입주권	분양권	주택 외	주택·입주권	분양권
			조정	일반		
보유기간	1년미만	40%	50%	50%	50%	70%	70%
	2년미만	기본세율	50%	40%	40%	60%	60%
	2년이상	기본세율		기본세율	기본세율	기본세율	

<적용시기> 2021.6.1. 이후 양도하는 분부터 적용

Q 분양권 취득과 기존주택 양도 비과세 특례

1주택을 1년 이상 보유한 후 2021.1.1. 이후 분양권을 취득하고, 분양권 당첨일로부터 3년 이내에 기존주택을 양도하는 경우

1주택을 소유한 1세대가 종전주택을 양도하기 전에 분양권을 취득함으로써 일시적으로 1주택과 1분양권을 소유하게 된 경우 종전주택을 취득한 날부터 **1년 이상이 지난 후에 분양권을 취득하고** 그 분양권을 취득한 날부터 3년 이내 종전주택을 양도하는 경우 1세대 1주택의 비과세특례를 적용한다. [소득령 제156조의3 ②]

▶ 비과세대상 종전주택은 다음 요건을 충족하여야 함
○ 일반지역 → 2년 이상 보유한 종전주택
○ 조정대상지역 → 2017.8.3. 이후 조정대상지역에 취득한 주택 및 새로 조정대상지역으로 지정이 된 경우 그 지정일 이후 취득한 주택은 2년 이상 보유 및 그 보유기간 중 2년 이상 거주를 하여야 함

▶ 주택 보유기간 2년 → (초일불산입) 2년 보유

▶ 일시적 2주택(1주택 및 1분양권) 비과세 특례 취득시기
1. 주택수 포함 → 2021.1.1. 이후
2. (선)1주택 + (후)분양권 → 아파트 당첨일
3. (선)1주택 + (후)전매 취득 분양권 → 계약일 (국세청 재확인)
4. (선)1주택 + (후)미분양 아파트 분양권 → 계약일 (국세청 재확인)

★ <주의> 종전주택 처분기한 → 아파트 당첨일 및 초일불산입
[사례] '21. 06.15 당첨자 발표, '21.06.28 ~ 07.01 정당계약
'21.06.16.부터 3년인 '24. 6.15 기간 중 종전주택 양도 → 비과세

▶ 1주택과 1분양권을 보유한 경우 1주택 비과세 요약
① 주택을 1년 이상 보유(기존 주택)한 이후
② 분양권 취득
③ 기존 주택(보유기간 2년 이상) 양도 (1 또는 2)
1. 신규주택 완공 전 양도 + 신규주택 완공일부터 3년 이내 세대원 전원 전입하여 1년 이상 거주
2. 신규주택 완공일부터 3년 이내 양도 + 세대원 전원 전입하여 1년 이상 거주

[세법 개정] 1주택 + 1분양권 처분기한 연장 (소령 제156조의3)

종 전	개 정
■ 일시적 1세대1주택 + 1분양권 특례 종전주택 처분기한	■ 신규주택 완공 후 실거주하는 경우 처분기한 연장
○ (원칙) 입주권·분양권 취득일부터 3년 이내 양도 ○ (특례) 입주권·분양권 취득일부터 3년 도과 시 : ❶ 또는 ❷	(좌동)
❶ 신규주택 완공 전 양도 + 신규주택 완공일부터 2년 이내 세대원 전원 전입하여 1년 이상 거주 ❷ 신규주택 완공일부터 2년 이내 양도 + 세대원 전원 전입하여 1년 이상 거주	❶ 신규주택 완공 전 양도 + 신규주택 완공일부터 3년 이내 세대원 전원 전입하여 1년 이상 거주 ❷ 신규주택 완공일부터 3년 이내 양도 + 세대원 전원 전입하여 1년 이상 거주

<적용시기> 2023.1.12. 이후 양도하는 분부터 적용

🅠 분양권 취득과 취득세 중과세 여부

1주택을 보유한 세대가 조정대상지역에 소재한 분양권을 취득한 후 분양권이 주택으로 완성된 이후 3년이내에 종전 주택을 양도하는 경우 취득세가 중과세(1주택 소유자가 조정대상지역 주택 추가 취득시 취득세 세율 : 8%)되지 않는다.

[개정] 조정대상지역 취득세 중과세 제외 일시적 2주택 종전주택 처분기한
2022. 6. 30. 이후 1년 →2년
2023. 1.12. 이후 2년 → 3년(지방세법 시행령 제28조의5)

SECTION 07

조합원입주권 양도소득세

조합원입주권 비과세 특례 등

◨ 1주택과 조합원입주권 1세대 1주택 비과세 특례

조합원입주권을 취득한 날부터 3년 이내 종전 주택 양도시 1세대 1주택 비과세 (소득세법 시행령 제156조의2 ③)

국내에 1주택을 소유한 1세대가 그 주택(종전의 주택)을 양도하기 전에 조합원입주권을 취득함으로써 일시적으로 1주택과 1조합원입주권을 소유하게 된 경우 종전의 주택을 취득한 날부터 **1년 이상**이 지난 후에 **조합원입주권을 취득**하고 그 조합원입주권을 취득한 날부터 3년 이내**(조정대상지역인 경우에도 3년)**에 종전 주택을 양도하는 경우에는 1세대 1주택으로 보아 비과세한다.

주택재개발사업 등의 시행기간 동안 거주하기 위하여 취득한 대체주택의 비과세 (소득세법 시행령 제156조의2 ⑤)

국내에 1주택을 소유한 1세대가 그 주택에 대한 주택재개발사업 또는 주택재건축사업의 시행기간 동안 거주하기 위하여 다른 주택(대체주택)을 취득한 경우로서 다음 각 호의 요건을 **모두 갖추어** 대체주택을 양도하는 때에는 이를 1세대 1주택으로 비과세를 적용하며, 이 경우에는 보유기간 및 거주기간의 제한을 받지 않는다.

1. 주택재개발사업 또는 주택재건축사업의 사업시행인가일 이후 대체주택을 취득하여 1년 이상 거주할 것
2. 주택재개발사업 또는 주택재건축사업의 관리처분계획에 따라 취득하는 주택이 완성된 후 3년 이내에 그 주택으로 세대전원이 이사하여 1년 이상 계속하여 거주할 것.
3. 주택재개발사업 또는 주택재건축사업의 관리처분계획에 따라 취득하는 주택이 완성되기 전 또는 완성된 후 3년 이내에 대체주택을 양도할 것 (소득세법 시행령 제156조의2 ⑤)

주택이 조합원입주권으로 전환된 이후 주택을 새로 취득하고, 신규 주택 취득일부터 3년 이내 조합원입주권을 양도한 경우 1세대 1주택 비과세 (소득세법 제89조 ① 4)

1주택을 보유한 1세대가 해당 주택(1세대 1주택 비과세요건을 충족하는 주택)이 재개발 또는 재건축사업시행으로 조합원입주권(관리처분계획인가일 이후)으로 전환된 이후 새로운 주택을 취득하고, 신규주택 취득일로부터 3년 이내(조정대상지역의 경우에도 3년)에 해당 조합원입주권을 양도하는 경우 조합원입주권은 비과세된다. 다만, 해당 조합원입주권의 가액이 12억원을 초과하는 경우 초과하는 금액에 대하여는 양도소득세가 과세된다.

조합원입주권을 취득한 날부터 3년이 지난 이후에도 종전주택 양도에 대한 1세대 1주택 비과세가 적용되는 경우

국내에 1주택을 소유한 1세대가 그 주택을 양도하기 전에 조합원입

주권을 취득함으로써 일시적으로 1주택과 1조합원입주권을 소유하게 된 경우 조합원입주권을 취득한 날부터 3년이 지나 종전의 주택을 양도하는 경우로서 다음 각 호의 요건을 모두 갖춘 때에는 이를 1세대 1주택으로 본다. (소득세법 시행령 제156조의2 ④)

1. 주택재개발사업 또는 주택재건축사업의 관리처분계획에 따라 취득하는 주택이 완성된 후 2년 이내에 그 주택으로 세대전원이 이사(취학, 근무상의 형편, 질병의 요양 그 밖의 부득이한 사유로 세대의 구성원 중 일부가 이사하지 못하는 경우를 포함한다)하여 **1년 이상 계속하여 거주**할 것
2. 주택재개발사업 또는 주택재건축사업의 관리처분계획에 따라 취득하는 주택이 완성되기 전 또는 완성된 후 **3년 이내에 종전의 주택을 양도할 것**
3. 종전주택은 1세대 1주택 비과세 요건(2년 이상 보유, 조정대상지역은 2년 거주 요건 추가)을 충족할 것

[개정 세법] (소득령 제156조의2 ④)
2022.2.15. 이후 취득하는 조합원입주권으로서 조합원입주권 **취득일로부터 3년이 지나** 종전주택을 양도하는 경우에도 종전주택 취득 후 1년 이상이 지난 후에 조합원입주권을 취득한 경우에 한하여 양도소득세 비과세 특례를 적용받을 수 있음

조합원입주권 양도소득세

조합원입주권 양도소득세 개요
조합원입주권을 양도하면서 주택과 조합원입주권을 소유한 경우 1

세대 1주택의 특례 요건을 충족하지 못하는 양도소득세를 신고 및 납부하여야 한다.

조합원입주권에 대한 장기보유특별공제

2016년 이후 세법 개정으로 조합원입주권에 대하여도 장기보유특별공제를 받을 수 있으며, **원조합원**은 장기보유특별공제[표 1(3년 이상 6% 매 년 2% 추가, 최대(15년) 30%)]를 받을 수 있으나
승계취득한 조합원입주권의 경우에는 장기보유특별공제를 받을 수 없다. (소득세법 제95조 ②)

◆ 원조합원입주권이 조합원입주권을 양도하는 경우 장기보유특별공제 보유기간 → 기존 건물 취득일부터 관리처분인가일까지의 기간으로 함
(양도, 서면-2015-부동산-0008 , 2015.04.30.)
조합원입주권의 양도차익에서 장기보유특별공제액을 계산할 때 보유기간별 공제율은 기존 건물과 그 부수토지의 취득일부터 관리처분인가일까지의 기간에 대하여 적용하는 것임

◆ 승계취득한 조합원입주권의 주택 변환 이후 장기보유특별공제 기산일 → 재건축아파트의 사용검사필증 교부일
(양도, 서면인터넷방문상담4팀-3936 , 2006.12.05.)
조합원입주권을 승계취득한 경우 장기보유특별공제를 적용함에 있어 재건축된 주택(그 부수토지를 포함)의 보유기간 기산일은 재건축아파트의 사용검사필증 교부일이 되는 것임

청산금 양도소득세

조합원이 소유하던 건물 및 부수 토지의 대가로 조합으로부터 조합원입주권과 청산금(기존 주택의 평가액과 조합원 분양가액의 차액)을

지급받는 경우 양도소득세를 신고납부하여야 한다. 반대로 납부한 추가 분담금은 조합원입주권이나 신축주택을 양도하는 시점에 필요경비에 포함할 수 있다.

조합원입주건 양도소득세

① 조합원입주권 양도가액
② 양도한 주택의 취득비용 및 기타 필요경비(취득세 등), 자본적 지출액, 재개발·재건축 관련 정산금, 양도시 중개수수료 등 양도비용
③ 기본공제(250만원)
④ 장기보유특별공제
⑤ 과세표준[①- ② - ③ - ④)] × 양도소득세

▶ 양도소득세 세율 인상

구분		종전				개정	
		주택·입주권	분양권		주택 외	주택·입주권	분양권
			조정	일반			
보유기간	1년미만	40%	50%	50%	50%	70%	70%
	2년미만	기본세율		40%	40%	60%	60%
	2년이상	기본세율		기본세율	기본세율	기본세율	

<적용시기> 2021.6.1. 이후 양도하는 분부터 적용

조합원입주권 종합부동산세

종합부동산세는 주택 및 종합합산대상, 별도합산대상 토지에 부과되므로 주택 **멸실** 이후에는 토지에 해당하므로 종합부동산세 과세대상에 해당하지 않는다. (조합원입주권의 토지는 분리과세대상 토지에 해당하므로 종합부동산세 과세대상 아님)

SECTION 08

상가·주택 겸용 건물 취득세, 양도소득세

상가주택의 취득과 관련한 세금

상가주택 취득세

상가 주택의 취득세는 주택부분과 상가로 구분하여 납부하여야 하며, 상가주택의 주택부분을 임대주택으로 등록하더라도 취득세는 감면되지 않는다. 한편, 조정대상지역 2주택 이상등 취득에 해당하는 경우 취득세가 중과세(취득세 편 참조)된다.

▶ 상가주택의 주택분 및 상가분 세금 비교

구 분		주택분	상가분
취득	취득세 등	취득금액의 1.1% ~ 3.5%	취득금액의 4.6%
	부가가치세	건물가액의 10%	일반과세자 환급
보유	재산세	0.1% ~ 0.4%	토지 : 0.2 ~ 0.4% 건물 : 0.25%
	종합부동산세	합산(장기임대주택 제외)	합산 제외
	종합소득세	2주택 이상 임대소득 신고	임대소득 신고
	부가가치세	없음	월세 및 보증금 이자의 10%
양도	양도소득세	과세(단, 1세대1주택 비과세)	과세

상가분에 대한 세무서 사업자등록 및 매입세액공제

업무용 건물과 주거용 건물을 동시에 임대하는 경우 부동산임대업으로 등록을 하여야 하며, 상가의 경우 사업자등록을 하여 임대료에 대해서는 부가가치세를 신고 및 납부하여야 한다.

상가주택 양도와 관련한 세금

> 상가주택의 양도소득세는 복잡한 세법 구조로 인하여 다양한 쟁점이 발생할 수 있으므로 각별한 주의를 하여야 한다.

주택 및 상가 복합주택

건물이 주택과 주택외의 부분으로 복합되어 있는 경우와 주택에 딸린 토지에 주택외의 건물이 있는 경우에는 그 전부를 주택으로 본다. 다만, 주택의 연면적이 주택 외의 부분의 연면적보다 적거나 같을 때에는 주택외의 부분은 주택으로 보지 아니한다.

▶ 겸용주택의 주택판정 요약

1. 주택면적 > 주택이외의 면적 : 전부를 주택으로 본다.
2. 주택면적 < (=) 주택이외의 면적 : 주택부분만 주택으로 본다.

구 분	비과세 여부
주택 > 점포	점포를 주택으로 보아 전체를 비과세
주택 <(=) 점포	주택부분은 비과세, 점포부분만 과세

▶ 점포가 딸린 건물에서 주택부분이 점포보다 클 경우

1세대 1주택자가 점포가 딸린 주택(비과세 요건을 갖춘 경우에 한함)을 팔았을 때에는 주택면적이 점포면적보다 큰 경우 점포를 주택으로 보아 양도소득세를 과세하지 않는다.

상가주택의 주택 연면적이 큰 경우 1세대 1주택 적용

양도소득세 신고 및 납부시 주택의 연면적이 상가의 연면적보다 큰 경우 전체를 주택으로 보며, 상가의 연면적이 주택의 연면적보다 큰 경우 주택부분은 주택으로 상가부분은 상가로 본다. 연면적이란 각 층의 면적을 합한 면적을 말한다.

- 주택의 연면적 > 상가의 연면적 : 모두 주택
- 주택의 연면적 <(=) 상가의 연면적 : 주택부분은 주택, 상가부분은 상가

[개정 세법] 고가 겸용주택의 주택과 주택외 부분 과세 합리화
(소득세법 시행령 제160조 제1항)
9억원(개정 12억원) 초과 겸용주택은 주택과 주택외 부분을 분리하여 주택이 상가 면적보다 큰 경우에도 주택 부분만 주택으로 봄
<적용시기> 2022.1.1. 이후 양도하는 분부터 적용

조정대상지역 상가주택 양도 → 주택수 2채 이상 중과세

1세대가 보유한 주택수가 2채 이상인 경우로서 조정대상지역에 소재한 상가주택을 양도하는 경우 주택분에 대하여는 중과세가 적용된다. 단, 상가분은 중과세가 적용되지 않는다.
(주택수 및 중과세 → 조정대상지역 참조)

상가주택 매매시 주택가액과 상가가액 구분

주택부분의 가액 및 상가가액은 실제 거래가액으로 구분하여 매매계약서를 작성하여야 한다. 그러나 계약서에 구분하여 기재된 건물가액의 경제적 합리성이 결여되어 있거나, 임의 구분 기재한 것으로 확인되는 경우 매매계약서에 건물가액이 구분 기재되었다 하더라도 토지와 건물 등의 가액 구분이 불분명한 것으로 보아 이를 인정하지 않는다.

이에 따라 2016년부터 기준시가로 안분한 금액과 임의로 기재된 금액의 차이가 30% 이상 나는 경우 기준시가에 따라 계산한 금액을 기준으로 부가가치세가 과세된다. [소득세법 제100조 ③]

일반과세자 건물 양도 및 부가가치세

상가분에 대하여 일반과세사업자로 등록되어 있는 경우 상가분에 대하여 부가가치세를 징수하여 신고 및 납부하여야 한다.

간이과세자 건물 양도 및 부가가치세

부동산임대업이 간이과세자로 등록되어 있는 상태에서 양도하는 경우 다음의 금액을 부가가치세로 신고·납부하여야 하며, 이 경우 계약서에 부가가치세에 대한 별도의 내용이 없는 경우 양도인이 부담하여야 하며, 간이과세자가 건물을 양도하고 납부한 부가가치세는 양도차익 계산시 양도소득 필요경비로 산입할 수 없다.

- 건물(상가분) 매매금액 × 10% × 30%(부가가치율)

겸용주택 양도소득세 절세 및 세무리스크

▶ 조정대상지역 다주택자의 겸용주택 전체를 주택으로 보는 경우 (주택 > 상가) → 상가부분은 중과세율 적용하지 않음

[양도, 서면인터넷방문상담4팀-886 , 2004.06.17.]
중과세율을 적용함에 있어서 양도하는 건물이 주택과 상가 부분으로 복합되어 있는 경우로서 주택의 면적이 상가의 면적보다 크더라도 그 상가의 부분에 대하여는 중과세율이 적용되지 아니하는 것임

▶ 납세자 신고 1세대 1주택 비과세 (주택면적 > 상가면적) → 세무서의 현장 확인 (상가면적 > 주택면적) 양도소득세 추징

주택의 면적이 상가보다 큰 것으로 하여 1세대 1주택 비과세 적용을 받았으나 세무서의 현장 확인에 의하여 상가면적이 주택면적보다 큰 것으로 판단하여 상가부분에 대하여 양도소득세를 결정함

[양도, 조심-2014-중-4094 , 2015.04.22 , 기각]
부속사 중 일부가 방 형태로 되어 있다고 하더라도 화장실이나 세면장 등 주거에 필수적인 시설이 함께 설치되어 있지 않고, 음식점 주방으로 사용되는 공간을 같이 점유하고 있어 부속사를 상시주거에 공하는 건물로 보기 어려운 점 등에 비추어 청구주장을 받아들이기 어려움

▶ 상가 주택 증·개축과 장기보유특별공제 착오 계상

[양도, 조심-2014-서-2708 , 2015.12.30 , 기각]
겸용주택의 증·개축으로 상가의 면적이 넓어진 경우로서 양도 당시 상가의 면적이 넓은 경우 장기보유특별공제는 상가 및 주택을 구분하여 장기보유특별공제를 받아야 함에도 주택 보유기간에 대한 장기보유특별공제를 적용받아 신고·납부한 내용에 대하여 양도소득세를 추징함

SECTION 09

비사업용 토지 양도소득세 중과

> 비사업용 토지란 사업에 사용하지 않은 토지로 나대지, 직접 경작하지 않는 농지 등이 해당하며, 비사업용토지 양도시에는 양도소득세 세율이 중과(세율 10% 추가)되는 불이익이 있다. 따라서 비사업용토지의 경우 주차장 등 사업용으로 전환하여 절세할 수 있는 방법 등을 검토하여야 한다.

비사업용토지 양도소득세 10% 중과세

비사업용 토지란 사업용 토지에 해당하지 않는 토지로서 비사업용 토지에 해당하는 토지를 양도하는 경우 사업용 토지의 양도시 적용되는 세율에 10%를 가산하여 양도소득세를 납부하여야 한다.

비사업용 토지라도 보유기간이 3년 이상인 경우 장기보유특별공제를 받을 수 있으며, 세법 개정과정을 거쳐 2017년 1월 1일 이후 장기보유특별공제 보유기간 기산일은 취득일부터로 한다.

비사업용 토지 종류

재산세 종합합산 과세대상 토지

나대지, 잡종지 등 재산세 종합합산 과세대상 토지는 비사업용 토지에 해당한다. 단, 재산세가 비과세되거나 면제되는 토지, 재산세 별도합산과세대상 또는 분리과세대상이 되는 토지는 사업용 토지에 해당한다.(소득세법 제104조의3)

한편, 재산세 종합합산과세대상 토지 중 주차장, 하치장, 야적장 등 특정한 용도로 사용하거나 하치장, 야적장 등으로 임대하는 경우 사업용에 해당한다. [소득세법 시행령 제168조의11]

다만, 이러한 용도로 사용하였는지 여부는 사실 판단할 문제가 있고, 납세자와 과세당국의 입장 차이로 인하여 납세자가 사업용으로 보아 추가 세율을 적용하지 아니하고 양도소득세를 신고 및 납부한 경우로서 그 근거가 불충분한 경우 세금을 추징당하는 사례가 빈번히 발생하므로 양도소득세 신고 전 세무공무원이 납득할 만한 근거를 구비하여 문제가 발생하지 않도록 주의를 하여야 할 것이다.

☐ 재산세가 별도합산 또는 분리과세대상인 기간 동안은 비사업용 토지에서 제외되는 것임 (법규재산2012-321, 2012.10.05.)
농지, 임야, 목장용지 외의 토지가 「지방세법」제182조제1항제2호 및 제3호의 규정에 의하여 재산세가 별도합산 또는 분리과세대상이 되는 토지인 경우 「소득세법」제104조의3제1항제4호나목 규정에 따라 재산세가 별도합산 또는 분리과세대상인 기간 동안은 비사업용 토지에서 제외되는 것임

재촌하지 아니하는 자가 소유하는 농지

농지 소재지에 거주하지 아니하거나 자기가 경작하지 아니하는 농지 또는 시 이상 주거·상업·공업지역에 소재하는 재촌·자경 농지

재촌하지 아니하는 자가 소유하는 임야

재촌하지 않는 거주자가 소유하는 임야는 비사업용에 해당한다.

주택부속토지 중 일정한 기준을 초과하는 토지

주택부속토지 중 주택이 정착된 면적에 지역별로 정하는 배율[도시지역 내의 토지: 5배(수도권 주거·상업·공업지역 3배), 그 밖의 토지: 10배]을 곱하여 산정한 면적을 초과하는 토지는 비사업용토지에 해당한다.

▶ **비사업용 토지의 판정**

해당 토지를 소유하는 기간 중 아래 (1)의 기간 기준 동안 (2)의 대상토지 기준에 해당하는 토지를 말한다.
(1) 기간 기준 → 소유기간 중 일정기간 비사업용으로 사용되는 토지
◎ 다음의 요건 중 하나를 충족하는 경우에는 비사업용 토지가 아닌 것으로 본다. (소득세법 제168조의6)
(소유기간이 5년 이상인 경우 기준, 소득세법 시행령 제168조의 6)
① 양도일 직전 3년 중 2년 이상을 사업용으로 사용한 토지
② 양도일 직전 5년 중 3년 이상을 사업용으로 사용한 토지
③ 소유기간 중 60% 이상을 사업용으로 사용한 토지
▶ 소유기간이 3년 이상 5년 미만인 경우 ②의 '5년'을 '소유기간'으로, 소유기간이 3년 미만인 경우에 ①의 '3년'을 '소유기간'으로 하고, 소유기간이 2년 미만인 경우에는 ③만 적용
(2) 대상토지 기준 → 다음 중 하나에 해당되는 토지
• 재촌·자경하지 아니하는 농지

- 녹지지역과 개발제한구역을 제외한 도시지역 (광역시의 군, 시의 읍·면지역 제외)에 있는 농지
- 다만 농지법이나 그 밖의 법률에 의해 소유 가능한 농지는 제외
- 임야 : 아래에 열거한 것을 제외한 모든 임야
㉠ 공익을 위하여 필요하거나 산림의 보호·육성을 위하여 필요한 임야
㉡ 임야 소재지에 주민등록이 되어 있고 거주하는 자가 소유한 임야
㉢ 거주 또는 사업과 직접 관련이 있다고 인정할 만한 상당한 이유가 있는 것으로 법령에서 열거한 임야
- 목장용지
㉠ 축산업을 경영하는 자의 소유로서 기준면적을 초과하거나 도시지역 (녹지지역, 개발제한 구역 제외)에 있는 토지
㉡ 축산업을 경영하지 아니하는 자가 소유하는 토지
- 그 밖의 토지 : 재산세 종합합산과세대상 토지로 건축물이 없는 나대지, 잡종지 등의 토지
- 다만, 토지의 이용 상황, 수입금액 등을 고려하여 사업과 직접 관련이 있다고 인정할 만한 이유가 있는 것으로 법령에서 열거한 토지는 제외
- 주택 부속토지 : 주택 정착 면적의 5배[(수도권 주거·상업·공업지역 3배) 또는 도시지역 밖은 10배를 초과하는 토지

비사업용에서 제외되는 토지

비사업용 토지를 양도하는 경우 10%의 가산세율을 추가로 납부하여야 하므로 비사업용토지 양도전 사업용 토지로 전환할 수 있는 지 여부를 검토하여 사업용으로 전환이 가능한 경우 전환하여 세금을 절세할 수 있도록 한다. 단, 사업용으로 사용한 기간이 기준 기간 이상이여야 하는 점을 유의하여야 한다.

주차장법에 따른 부설주차장 및 주차장운영업용 토지

1) 「주차장법」에 따른 부설주차장(주택의 부설주차장은 제외)으로서 부설주차장 설치기준면적 이내의 토지
2) 주차장운영업을 영위하는 자가 소유하고, 「주차장법」에 따른 노외주차장으로 사용하는 토지로서 토지의 가액(기준시가)에 대한 1년간의 수입금액의 비율이 **100분의 3** 이상인 토지

하치장용 등의 토지

물품의 보관·관리를 위하여 별도로 설치·사용되는 하치장·야적장·적치장 등으로서 매년 물품의 보관·관리에 사용된 최대면적의 100분의 120 이내의 토지

무주택자가 소유하고 있는 주택 신축용 토지

주택을 소유하지 아니하는 1세대가 소유하는 1필지의 나대지로서 법령의 규정에 따라 주택의 신축이 금지 또는 제한되는 지역에 소재하지 아니하고, 그 지목이 대지이거나 실질적으로 주택을 신축할 수 있는 토지로서 660제곱미터 이내에 한한다.

토지 중 비사업용에 해당하지 아니하는 경우

1) 토지를 취득한 후 법령에 따라 사용이 금지 또는 제한된 토지
2) 직계존속 또는 배우자가 8년 이상 토지소재지에 거주하면서 직접 경작한 농지·임야 및 목장용지로서 직계존속 또는 배우자로부터 상속·증여받은 토지 다만, 양도 당시 도시지역(녹지지역 및 개발제한구역은 제외) 안의 토지는 제외한다.
3) 상속에 의하여 취득한 농지로서 그 상속개시일부터 5년 이내에 양도하는 토지
4) 1세대당 1,000㎡ 미만의 주말·체험 영농농지

「농지법」 제6조 제2항 제3호의 주말·체험 영농농지를 소유한 경우에는 재촌자경하지 않았더라도 그 기간동안은 사업용기간으로 본다. 다만, 시 이상지역의 주거,상업,공업지역에 소재하는 농지는 비사업용토지에 해당한다. [소득세법 제104조의3, 시행령 제168조의14]

▶ 상속받은 농지

양도 당시 도시지역(녹지지역 및 개발제한구역은 제외함) 안의 토지에 해당하지 않는 경우로서, 직계존속이 8년 이상 농지의 소재지와 같은 시·군·구(자치구를 말함), 연접한 시·군·구 또는 농지로부터 직선거리 30km 이내에 있는 지역에 사실상 거주하면서 직접 경작을 한 농지로서 해당 직계존속으로부터 상속받은 농지를 양도하는 경우, 해당 농지는 비사업용토지로 보지 않는다.

□ 소득세법 시행령 제168조의14제3항제1의2호
◆ 사전-2016-법령해석재산-0187(2016.05.26.)

▶ 증여받은 농지

양도 당시 도시지역(녹지지역 및 개발제한구역은 제외함) 안의 토지에 해당하지 않는 경우로서, 직계존속이 8년 이상 농지의 소재지와 같은 시·군·구(자치구를 말함), 연접한 시·군·구 또는 농지로부터 직선거리 30km 이내에 있는 지역에 사실상 거주하면서 직접 경작을 한 농지로서 해당 직계존속으로부터 증여받은 농지를 양도하는 경우, 해당 농지는 비사업용토지로 보지 않습니다.

□ 소득세법 시행령 제168조의14제3항제1의2호
◆ 사전-2016-법령해석재산-0187(2016.05.26.)

비사업용 토지의 장기보유특별공제 및 세율

비사업용토지 장기보유특별공제

2017.1.1.이후 양도하는 분부터 비사업용 토지에 해당하는 경우에도 장기보유특별공제 기간 계산시 취득일부터 계산한다.

비사업용토지 세율(다음 세율 중 가장 큰 세율)

1) 1년 미만 : 50%
2) 1년 이상 : 2년 미만 40%
3) 2년 이상 : 기본세율(6% ~ 45%) + 10%(지정지역 20%)
- 지정지역(기획재정부 홈페이지 → 정책 → 정책게시판)

▶ 2009. 3. 16.부터 2012. 12. 31. 까지 취득한 자산

2009. 3. 16. 부터 2012. 12. 31. 까지 취득한 자산은 10% 추가세율이 적용되지 않는다.

비사업용토지 기본세율 [제104조(양도소득세의 세율) ① 8]

과세표준	세율
1,200만원 이하	16퍼센트
1,200만원 초과 4,600만원 이하	192만원 + (1,200만원 초과액 × 25퍼센트)
4,600만원 초과 8,800만원 이하	1,042만원 + (4,600만원 초과액 × 34퍼센트)
8천800만원 초과 1억5천만원 이하	2,470만원 + (8,800만원 초과액 × 45퍼센트)
1억5천만원 초과 3억원 이하	5,260만원 + (1억5천만원 초과액 × 48퍼센트)
3억원 초과 5억원 이하	1억2,460만원 + (3억원 초과액 × 50퍼센트)
5억원 초과 10억원 이하	2억2,460만원 + (5억원 초과액 × 52퍼센트)
10억원 초과	4억8,460만원 + (10억원 초과액 × 55퍼센트)

■ 2021.3.29. 부동산 투기 방지 대책 → 세법 개정하지 않음

부동산 투기로 여러 가지 사회적인 문제가 발생함에 따라 2021.3.29. 대책에서 2022. 1. 1. 이후 사업용 토지(양도세 중과세율 배제) 범위를 축소하는 한편, 비사업용 토지 양도시 중과세율 인상(+10 → +20%p) 및 장기보유특별공제 적용을 배제하고, 주말농장용 농지를 사업용 토지에서 제외하려고 하였으나 입법과정에서 보류되었다.

동일한 과세기간에 비사업용토지 및 사업용토지를 양도한 경우 양도소득세 세율

동일한 과세기간에 둘 이상의 자산을 양도하는 경우에는 해당 과세기간의 양도소득과세표준의 합계액에 대하여 기본세율(6% ~ 45%)을 적용한 양도소득산출세액과 자산별 양도소득 산출세액(소득세법 제104조 제1항부터 제4항까지의 규정을 적용) 합계액 중 큰 금액을 양도소득 산출세액으로 하여야 한다. [소득세법 제104조 ⑤]

한편, 한 필지의 토지가 비사업용 토지와 그 외의 토지로 구분되는 경우에는 각각을 별개의 자산으로 보아 양도소득세액을 계산한다.

▶ [비교 과세] MAX(①, ②)
① 세율이 동일한 자산별로 양도소득금액을 합산하여 계산한 세액
② (모든 자산의 양도소득금액 합계액 - 기본공제) × 기본세율

SECTION 10

양도소득세 신고·납부

양도소득세 신고

부동산 양도와 관련하여 양도차익(양도가액 - 취득가액 등)이 발생하는 경우로서 1세대 1주택자등 비과세대상이 아닌 경우 다음의 공제를 적용한 후의 과세표준에 세율을 곱한 금액을 양도소득세로 하여 **양도일이 속하는 달의 말일부터 2개월 이내**에 **주소지** 관할세무서장에게 신고서를 제출하고 납부하여야 하며, 양도소득세에 대한 지방소득세(양도소득세의 10%)를 별도로 신고 및 납부하여야 한다.

양도가액

양도소득세는 부동산 등의 취득일부터 양도일까지 보유기간 동안 발생된 이익(소득)에 대하여 양도시점에 일시 과세하게 되며, 양도차익은 양도가액에서 필요경비(양도 자산의 취득가액 등)를 차감한 금액으로 한다.

양도가액이란 양도소득세 과세대상 부동산을 타인에게 매각하고 받는 금액으로 실제 거래금액으로 하며, 양수인이 양도소득세등을 부담하기로 한 경우 양도가액은 양도소득세등을 포함한 가액으로 한다.

필요경비

취득가액 등 (실제 거래가액 양도)

취득가액

부동산을 취득하기 위하여 실지 지급한 거래가액으로 한다.

▶ 증여받은 자산을 10년 이내 양도하는 경우 취득가액 계산 특례
거주자가 양도일부터 소급하여 10년(2022년 이전 5년) 이내에 그 배우자 또는 직계존비속으로부터 증여받은 양도소득세 과세대상 자산의 양도차익을 계산할 때 취득가액은 그 배우자 또는 직계존비속의 취득 당시가액으로 한다. 이 경우 거주자가 증여받은 자산에 대하여 납부한 증여세 상당액이 있는 경우에는 필요경비에 산입한다. (소득세법 제97조의2)

취득세 등

부동산을 취득하면서 납부한 취득세 등(취득세, 지방교육세, 농어촌특별세)은 양도가액에서 공제를 받을 수 있다.

기타 비용

중개수수료, 법무사비용, 양도소득세 세무대행 비용

🔲 필요경비로 공제받을 수 있는 지출액 등

부동산을 취득한 후 용도변경, 개량, 이용편의를 위한 지출로 인하여 해당 부동산의 가치가 증가한 지출비용은 부동산의 양도가액에서 필요경비로 공제를 받을 수 있으며, 2018년 4월 1일 이후 세금계산서 등 정규영수증이 없는 경우라도 **실제 지출사실이 금융거래 증명서류에 의하여 확인되는 경우** 필요경비로 공제를 받을 수 있다.

◆ 정규영수증
- 세금계산서
- 계산서
- 현금영수증
- 신용카드매출전표

필요경비로 공제받을 수 있는 지출 사례
- 부동산 취득 후 용도변경·개량·이용편의를 위하여 지출한 비용
- 자본적지출(개량등으로 가치증가)에 해당하는 인테리어 비용 등
- 방확장 등의 내부시설개량 공사비
- 발코니 개조비용, 창틀 설치비용
- 시스템에어컨 설치비용
- 홈오토 설치비
- 자바라 및 방범창 설치비용
- 냉난방장치 설치비용 및 난방시설 교체비용
- 보일러 교체비용 등
- 매매계약에 따른 인도의무를 이행하기 위해 양도자가 지출하는 명도비용

❓ 필요경비에 해당하지 아니하는 지출

부동산의 정상적인 유지를 위한 수선 또는 경미한 개량으로 자산의 가치를 상승시킨다기보다는 본래의 기능을 유지하기 위한 비용은 수익적 지출이라고 하며, 수익적 지출은 필요경비에 해당하지 아니하므로 양도차익에서 공제를 받을 수 없다.

양도가액에서 공제를 받을 수 없는 지출 사례
- 싱크대, 주방기구 교체비용
- 벽지
- 장판 교체비용
- 이사비용
- 문짝이나 조명 교체비용
- 화장실공사비
- 마루공사비
- 방수공사비
- 외벽 도색작업
- 보일러 수리비용
- 하수도관 교체비
- 오수정화조설비 교체비

❓ 양도소득 기본공제

양도소득이 있는 경우 연간 250만원을 공제하며, 동일한 소득별 자산을 1년에 2회 이상 양도하는 경우 먼저 양도하는 양도소득금액에서 순차로 공제한다.

🅠 장기보유특별공제

3년 이상 보유 부동산 장기보유특별공제

장기보유 특별공제액이란 토지 또는 건물(미등기양도자산 제외)의 **보유기간이 3년 이상**인 것 및 조합원입주권(조합원으로부터 취득한 것은 제외)에 대하여 그 자산의 양도차익(조합원입주권을 양도하는 경우에는 관리처분계획 인가 전 토지분 또는 건물분의 양도차익으로 한정)에 다음 [표 1]에 따른 보유기간별 공제율을 곱하여 계산한 금액을 말한다.

[표 1] 장기보유특별공제율 (1세대 1주택이 아닌 경우, 원조합원입주권)

보유기간	공제율	보유기간	공제율
3년 이상 4년 미만	100분의 6	10년 이상 11년 미만	100분의 20
4년 이상 5년 미만	100분의 8	11년 이상 12년 미만	100분의 22
5년 이상 6년 미만	100분의 10	12년 이상 13년 미만	100분의 24
6년 이상 7년 미만	100분의 12	13년 이상 14년 미만	100분의 26
7년 이상 8년 미만	100분의 14	14년 이상 15년 미만	100분의 28
8년 이상 9년 미만	100분의 16	15년 이상	100분의 30
9년 이상 10년 미만	100분의 18		

양도 또는 취득의 시기

자산의 양도차익을 계산할 때 그 취득시기 및 양도시기는 해당 자산의 **대금을 청산한 날**로 한다. 다만, 대금을 청산하기 전에 소유권 이전등기(등록 및 명의 개서 포함)를 한 경우에는 등기부·등록부 또는 명부등에 기재된 등기접수일로 한다.

▶ 자기가 건설한 건축물, 승계취득한 조합원입주권의 주택 취득시기
사용승인서 교부일. 다만, 사용승인서 교부일 전에 사실상 사용하거나 임

시사용승인을 받은 경우에는 그 사실상의 사용일 또는 임시사용승인을 받은 날 중 빠른 날로 한다. (소득세법 시행령 제162조)

▶ 증여 또는 상속받은 자산의 장기보유특별공제 보유기간 계산
1. 증여받은 자산 → 증여등기일부터 양도일까지의 보유기간
2. 상속받은 자산 → 상속개시일부터 양도일까지의 보유기간

▶ 증여받은 자산을 10년 이내 양도하는 경우 장기보유특별세액 보유기간 및 취득가액 계산 특례
1) 장기보유특별공제시 보유기간은 증여한 배우자 또는 직계존비속이 해당 자산을 취득한 날부터 기산한다.(소득세법 제95조 ④)
2) 거주자가 양도일부터 소급하여 10년 이내에 그 배우자 또는 직계존비속으로부터 증여받은 양도소득세 과세대상 자산의 양도차익을 계산할 때 취득가액은 그 배우자 또는 직계존비속의 취득 당시가액으로 한다. 이 경우 거주자가 증여받은 자산에 대하여 납부한 증여세 상당액이 있는 경우에는 필요경비에 산입한다. (소득세법 제97조의2)

□ 경락에 의하여 자산을 취득하는 경우의 취득시기
[소득세법 기본통칙 98-162…3]
경매에 의하여 자산을 취득하는 경우에는 경락인이 매각조건에 의하여 경매대금을 완납한 날이 취득의 시기가 된다. <개정 2011.3.21.>

□ 잔금청산일이 매매계약서에 기재된 잔금지급약정일과 다른 경우 양도 또는 취득의 시기 [소득세법 기본통칙 98-162…1]
① 매매계약서 등에 기재된 잔금지급약정일보다 앞당겨 잔금을 받거나 늦게 받는 경우에는 실지로 받은 날이 잔금청산일이 된다. <개정 2011.3.21>
② 제1항을 적용함에 있어서 잔금을 소비대차로 변경한 경우는 소비대차로의 변경일을 잔금청산일로 한다. <개정 2011.3.21.>

1세대 1주택이나 양도가액이 12억원 초과분에 대하여 양도소득세를 납부하는 경우 장기보유특별공제

1세대 1주택이나 양도가액이 12월원 초과분에 대하여 양도소득세를 납부하여야 하는 경우 장기보유특별공제율은 다음과 같다.

[표 2] 장기보유특별공제율 (1주택 + 3년 이상 보유 + 2년 이상 거주)

보유기간	공제율	거주기간	공제율
3년 이상 4년 미만	12	2년 이상 3년 미만 (보유기간 3년 이상에 한정)	8
		3 ~ 4년	12
4 ~ 5년	16	4 ~ 5년	16
5 ~ 6년	20	5 ~ 6년	20
6 ~ 7년	24	6 ~ 7년	24
7 ~ 8년	28	7 ~ 8년	28
8 ~ 9년	32	8 ~ 9년	32
9 ~ 10년	36	9 ~ 10년	36
10년 이상	40	10년 이상	40

<적용시기> 2021.1.1. 이후 양도하는 분부터 적용

◘ 양도소득세 과세표준

양도금액 - 필요경비 - 장기보유특별공제 - 기본공제금액(250만원)

◘ 양도소득세 세율

▶ 1년 미만

1. 주택 및 조합원입주권 : 2021.6.1. 이후 70%
2. 분양권 : 2021.6.1. 이후 70%
3. 기타 : 50%

▶ **1년 이상 2년 미만**

1. 주택 및 조합원입주권 : 2021.6.1. 이후 60%
2. 분양권 : 2021.6.1. 이후 70%
3. 기타 : 40%

[개정 세법] 양도소득세 세율 [소득세법 제104조(양도소득세의 세율 ①)]

구분		종전				개정	
		주택·입주권	분양권		주택 외	주택·입주권	분양권
			조정	일반			
보유기간	1년미만	40%	50%	50%	50%	70%	70%
	2년미만	기본세율		40%	40%	60%	60%
	2년이상	기본세율		기본세율	기본세율	기본세율	

<적용시기> 2021.6.1. 이후 양도하는 분부터 적용

▶ **2년 이상**

보유기간이 2년 이상인 경우 과세표준에 기본세율(6 ~ 45%)을 곱한 금액을 산출세액으로 한다. 단, 분양권의 경우 60%로 한다.

[세법 개정] 2023년 소득세 과세표준 구간 조정(소득법 §55 ①)

과세표준 구간	세율	누진공제액
1,400만원 이하	6%	
1,400만원 5,000만원 이하	15%	126만원
5,000만원 8,800만원 이하	24%	576만원
8,800만원 1.5억원 이하	35%	1,544만원
1.5억원 3억원 이하	38%	1,994만원
3억원 5억원 이하	40%	2,594만원
5억원 10억원 이하	42%	3,594만원
10억원 초과	45%	6,594만원

<적용시기> '23.1.1. 이후 발생하는 소득 분부터 적용

양도소득세 신고 및 납부

양도소득세 예정신고 및 납부

양도소득세 과세대상 부동산 등(토지 또는 건물, 부동산에 관한 권리, 기타 자산)을 양도한 거주자는 당해 부동산에 대한 양도소득세 신고서를 그 **양도일이 속하는 달의 말일부터 2개월 이내**에 **주소지** 관할 세무서장에게 제출하고 납부하여야 한다. (소득세법 제105조 ①)

양도소득세 확정신고

1과세기간(1. 1.~12. 31.) 동안 **2건 이상**의 부동산을 양도하는 경우 양도일이 속하는 연도의 다음해 5월 1일부터 5월 31일 기간 동안 주소지 관할세무서에 1과세기간 동안의 양도소득을 합산하여 양도소득세 확정신고를 하여야 한다.

양도소득세 납부 및 분할납부

양도소득세는 신고기한까지 납부를 하여야 한다. 다만, 납부할 세액이 1천만원을 초과하는 경우 납부할 세액의 일부를 납부기한 경과 후 2개월 이내에 나누어 낼 수 있다.

양도소득세에 대한 지방소득세 신고 및 납부

거주자가 양도소득과세표준 예정신고를 하는 경우에는 해당 신고기한에 2개월을 더한 날(양도일이 속하는 달의 말일부터 4개월)까지 양도소득에 대한 개인지방소득세 과세표준과 세액을 납세지(양도일이 속하는 달의 말일 현재 주소지) 관할 지방자치단체의 장에게 신고 및 납부하여야 한다.

SECTION 11

양도소득세 비과세 · 감면등

자경농지 감면

농지소재지에서 8년 이상 직접 경작한 양도일 현재 농지를 양도하는 경우 양도소득세를 감면(연간 한도액 1억원)받을 수 있으며, 그 내용을 살펴보면 다음과 같다.

🅠 감면대상 농지 요건

8년 이상 자경

농지를 8년 이상 자경한 경우 농지 양도에 대한 양도소득세를 감면 받을 수 있다. (조세특례제한법 제69조)

자경기간 계산

1) 농지를 취득한 때부터 양도할 때까지의 실제보유기간 중의 경작기간으로 계산하며, 취득할 때부터 양도할 때까지의 사이에 8년 이상 경작한 사실이 있어야 함

2) 양도일 현재에 자경하고 있어야 하는 것은 아니나 양도일 현재 농지에는 해당되어야 함

▶ 상속받은 농지
피상속인이 취득하여 농지소재지에 거주하면서 경작한 기간도 상속인이 농지소재지에 거주하면서 경작한 기간으로 본다. 다만, 상속인이 상속받은 농지를 1년 이상 계속 경작하지 아니한 경우 상속받은 날부터 3년이 되는 날까지 양도하는 경우에 한하여 피상속인이 취득하여 경작한 기간을 상속인이 경작한 기간으로 본다. [조특령 제66조 ⑪]

▶ 증여받은 농지
증여받은 날 이후 수증자가 경작한 기간만을 계산한다.

농지 소재지에 거주하여야 함
소유자가 취득일부터 양도일 사이에 8년간 농지가 소재하는 시·군·구(자치구인 구를 말함)와 그와 연접한 시·군·구, 또는 해당 농지로부터 직선거리 **30킬로미터** 이내의 지역에 거주하면서 농지를 경작하여야 한다.

해당 농지에서 농작물 등을 경작하여야 함
소유농지에서 농작물의 경작 또는 다년성 식물의 재배에 상시 종사하거나 농작업의 2분의 1 이상을 자기의 노동력에 의하여 경작 또는 재배한 사실이 있어야 한다.

양도일 현재 농지일 것
전·답으로서 지적공부상의 지목에 관계없이 실제로 경작에 사용되는 토지를 말하며, 양도일 현재 농지여야 한다.

▶ 양도일 현재 특별시·광역시 또는 시에 있는 농지
주거지역 · 상업지역 및 공업지역내의 농지로 이 지역에 편입된 후 **3년이** 경과되지 않은 경우여야 한다. 단, 광역시에 있는 군지역 및 도 · 농복합 형태의 시의 읍 · 면지역은 기한의 제한을 받지 아니한다.

농업소득외 근로소득 또는 사업소득의 합계액이 3,700만원 미만이어야 함

자경기간 산정시 근로소득(총급여)이 3,700만원 이상이거나 다른 사업소득이 있는 경우(복식부기기장의무자에 한함) 해당 연도는 자경하지 않은 것으로 간주한다. 단, 농업 · 축산업 · 임업 및 비과세 농가부업소득, 부동산임대소득은 제외한다.

◉ 감면한도액 및 감면대상이 아닌 농지

감면세액 한도액

농지의 양도로 인한 감면세액 한도액은 연간 1억원이며, 5년간 감면세액 한도는 2억원으로 한다.

감면대상이 아닌 농지

1) 양도일 현재 특별시 · 광역시(광역시에 있는 군 제외) 또는 시(도농 복합형태의 시의 읍 · 면 지역 제외)에 있는 농지중 주거지역 · 상업지역 및 공업지역안에 있는 농지로서 이들 지역(대규모 개발사업지역 제외)에 편입된 날부터 3년이 지난 농지 [조특령 제66조 ④ 1]
2) 농지 외의 토지로 환지예정지의 지정이 있는 경우 그 환지예정지 지정일로부터 3년이 지난 농지 [조특령 제66조 ④ 2]
3) 상속인이 상속받은 농지(피상속인이 8년 자경요건을 갖춘 농지)를 경작하지 않는 경우 상속받은 후 3년이 지난 농지

공익사업용 토지 등에 대한 양도소득세 감면

다음 각 호의 어느 하나에 해당하는 소득으로서 해당 토지등이 속한 사업지역에 대한 사업인정고시일(사업인정고시일 전에 양도하는 경우에는 양도일)부터 소급하여 2년 이전에 취득한 토지등을 2026년 12월 31일 이전에 양도함으로써 발생하는 소득에 대해서는 양도소득세의 100분의 10[토지등의 양도대금을 채권으로 받는 부분에 대해서는 100분의 15로 하되, 협의매수 또는 수용됨으로써 발생하는 소득으로서 해당 채권을 3년 이상의 만기까지 보유하기로 특약을 체결하는 경우에는 100분의 30(만기가 5년 이상인 경우 100분의 40)]에 상당하는 세액을 감면한다.

1. 공익사업에 필요한 토지등을 그 공익사업의 시행자에게 양도함으로써 발생하는 소득
2. 정비구역의 토지등을 사업시행자에게 양도함으로써 발생하는 소득
3. 그 밖의 법률에 따른 토지등의 수용으로 인하여 발생하는 소득

[개정 세법] 공익사업용 토지등 양도소득세 감면 기한 연장(조특법 §77)

현 행	개 정
□ 공익사업용 토지 등 양도소득세 감면 ○ (요건) ❶ + ❷ 　❶ 사업인정고시일 현재 토지 등을 2년 이상 보유 　❷ 토지등을 사업시행자에게 양도 또는 수용 ○ (감면율) 현금 : 10%, 일반채권 : 15% 　(3년 만기 채권 : 30%, 5년 만기 채권 : 40%) ○ (적용기한) '23.12.31.	□ 적용기한 연장 ○ (좌 동) ○ '26.12.31.

[개정 세법] 양도소득세 감면 종합한도 합리화(조특법 §133)

종 전	개 정
□ 조세특례제한법에 따른 양도소득세 감면의 종합한도 (감면세액 총계에 적용)	□ 감면 종합한도 적용대상 변경
ㅇ 1개 과세기간 1억원, 5개 과세기간* 2억원 * 해당 과세기간 및 직전 4개 과세기간	ㅇ (좌 동)
<단서 신설>	■ 요건 구체화 및 적용기간 축소 ① 분필한 토지(해당 토지의 일부를 양도한 날부터 소급하여 1년 내 토지를 분할한 경우) 또는 토지 지분의 일부를 양도 ② 토지(또는 지분) 일부 양도일부터 2년 내 나머지 토지 (또는 지분)를 동일인 또는 그 배우자에게 양도

<적용시기> '24.1.1. 이후 양도 분부터 적용

▶ 양도소득세 감면 한도 → 상세 내용 : 조특법 제133조 참조

제69조【자경농지에 대한 양도소득세의 감면】

제69조의 2【축사용지에 대한 양도소득세의 감면】

제69조의 3【어업용 토지등에 대한 양도소득세의 감면】

제69조의 4【자경산지에 대한 양도소득세의 감면】

제70조【농지대토에 대한 양도소득세 감면】

제77조【공익사업용 토지 등에 대한 양도소득세의 감면】

SECTION 12

양도소득세 계산시 주의할 사항
양도소득세 세금 절세

양도소득 계산시 주의할 사항

Q 하나의 계약으로 2건 이상 물건을 양도하는 경우

양도가액 안분

하나의 계약으로 양도가액을 확정하고, 양도계약서를 작성하는 경우로서 2개 이상의 부동산(2필지 이상의 토지를 양도하면서 필지별 개별공시지가가 다른 경우 포함)을 동시에 양도하는 경우 각각의 부동산 또는 필지별로 양도가액을 구분하여 계산하여야 하며, 이 경우 실지 거래가액이 **불분명한 경우** 양도 당시 양도가액에 양도 물건별 개별공시지가(토지), 개별주택가격 및 공동주택가격(주택), 국세청 기준시가에 의한 가액으로 안분하여 계산하여야 한다.

가. 토지 : 개별공시지가 (국토해양부 → 부동산공시가격알리미)

나. 건물 : 홈택스 → 기존 홈택스 메뉴 보기 → 조회발급 → 기타조회 → 기준시가조회

건물의 신축가격, 구조, 용도, 위치, 신축연도 등을 고려하여 매년 1회 이상 국세청장이 산정·고시하는 가액

다. 오피스텔 및 상업용 건물 : 홈택스 → 기존 홈택스 메뉴 보기 → 조회발급 → 기타조회 → 기준시가조회
국세청장이 토지와 건물에 대하여 일괄하여 산정·고시하는 가액

라. 주택
개별주택가격 및 공동주택가격 (국토해양부 → 부동산공시가격알리미)

매매계약서에 토지 및 건물가액이 구분기재 되었다하더라도 불분명한 것으로 보는 경우

토지와 건물 등을 함께 취득하거나 양도한 경우로서 그 토지와 건물 등을 구분 기장한 가액이 기준시가 등에 의하여 안분계산한 가액과 100분의 30 이상 차이가 있는 경우에는 토지와 건물 등의 가액 구분이 불분명한 때로 보아 공시지가 및 기준시가 등으로 안분하여야 한다. [소득세법 제100조 ②, ③]

감정평가액으로 안분계산하여야 하는 경우

토지·건물 및 부동산을 취득할 수 있는 권리의 양도로 실지거래가액에 의한 양도차익을 계산함에 있어 취득당시의 실지거래가액을 인정 또는 확인할 수 없는 경우에는 **매매사례가액, 감정가액, 환산가액을 순차적으로 적용한 금액**으로 하는 것으로서 공급시기가 속하는 과세기간의 직전 과세기간 개시일부터 공급시기가 속하는 과세기간의 종료일까지 감정평가업자가 평가한 감정평가가액이 있는 경우에는 그 가액에 비례하여 안분 계산한 금액으로 하여야 한다. [소득세법 시행령 제166조 ⑥, 부가가치세법 시행령 제64조]

취득가액 안분

2개 이상의 부동산을 동시에 양도하는 경우 각각의 부동산 또는 필지별로 취득가액을 구분하여 계산하여야 한다.

◘ 증여받은 자산을 10년 이내 양도하는 경우

거주자가 양도일부터 소급하여 10년(종전 5년) 이내에 그 배우자 또는 직계존비속으로부터 증여받은 양도소득세 과세대상 자산의 양도차익을 계산할 때 취득가액은 그 배우자 또는 직계존비속의 취득 당시가액으로 한다. 이 경우 거주자가 증여받은 자산에 대하여 납부한 증여세 상당액이 있는 경우 필요경비에 산입한다. (소득세법 제97조의2)

◘ 사업자가 사업용 부동산을 양도하는 경우

개인이 사업용 또는 부동산임대업 등에 사용하던 토지, 건물 등 양도소득세 과세대상 사업용고정자산을 양도하는 경우 그 처분손익은 개인사업자의 사업소득에 포함하지 아니하고, 별도로 양도소득세를 신고 및 납부하여야 한다.

감가상각비를 사업소득 필요경비에 산입한 경우

개인사업자의 경우 사업에 사용한 건물에 대하여 매 년 건물의 가치 감소분을 감가상각비로 계상하여 사업소득의 필요경비에 산입할 수 있다. 이 경우 감가상각비로 사업소득의 필요경비에 산입한 금액은 양도소득세 신고시 취득가액에서 차감하여야 함에도 취득가액에서 차감하지 않은 경우 관할 세무서는 사업소득의 감가상각비로 계상한 금액을 양도소득 필요경비에서 부인하여 과소납부한 양도소득세를 추징하게 되므로 주의를 하여야 한다.

🅠 양도소득 부당행위계산부인, 취득가액 계산 특례

조세 부담을 부당하게 감소시킨 것으로 인정되는 경우

조세 부담을 부당하게 감소시킨 것으로 인정되는 경우란 특수관계인으로부터 시가보다 높은 가격으로 자산을 매입하거나 **특수관계인**에게 시가보다 낮은 가격으로 자산을 양도한 경우로 하되, 시가와 거래가액의 차액이 **3억원 이상**이거나 **시가의 100분의 5**에 상당하는 금액 이상인 경우만 해당한다. [소득세법 시행령 제98조 ②]

[개정 세법] 세법상 특수관계인으로서 친족범위 합리화(국기령 §1의2①)
o 배우자(사실상의 혼인관계에 있는 자 포함)
o (개정) 6촌 → 4촌 이내의 혈족
o (개정) 4촌 → 3촌 이내의 인척
o (개정) 혼외 출생자의 생부·생모
<적용시기> '23.3.1. 이후 시행

직계존비속, 배우자간 양도시 주의사항

상속세및증여세법 제44조(배우자 등에게 양도한 재산의 증여 추정)의 규정에 의하여 배우자 또는 직계존비속에게 양도한 재산은 증여 추정 규정에 의하여 증여한 것으로 추정될 수 있으므로 각별히 유의하여야 한다. 다만, 자녀가 부모에게 대가를 지급하고 취득한 사실이 명백히 인정되는 경우로서 당해 재산의 취득을 위하여 이미 과세받았거나 신고한 소득금액 또는 상속 및 수증재산의 가액으로 그 대가를 지급 또는 당해 재산의 취득을 위하여 소유재산을 처분한 금액으로 그 대가를 지급한 사실이 입증되는 경우에는 증여로 추정하지 아니하고 양도거래로 보는 것이나 이는 관할세무서장이 사실관계를 확인하여 판단할 사항이다.

양도소득세 등 세금절세 전략

🅠 합법적인 절세

절세란 세법을 정확히 이해하여 비과세를 받거나 양도시기를 조정하여 장기보유특별공제를 더 받을 수 있도록 조정하고, 감면내용을 잘 파악하여 감면을 받는 것과 세법을 잘 몰라 세금을 추징당하지 않는 것으로 그 주요 내용은 다음과 같으며, 자세한 내용은 해당 장을 참고한다.

▶ **함께 거주하지 않는 부모님은 양도전 세대분리**
1주택을 보유한 거주자의 부모님이 소유한 주택이 있음에도 거주자와 주민등록이 같이 되어 있는 경우 1세대에 포함하게 되어 1세대 1주택 비과세를 적용받을 수 없다. 따라서 이 경우 주택 양도전 부모님을 세대분리하면, 1세대 1주택 비과세를 적용받을 수 있다.

▶ **1세대 1주택자는 2년 이상 보유**
1세대 1주택은 2년 이상 보유하여야 비과세를 적용받을 수 있다. 단, 2017년 8월 3일 이후 조정대상지역에 소재한 주택을 취득하거나 새로 조정대상지역으로 지정이 된 경우 2년 이상 거주하여야 비과세를 적용받을 수 있다. <1세대 1주택 양도소득세 비과세 편 참조>

▶ **주거기능을 상실한 주택은 멸실처리**
1세대 1주택 판정은 양도 당시 주택수를 기준으로 하므로 1주택외에 농어촌주택 등 노후주택을 보유한 경우 노후주택을 멸실한 후 1주택을 양도하는 경우 1세대 1주택 비과세를 적용받을 수 있다.
<1세대 1주택 → 주택의 범위 참조>

▶ **1주택자의 보유기간이 2년 미만일 때**
1주택자가 보유기간이 2년 미만인 주택을 양도하는 경우 1세대 1주택 비과세를 적용할 수 없으므로 잔금청산일을 조정하여 2년 이상이 되도록 하면, 1세대 1주택 비과세를 적용받을 수 있다.

▶ **부동산을 배우자에게 증여하고 10년 후 양도**
주택을 배우자로부터 증여(6억원 이하 증여세 면제)받은 후 10년 이내 양도하는 경우 양도차익은 양도가액에서 증여한 자의 해당 자산 취득가액으로 계산하게 되며, 10년 이후 양도하는 경우에는 증여 당시 시가를 취득가액으로 하게 되므로 10년 이후 양도하는 것이 세금을 절세할 수 있다. 예를 들어 본인이 2억원에 취득한 주택 가격이 대폭상승하여 6억원이 된 이후 양도하게 되면, 양도차익이 4억원이 될 것이나 배우자에게 증여를 하고, 증여일로부터 10년이 지난 후 양도하게 되면, 양도가액에서 증여 당시의 시가인 6억원이 취득가액이 되므로 양도소득세를 대폭 줄일 수 있다.

▶ **장기보유특별공제 최대한 적용받기**
3년 이상 보유한 주택을 양도하는 경우 보유기간에 따라 양도차익의 6% ~ 30%(1세대 1주택자의 경우 12% ~ 80%)를 공제받을 수 있으므로 몇 일 차이로 연도가 모자라는 경우 잔금청산일을 조정하여 최대한 공제를 받을 수 있도록 한다.

▶ **다주택자는 임대사업자등록을 통해 절세**
거주주택외의 주택(다세대주택, 다가구주택, 상가겸용주택)을 장기임대주택사업자로 등록하는 경우 거주주택에서 2년 이상 거주하는 경우 거주주택은 1세대 1주택 비과세를 적용받을 수 있다. 단, 아파트는 2020.7.11. 이후 장기임대주택이 폐지되어 세제혜택을 받을 수 없다.

▶ 비사업용 토지의 사업용 전환
비사업용 토지를 양도하는 경우 10%가 추가 과세되므로 해당 장을 참고하여 사업용 전환 여부를 검토하여야 한다.

▶ 다수의 부동산을 양도하는 경우 양도시기 분산하기
한 해 동안 2건 이상의 부동산을 양도하는 경우 모든 부동산소득을 합산하여 확정신고를 하여야 하며, 이 경우 양도소득세 부담이 증가할 수 있으므로 잔금청산일 등을 조정하여 가능한 한 해 동안 2건 이상의 부동산을 양도하지 않는 것이 세금 측면에서 유리하다.

▶ 상가겸용주택은 주택부분을 크게 하여 신축
상가겸용주택의 경우 주택부분의 면적이 상가보다 큰 경우 전체를 주택으로 보므로 겸용주택외 다른 주택이 없는 경우 1세대 1주택 비과세를 적용받을 수 있다. 따라서 상가 신축시 이를 고려하여 주택의 면적이 넓도록 하여야 세금을 절세할 수 있다.

▶ 상가로 사용하는 공부상 주택의 양도
주택을 2년 이상 주택으로 사용하다 상가로 용도변경하여 사용하였으나 해당 상가 양도전 다시 주택으로 용도변경하고, 양도 당시 다른 주택이 없는 경우 1세대 1주택 비과세를 적용받을 수 있다.

▶ 주택으로 보는 겸용주택의 공용면적
주택과 상가의 면적이 동일한 경우로서 다른 주택이 없는 경우 주택부분만 1세대 1주택을 적용받을 수 있으므로 이 경우 공용부분의 일부를 주택용도로 전환하면, 1세대 1주택 비과세 적용을 받을 수 있다. 다만, 용도 변경 후 2년이 경과되어야 전체 건물에 대하여 1세대 1주택 적용을 받을 수 있으므로 유의하여야 한다.

특정 기간 중 미분양주택, 신축주택 취득 감면

미분양아파트의 과도한 발생 및 주택 경기 침체시 대책

정부는 주택 가격이 급격하게 상승할 때는 주택가격을 안정시키기 위하여 양도소득세 세율을 높이거나 주택담보대출을 제한하고, 비과세 요건 등을 축소하는 등 각종 대책을 수립하게 된다. 최근의 각종 부동산대책은 대부분 주택시장의 안정화를 위한 내용이다.

반대로 주택 가격이 하락하고 미분양이 늘면서 건설 경기가 침체될 때에는 대출 규제를 완화하고 세금을 감면하는 등 각종 혜택을 주는 대책이 수립되기도 한다. 과거 미분양 아파트가 과다하게 발생하거나 부동산경기가 침체된 시점에 미분양아파트 또는 신축주택을 취득한 경우 조세특례제한법에서 양도소득세를 감면하여 준 내용은 다음과 같으며, 부동산 양도시 해당 주택이 감면대상 주택인지 여부를 확인하여 감면혜택을 놓치지 않도록 주의하여야 한다.

감면대상주택이나 감면혜택을 받지 못한 경우

감면대상주택임에도 착오 또는 법을 잘 몰라서 감면을 받지 못한 경우에는 법정신고기한이 지난 후 5년 이내에 관할 세무서장에게 청구할 수 있으므로 이 경우 경정청구를 하여 잘못 납부한 세금을 돌려받으면 된다. (국세기본법 제제45조의2)

감면시 유의사항

1) 다음 요약표는 주택 양도시 감면대상 여부를 판단하는데 도움이 되도록 관련 법령의 일부만을 발췌한 내용이므로 실제 감면 적용시에는 반드시 해당 법령(조세특례제한법 및 조세특례제한법 시행령)을 꼼꼼히 살펴보고, 세무적문제가 발생하지 않도록 하여야 한다.

2) 조세특례제한법에 의하여 양도소득세를 감면받은 경우 농어촌특별세법에 의하여 감면세액의 20%를 농어촌특별세로 납부하여야 한다

■ 미분양주택등을 취득한 경우 양도소득세 감면 등

구 분	미분양주택에 대한 과세특례	지방 미분양주택에 대한 양도세 과세특례
해당 법령	조특법 98조	조특법 98조의 2
적용대상 기간 (계약금 납부 포함)	95.11.01~97.12.31. 98.03.01~98.12.31.	08.11.03.~10.12.31.
대상미분양주택	■ 95.10.31.현재 미분양주택 ■ 98.02.28.현재 미분양주택	■ 08.11.02. 현재 미분양주택 ■ 08.11.03. 신규분양주택
지역 제한	서울특별시 외 소재	수도권 밖
규모 제한	국민주택규모 이하	제한 없음
가액 제한	제한 없음	제한 없음
보유/임대 요건	5년 이상 보유/임대	제한 없음
세율 특례	양도세율 20%와 소득세율 비교과세	보유기간에 상관없이 누진세율
장기보유특별공제	특례 없음	주택수 상관없이 1세대 1주택 표2, (최대 80%) 공제율 적용
1세대 1주택 주택수	제외	제외
중과세	배제	배제
미분양 증명서류	시장군수 등이 발행한 미분양주택확인서	분양계약서에 미분양주택 확인 날인

[중과세] 조세특례제한법에 의한 과세특례가 적용되어 감면을 받은 주택의 경우 조정대상지역의 주택이라도 중과세되지 않으며, 중과세되지 않는 경우 장기보유특별공제를 받을 수 있다. 다만, 중과세대상판단기준이 되는 주택수에는 포함하여야 한다.

[1세대 1주택 주택수] 1세대 1주택 판정시 일부 감면주택은 주택수에 포함하지 아니한다. 예를 들어 감면 주택을 취득해서 보유하던 중 다른 주택을 한 채 더 매입해 2주택자가 된 이후. 다른 주택을 먼저 파는 경우 감면주택은 주택 수에 포함되지 아니하므로 1세대 1주택 비과세를 적용을 받을 수 있다.

구 분		미분양취득자에 대한 양도세 과세특례	수도권 밖의 지역의 미분양주택 과세특례
해당 법령		조특법 98조의 3	조특법 98조의 5
적용대상 기간		09.2.12.~10.2.11 (계약금 납부 포함)	10.5.14.~11.4.30 (계약금 납부 포함)
대상미분양주택		■ 09.2.11. 현재 미분양주택 ■ 09.2.12. 이후 신규분양주택 ■ 20호 미만 주택건설사업자 공급 주택	■ 10.2.11. 현재 미분양주택
지역 제한		서울특별시 외 소재 (투기지역 제외)	수도권 밖
규모 제한		수도권 과밀억제권역 안은 대지면적 660㎡, 주택149㎡ 이하	제한 없음
세율 적용		보유기간에 상관없이 누진세율	보유기간에 상관없이 누진세율
감면	취득일로부터 5년 이내 양도	100% 감면 (과밀억제권 60%)	분양가역 인하율에 따라 60%~100% 감면
	취득일로부터 5년 이후 양도	5년간 발생한 양도소득금액(과밀억제권 60%) 차감	취득 후 5년간 발생한 양도소득금액의 60%~100% 차감
1세대 1주택 주택수		제외	제외
중과세		배제	배제
미분양 증명서류		분양계약서에 미분양주택 확인 날인	분양계약서에 미분양주택 확인 날인

구 분	미분양주택 양도소득세의 과세특례	준공후미분양주택 양도소득세 과세특례
해당 법령	제98조의7	제98조의8
적용대상 기간	12.9.24.~12.12.31 (매매계약 체결)	15.1.1.~15.12.31 (매매계약 체결)
대상미분양주택	12.9.24. 현재 미분양주택	14.12.31. 현재 미분양주택으로서 15.1.1. 이후 선착순 분양
규모 제한	없음	주택135㎡ 이하
가액 제한	9억원 이하	6억원 이하
보유/임대 요건	없음	5년 임대
감면 취득일로부터 5년 이내 양도	100% 감면	
감면 취득일로부터 5년 이후 양도	5년간 발생한 양도스득금액 차감	5년간 발생한 양도스득금액의 50%차감
1세대 1주택 주택수	제외	제외
중과세	배제	배제
미분양 증명서류	분양계약서에 미분양주택 확인 날인	분양계약서에 미분양주택 확인 날인

▶ 감면대상 소득 (조특법 시행령 제40조)

$$\text{감면대상소득} = \frac{\text{양도차익}(\text{취득 후 5년 시점 기준시가} - \text{취득 당기 기준시가})}{(\text{양도시점 기준시가} - \text{취득당시 기준시가})}$$

▶ 미분양주택

주택을 공급하는 사업주체가 공급하는 주택으로서 해당 사업주체가 입주자모집공고에 따른 입주자의 계약일이 지난 주택단지에서 2012년 9월 23일까지 분양계약이 체결되지 아니하여 선착순의 방법으로 공급하는 주택을 말한다.

■ 신축주택등을 취득한 경우 양도소득세 감면 등

구 분		신축주택 양도소득세의 감면	신축주택등 양도소득세의 과세특례
해당 법령		제99조	제99조의2
대상 주택		신축주택	신축 및 미분양주택
적용대상 기간		98.5.22.~ 99.06.30 (국민주택) 98.5.22.~ 99.12.31 - 계약금 납부 포함	13.04.01.~ 13.12.31. 기간 중 매매계약 체결
지역 제한		없음	없음
감면 대상			6억원 이하이거나 85㎡ 이하인 경우
감면	취득일로부터 5년 이내 양도	취득한 날부터 양도일까지 발생한 양도소득금액을 양도소득세 과세대상소득금액에서 차감	취득한 날부터 양도일까지 발생한 양도소득금액을 양도소득세 과세대상소득금액에서 차감
	취득일로부터 5년 이후 양도	신축주택을 취득한 날부터 5년간 발생한 양도소득금액을 양도소득세 과세대상소득금액에서 차감	신축주택을 취득한 날부터 5년간 발생한 양도소득금액을 양도소득세 과세대상소득금액에서 차감
1세대 1주택 주택수		07.12.31.까지 제외	제외
중과세		배제	배제
감면주택 확인(시군구)		-	확인을 받아야 함

◆ 양도 사전-2017-법령해석재산-0564, 2017.12.14

거주자가「조세특례제한법」제99조의2 및 같은 법 시행령 제99조의2제12항에 따라 감면대상주택임을 확인받지 못한 경우에는 같은 법 제99조의2에 따른 감면을 적용받을 수 없는 것임

SECTION 13

취득세 및 개정 내용

취득세 세율 및 신고·납부

취득세 세율 요약표

부동산을 취득한 날로부터 **60일 이내**에 취득세를 신고 및 납부하여야 하며, 취득세 납부시 지방교육세 및 농어촌특별세를 같이 납부하여야 한다. 단 국민주택의 경우 농어촌특별세는 과세되지 않는다.

▶ 부동산 취득과 관련한 세율 요약표 [1주택 기준] (지방세법 제11조)

취득구분	종류		구분	취득세	지방 교육세	농어촌 특별세	합계
상 속	농지			2.3%	0.06%	0.2%	2.56%
	농지외			2.8%	0.16%	0.2%	3.16%
무상취득				3.5%	0.30%	0.2%	4.00%
원시취득				2.8%	0.16%	0.2%	3.16%
유상취득	농지			3.0%	0.20%	0.2%	3.40%
	농지외			4.0%	0.40%	0.2%	4.60%
	주택	6억원 이하	국민주택	1.0%	0.10%	-	1.10%
			기 타	1.0%	0.10%	0.2%	1.30%
		6억원 9억원	국민주택	2~3%	0.20%	-	
			기 타	2~3%	0.20%	0.2%	
		9억원 초과	국민주택	3.0%	0.30%	-	3.3%
			기 타	3.0%	0.30%	0.2%	3.5%

취득세 중과세 및 중과세대상 주택수

1세대가 조정대상지역내 1주택을 보유한 상태에서 조정대상지역내 주택을 새로 취득하거나 1세대가 2주택을 보유한 상태에서 새로 일반지역이나 조정대상지역의 주택을 취득하는 경우 취득세가 중과세된다.

단, 1주택을 보유한 1세대가 일반지역의 1주택을 취득하는 경우에는 중과세되지 않는다.

취득세 중과세 대상

▶ 조정대상지역 또는 비조정대상지역의 주택 취득 및 중과세
- 조정지역 1주택 + (신규)비조정주택 → 일반과세(1% ~ 3%)
- 조정지역 1주택 + (신규)조정주택 → 중과세(8%)
- 비조정지역 1주택 + (신규)조정주택 → 중과세(8%)
- 비조정지역 2주택 + (신규)비조정지역 → 중과세(8%)
- 비조정지역 2주택 + (신규)조정지역 → 중과세(12%)
- 조정지역 2주택 + (신규)조정주택 → 중과세(12%)

▶ 취득세 중과세 관련 1세대의 범위
1) 세대별 주민등록표에 함께 기재된 가족
2) 배우자와 미혼인 30세 미만의 자녀는 세대를 분리하여 거주하더라도 1세대로 간주함 단, 해당 자녀의 소득(근로소득, 사업소득 등)이 기준 중위소득의 40%(월 83만원) 이상으로서 분가하는 경우 부모와 구분하여 별도의 세대로 판단함

▶ 보건복지부 고시 기준 중위소득 [2024년 기준]

구 분	1인가구	2인가구	3인가구	4인가구
월 소득	2,228,445	3,682,609	4,714,657	5,729,913
중위소득의 40%	891,378	1,473,044	1,885,863	2,291,965

★ <주의> 취득세과 관련한 1세대의 범위에는 실제 거주 여부에 관계없이 주민등록표상에 기재된 가족으로 한다. 단, 양도소득세 등 국세의 경우에는 실제 동거 여부에 의하여 판단한다.

취득세 중과세 세율 (2020.8.12.이후)

▶ 취득세율 → 주택수는 세대 단위로 판단함

구 분	1주택	2주택	3주택	법인, 4주택
조정대상지역	1~3%	8%	12%	12%
非조정대상지역	1~3%	1~3%	8%	12%

① 1주택 소유자가 非조정대상지역 주택 취득시 세율 : 1~3%
② 1주택 소유자가 조정대상지역 주택 취득시 세율 : 8%
③ 2주택 소유자가 非조정대상지역 주택 취득시 세율 : 8%

지방교육세, 농어촌특별세 중과세 세율

■ 지방교육세 중과세 (중과세 대상 주택 → 0.4%)
○ 일반과세 : 주택규모 및 가액에 따라 0.1% ~ 0.3%
○ 중과세대상 주택 : 0.4%

■ 농어촌특별세 중과세 (중과세대상 주택 → 0.3%, 1.4%)
○ 일반과세 : 국민주택 → 없음, 국민주택 규모 초과 주택 0.2%
○ 조정대상지역내 2주택, 일반지역 3주택 0.3%
○ 조정대상지역내 3주택, 일반지역 4주택 1.0%

취득세 관련 주택수 및 중과세 여부

취득세 중과세 관련 주택수에 포함하는 주택
1주택을 보유한 1세대가 조정대상지역의 주택을 새로 취득하거나 2주택 이상을 보유한 1세대가 일반지역의 주택을 새로 취득하는 경우 취득세가 중과세되며, 주택수에 포함하여야 하는 주택은 다음과 같다. (지방세법 시행령 제28조의4)

■ 주택

■ 공동소유주택
1. 동일세대인 경우 1주택으로 봄 → 세대내에서 공동소유하는 경우는 개별 세대원이 아니라 '세대'가 1개 주택을 소유하는 것으로 산정함
2. 별도세대인 경우 각각 주택을 보유한 것으로 봄

■ 상속받은 주택
1. 2020.8.11. 이전 상속받은 주택 : 2025.8.12. 이후 주택수 포함
2. 2020.8.12. 이후 상속주택 : 상속개시일부터 5년 이후 주택수 포함
3. 공동상속주택 : 주된 상속인(상속지분이 가장 큰 자)의 주택에 포함

▶ 지분이 가장 큰 상속인이 두 명 이상인 경우 주택소유자(1 →2)
1. 그 주택 또는 오피스텔에 거주하는 사람
2. 나이가 가장 많은 사람

■ 주택의 부수토지만을 보유한 경우
1세대가 주택의 부수토지만을 소유하고 있는 경우에도 주택수에 포함하므로 주택수 계산시 주의를 하여야 한다.

★ [주의] 양도소득세에서는 주택의 부수토지만을 보유한 경우 주택을 소유한 것으로 보지 않지만 취득세는 주택수에 포함되므로 주의해야 한다.

■ 임대주택 → 장기임대주택으로 등록된 경우에도 주택 수 포함

장기임대주택은 종합부동산세(합산배제) 및 양도소득세 1세대 1주택 비과세(거주주택 비과세) 적용시 주택수에서 제외되나 취득세 주택수 판정, 양도소득세 중과대상 주택수 판정시에는 모두 포함된다.

■ 오피스텔 (주택분 재산세 과세대상) [국세청 100문100답 56P]

2020.8.12. 이후 신규취득하는 오피스텔로서 주택분 재산세가 과세되고 있는 오피스텔. 단, 오피스텔 분양권은 주택수에 포함하지 않는다.
다만, 2020.8.11. 이전 매매(분양)계약을 체결한 경우 주택수에서 제외

■ 분양권 및 조합원입주권 → 주택수에 포함

2020.8.12. 이후 신규취득하는 분양권 및 조합원입주권은 주택수에 포함한다. 다만, 2020.8.12. 전에 매매(분양)계약을 체결한 경우에는 주택수에서 제외

★ 양도소득세 → 2021.1.1. 이후 분양권 취득분을 주택수에 포함

취득세 관련 중과 주택수에 포함하지 않는 주택

1세대의 주택 수를 산정할 때 다음의 어느 하나에 해당하는 주택, 조합원입주권, 분양권 또는 오피스텔은 소유주택 수에서 제외한다.
(지방세법 시행령 제28조의4 ⑤)

■ 주택수 산정일 시가표준액이 1억원 이하인 주택

주택수 산정일 현재 시가표준액(지분이나 부속토지만을 취득한 경우에는 전체 주택의 시가표준액)이 1억원 이하인 주택. 다만, 정비구역으로 지정고시된 지역 또는 사업시행구역에 소재하는 주택은 제외한다.

■ 주택수 산정일 현재 시가표준액이 1억원 이하인 오피스텔

■ 상속받은 주택
1. 2020.8.11. 이전에 상속받은 주택 : 2020.8.12. 이후 5년간 주택수에서 제외함
2. 2020.8.12. 이후에 상속받은 주택 : 상속개시일로부터 5년간 주택수에서 제외함

■ 다음 요건을 모두 충족하는 읍·면지역에 있는 농어촌주택
(지방세법 시행령 제28조 ②)
1. 대지면적이 660제곱미터 이내이고 건축물의 연면적이 150제곱미터 이내일 것
2. 건축물의 가액이 6천500만원 이내일 것
3. 다음 각 목의 어느 하나에 해당하는 지역에 있지 아니할 것
　가. 광역시에 소속된 군지역 또는 수도권지역. 다만, 접경지역과 자연보전권역 중 행정안전부령으로 정하는 지역은 제외한다.
　나. 도시지역 및 허가구역, 지정지역, 그 밖에 관광단지 등

■ 기타
가정어린이집, 노인복지주택복지, 저당권 실행으로 취득한 주택

▶ 공시지가, 기준시가, 시가표준액

구분	표준공시지가	개별공시지가	기준시가	시가표준액
고시기관	국토해양부	시·군·구청	국세청	시·군·구청
용도	개별공시지가 산정자료	토지에 대한 국세, 지방세 부과기준	국세 부과기준	지방세 부과 기준

▶ 국세청 기준시가와 지방세 시가표준액 가액은 차이가 있을 수 있다.

취득세 중과세 적용 제외 주택

다음의 어느 하나에 해당하는 주택은 중과세 대상으로 보지 않는다.
(지방세법 시행령 제28조의2)

■ 시가표준액이 1억원 이하인 주택

주택수 산정일 현재 시가표준액(지분이나 부속토지만을 취득한 경우에는 전체 주택의 시가표준액)이 1억원 이하인 주택. 다만, 정비구역으로 지정고시된 지역 또는 사업시행구역에 소재하는 주택은 제외한다.

▶ 오피스텔 취득시 취득세 → 중과세대상 아님

오피스텔 취득 시점에는 해당 오피스텔이 주거용인지 상업용인지 확정되지 않으므로 건축물 대장상 용도대로 건축물 취득세율(4%)이 적용되므로 중과세대상이 아니다.

■ 다음 요건을 충족하는 읍·면에 있는 농어촌주택

(지방세법 시행령 제28조 ②)
1. 대지면적이 660제곱미터 이내이고 건축물의 연면적이 150제곱미터 이내일 것
2. 건축물의 가액이 6천500만원 이내일 것
3. 다음 각 목의 어느 하나에 해당하는 지역에 있지 아니할 것
   가. 광역시에 소속된 군지역 또는 수도권지역. 다만, 접경지역과 자연보전권역 중 행정안전부령으로 정하는 지역은 제외한다.
   나. 도시지역 및 허가구역, 지정지, 그 밖에 관광단지 등

■ 기타
- 가정어린이집, 노인복지주택복지
- 사원에 대한 임대주택으로 전용면적이 60제곱미터 이하인 공동주택

취득세 관련 개정 세법

일시적 2주택 중과배제시 종전 주택 처분기한

조정대상지역에 소재한 주택을 보유한 1세대가 조정대상지역에 새로운 주택을 취득하는 경우 취득세가 중과세(8%)된다. 다만, 국내에 주택, 조합원입주권, 주택분양권 또는 오피스텔을 1개 소유한 1세대가 종전 주택등을 소유한 상태에서 이사·학업·취업·직장이전 및 이와 유사한 사유로 다른 1주택(신규 주택)을 추가로 취득한 후 3년 이내에 종전 주택등을 처분하는 경우 해당 신규 주택을 말한다.

[세법 개정] 일시적 2주택 종전주택 처분기간
2022. 6. 30. 이후 1년 → 2년
2023. 1. 12. 이후 2년 → 3년(지방세법 시행령 제28조의5)

▶ 일시적 2주택자의 종전주택 처분기한[지방세법 시행령 제28조의5]

종전주택 소재지	신규주택	처분기한	시행시기
비조정지역	비조정지역	3년	
비조정지역	조정대상지역	3년	
조정대상지역	조정대상지역	2년	'22.5.10. 이후
조정대상지역	조정대상지역	3년	'23.1.12. 이후

2023년 이후 부동산 무상 취득 취득세 과세표준

부동산 등을 무상취득하는 경우 취득세 과세표준은 불특정 다수인 사이에 자유롭게 거래가 이루어지는 경우 통상적으로 성립된다고 인정되는 가액으로서 **매매사례가액** 등으로 한다. 다만, 증여가액이 1억원 이하인 경우 시가표준액으로 할 수 있다.

1. 취득세 계산구조

취득세 산출세액 = 취득가액(과세표준) × 취득세 세율

총 납부세액 = 취득세 산출세액 + 지방교육세 + 농어촌특별세

2. 과세표준 산정

무상취득(증여)의 경우 시가표준액으로 한다. 단, 2023년 1월 1일 이후 증여분부터는 시가인정액(매매사례가액 등)으로 한다.

○ 시가표준액 : 취득세, 재산세, 등록세 등 지방세를 책정하기 위해서 정부에서 기준으로 설정한 금액

○ 시가인정액 : 매매가액, 감정평가가액, 공매가액, 유사매매사례가액을 의미한다.

[개정 세법] 조정대상지역의 증여 취득에 대한 취득세율 인상

2020.8.12. 이후 조정대상지역에 소재한 주택으로서 취득 당시 시가표준액이 3억원 이상인 주택을 무상취득하는 경우 **취득세율은 12%** (일반 무상 취득의 취득세율 3.5%)로 상향 조정

○ 조정대상지역 3억원 미만 주택 증여 취득 : 취득세율 3.5%

○ 조정대상지역 3억원 이상 주택 증여 취득 : 취득세율 12%

- 조정대상지역에 소재한 주택이더라도 증여자가 1세대 1주택인 주택을 증여하는 경우 : 취득세율 3.5%

[개정 세법] 무상취득시 취득세 과세표준 개선 [지방세법 제10조의2]

○ (유상취득, 원시취득) 신고가액에서 개인·법인 차별없이 "사실상 취득가격"(실제거래가액)으로 규정

○ (무상취득) 시가표준액에서 시장가치를 반영한 "시가인정액"으로 규정

- 시가인정액 : 취득일 전 6개월부터 취득일 후 3개월 이내의 기간(평가기간) 유사매매사례가액 및 감정가액, 공매가액 중 가장 최근 거래가액

종 전		개 정	
취득 원인 구분 없이 규정	■ (개인) MAX(신고가액, 시가표준액) ■ (법인) 사실상 취득가격 ■ (개인·법인) 시가표준액	유상 원시취득	■ (개인·법인) 사실상의 취득가격
		무상취득	■ (개인·법인) 시가인정액

<시행시기> 2023.1.1. 이후 무상취득분부터

[개정 세법] 무상취득시 취득일이 속하는 달의 말일부터 3개월 이내 취득세를 신고납부토록 기한 연장 [지방세법 제20조 ①]

생애최초 주택구입시 취득세 감면 확대

기존 생애최초 주택구입시 취득세 감면은 부부합산 소득 7,000만원 이하 가구가 4억원 이하 주택을 생애최초로 구입하였을 때 취득세의 50%(1억5,000만원 이하의 경우 100%)를 감면했으나

이번에 바뀐 법령은 소득에 관계없이 취득가액 12억원 이하 주택을 구입할 때 최대 200만원까지 취득세를 감면한다.

개정된 감면규정은 2022년 6월 21일부터 주택을 취득한 납세자에게까지 소급 적용이 되고, 기존에 감면을 받았던 납세자에게는 늘어난 감면액만큼 차액을 되돌려 준다. 다만, 이번 감면대상에서 미성년자와 상속, 증여 및 신축 등은 제외된다.

또한 주택 취득일부터 3개월 이내 전입신고를 아니한 자와 주택 취득일부터 3개월 이내 추가로 주택을 취득한 자, 거주기간 3년 미만에서 매각·증여·임대한 자 역시 감면 대상에서 제외된다.

주택 취득 관련 제비용

개요
주택을 취득하는 경우 취득세외에 중개수수료 및 법무사수수료, 공채매입과 관련한 수수료 등이 발생하며, 그 내용은 다음과 같다.

부동산[주택] 중개수수료

■ 공인중개사법 시행규칙 [별표 1] <신설 2021. 10. 19.>

주택 중개보수 상한요율(제20조제1항 관련)

거래내용	거래금액	상한요율	한도액
매매·교환	5천만원 미만	1천분의 6	25만원
	5천만원 이상 2억원 미만	1천분의 5	80만원
	2억원 이상 9억원 미만	1천분의 4	
	9억원 이상 12억원 미만	1천분의 5	
	12억원 이상 15억원 미만	1천분의 6	
	15억원 이상	1천분의 7	
2. 임대차 등	5천만원 미만	1천분의 5	20만원
	5천만원 이상 1억원 미만	1천분의 4	30만원
	1억원 이상 6억원 미만	1천분의 3	
	6억원 이상 12억원 미만	1천분의 4	
	12억원 이상 15억원 미만	1천분의 5	
	15억원 이상	1천분의 6	

[거래금액 산정]
- 매매 : 매매가격
- 임대차 등

① 월세가 없는 경우 : 보증금
② 월세가 있는 경우
- 5천만원 이상 :(월세×100)+보증금
- 5천만원 미만 :(월세× 70)+보증금

법무사수수료 등

부동산을 취득하는 경우 매도인으로부터 소유권을 이전받아야 하며, 소유권 이전시 등기등의 업무는 통상 법무사사무소에 대행하게 된다. 이 경우 법무사수수료 및 증지대, 인지대, 국민주택채권 매입과 관련한 비용을 소요되며, 그 내용은 다음과 같다.

▶ 법무사수수료 기본보수표

과세표준액		산정방법		
	1천만원까지	100,000원		
1천만원초과	5천만원까지	100,000원	+	1천만원초과액의 11/10,000
5천만원초과	1억원까지	144,000원	+	5천만원초과액의 10/10,000
1억원초과	3억원까지	194,000원	+	1억원초과액의 9/10,000
3억원초과	5억원까지	374,000원	+	3억원초과액의 8/10,000
5억원초과	10억원까지	534,000원	+	5억원초과액의 7/10,000
10억원초과	20억원까지	884,000원	+	10억원초과액의 5/10,000
20억원초과	200억원까지	1,384,000원	+	20억원초과액의 4/10,000
200억원초과		8,584,000원	+	200억원초과액의 1/10,000

국민주택채권

국민주택채권이란 국민주택사업에 필요한 자금을 조달하기 위하여 정부가 발행하는 국채로서 주택 취득시 일정금액의 국민주택채권을 의무적으로 매입하여야 하며, 국민주택채권은 금리가 매우 낮고(2023년 4월 현재 연리 1.3%), 상환기간이 5년으로 통상 법무사사무소에서 금융기관에 할인하게 되므로 할인료 상당액만을 부담하면 된다.

▣ 네이버, 구글 등에서 '주택취득비용' 검색

- 채권매입금액 = 시가표준액 × 법정매입율

시가표준액 : (아파트) 국토교통부 공동주택 공시가격

□ 주택도시기금법 시행령 [부표] <개정 2022. 12. 27.>
제1종 국민주택채권 매입대상 및 금액표 (일부)

매입대상	지역	금액
가) 시가표준액 2천만원 이상 5천만원 미만		시가표준액의 13/1,000
나) 시가표준액 5천만원 이상 1억원 미만	(1) 특별시 및 광역시	" 19/1,000
	(2) 그 밖의 지역	" 14/1,000
다) 시가표준액 1억원 이상 1억6천만원 미만	(1) 특별시 및 광역시	" 21/1,000
	(2) 그 밖의 지역	" 16/1,000
라) 시가표준액 1억6천만원 이상 2억6천만원 미만	(1) 특별시 및 광역시	" 23/1,000
	(2) 그 밖의 지역	" 18/1,000
마) 시가표준액 2억6천만원 이상 6억원 미만	(1) 특별시 및 광역시	" 26/1,000
	(2) 그 밖의 지역	" 21/1,000
바) 시가표준액 6억원 이상	(1) 특별시 및 광역시	" 31/1,000
	(2) 그 밖의 지역	" 26/1,000

[사례] 대구시 주택 시가표준액 3억원인 경우 채권 매입 및 할인
국민주택채권 매입금액 7,800,000원(3억원 × 26/1,000)
주택도시기금 공시할인율 10.67438%(2023.04.12) 적용
할인금액(실부담액) 84만원

상가, 오피스텔 임대 세무

SECTION 01

부동산임대 사업자등록

> 사업상 독립적으로 재화 또는 용역을 계속, 반복적으로 공급하는 자를 사업자라고 한다. 사업자는 법인사업자와 개인사업자로 구분한다.
> 법인사업자는 법인설립등기라는 별도의 절차를 거쳐 사업자등록을 하여야 하나 개인사업자는 별도의 등기 절차없이 세무서에 사업자등록을 한 후 사업을 할 수 있다.

사업자 및 사업자등록 신청

사업자 및 사업자등록

사업자란 사업상 독립적으로 재화(물품 등) 또는 용역(서비스)을 계속, 반복적으로 공급하는 자를 의미한다.

예를 들어 토지나 건물을 계속, 반복적으로 매입하여 판매하는 경우에는 사업자(부동산매매업)에 해당하는 것이나 주거 목적으로 사용하던 주택을 양도하거나 투자 목적으로 보유한 토지를 양도하는 경우로서 부동산매매업에 해당하지 않는 경우에는 사업자에 해당하지 않는 것이다.

> **보충** 부동산매매업
>
> 부동산의 매매(건물을 신축하여 판매하는 경우 포함) 또는 그 중개를 사업목적으로 나타내어 부동산을 매매하거나 사업상의 목적으로 부가가치세법의 1과세기간(1월 1일 ~6월 30일 또는 7월 1일 ~ 12월 31일)내에 1회 이상 부동산을 취득하고 2회 이상 판매하는 경우 부동산매매업에 해당한다.

사업자는 사업장 소재지별로 사업개시 20일 전 이내에 사업자등록을 하여야 하며, 부가가치세가 과세되는 사업자는 과세사업자로 부가가치세가 면제되는 사업자는 면세사업자로 등록을 하여야 한다.

사업장

사업장이란 사업자나 그 사용인이 상시 주재하여 거래의 전부 또는 일부를 행하는 장소를 말하며, 부동산임대업의 경우 건물 또는 토지 소재지로 한다.

> **Q&A** 임대사업장이 두 군데 이상인 경우 사업자등록을 어떻게 하여야 하나?

사업장이 두 군데 이상인 경우 사업장마다 해당 사업장의 관할세무서에 사업자등록을 하여야 한다.

◎ 사업자등록은 어디에서 하나?

사업자등록은 사업장 소재지를 관할하는 세무서를 방문하여 사업자등록을 하여야 한다.

관할 세무서란 사업장이 소재한 지역을 관할하는 세무서로 예를 들어 임대에 사용할 건물이 대구광역시 동구에 있는 경우 동대구세무서가 관할 세무서가 되며, 국세청 홈페이지에서 확인할 수 있다.

[국세청 홈페이지] → [국세청 소개] → [전국 세무관서] → [주소로 관할 세무서 찾기] 동명 입력

> **보 충** 사업장 관할세무서와 주소지 관할세무서
>
> 사업장 소재지 관할 세무서란 사업장에서 발생하는 세금 업무(부가가치세, **원천세**(원천세 편 참고)를 관할하는 세무서를 말한다.
> 단, 개인 사업자의 경우 종합소득세는 주소지 관할세무서에 신고 및 납부하여야 하며, 종합소득세 관할 세무서를 주소지 관할세무서라 한다. 사업장 소재지 관할 세무서에 사업자등록을 한 경우 주소지 관할 세무서에는 별도의 사업자등록 신고는 하지 않으며, 사업자는 종합소득세 신고 및 납부만 주소지 관할 세무서에 하면 된다.

사업자등록 신청

① 사업자등록은 사업장마다 하여야 한다. 예를 들어 사업장이 2개 이상인 경우 각각의 사업장마다 별도로 사업자등록을 하여야 한다. 사업자등록은 사업을 시작한 날로부터 **20일 이내**에 사업자등록신청과 관련한 서류를 갖추어 사업장 소재지 관할세무서 민원봉사실에 신청하여야 한다.

② 사업자등록신청서는 사업자 본인이 자필로 서명하여야 한다. 다만, 대리인이 신청할 경우 대리인과 위임자의 신분증을 필히 지참하여야 하며, 사업자등록신청서에 사업자 본인 및 대리인의 인적사항을 기재하고 자필 서명하여야 한다.

◆ 부동산임대 개시전 사업자등록

부동산임대업의 경우 임대 목적의 건물을 신축하거나 매입하여 임대를 하게 되며, 임대 개시전 건물에 대하여 세금계산서를 발급받아야 하므로 미리 사업자등록을 하여야 한다.

◆ 부동산임대업의 사업자등록 신청서류

1. 사업자등록신청서 1부 (세무서 민원실 비치)
2. 건물 등기전인 경우에는 임대사업을 영위할 것임을 입증할 수 있는 서류(분양계약서, 공사계약서 등)를 제출하여야 하며, 이 경우 담당자의 확인절차를 거쳐 사업자등록증이 발급되므로 수일이 소요될 수 있다.
3. 건물 등기가 된 경우에는 세무서에서 확인이 가능하므로 등기부등본을 별도로 제출할 필요는 없을 것이나 관할 세무서 민원실에 전화하여 확인을 하여야 한다.
4. 2인 이상 공동으로 사업하는 공동사업자인 경우 동업계약서

> **보 충** 공동사업자 사업자등록 신청 및 소득분배
>
> 2인 이상의 사업자가 공동으로 사업을 하는 경우 사업자등록신청은 공동사업자 중 1인을 대표자로 하여 대표자 명의로 신청하여야 하며, 공동사업을 하는 경우 '공동사업자명세'를 제출하여야 한다. 공동사업자는 공동사업에서 1년간 발생한 소득에 대하여 지분비율에 따라 '공동사업자별분배명세서'를 작성하여 공동사업자 각각의 소득에 대하여 종합소득세 신고를 하여야 한다.

사업자등록증 교부

특별한 사유가 없는 한 개인사업자는 사업자등록 신청 즉시 발급하나 건물 등기전인 경우 담당자의 확인을 거쳐 발급하므로 신청일로부터 3일 정도의 기간이 소요될 수 있다.

보 충 | 사업자등록번호 구성

○○○ - ○○ - ○○○○○
　① 　　②　　③

① 세무서코드 (예: 반포세무서 114)

　사업자가 최초 사업자등록을 한 세무서의 고유번호 코드이다.

② 사업자의 종류

　- 법인본점 81, 86, 87

　- 지점법인 85

　- 국가 83

　- 비영리법인 82

　- 개인사업자 01 ~ 79

　- 면세사업자 90

③ 일련번호 ○○○ - ○○ - ○○○○●

　일련번호의 마지막 숫자는 검증번호로 사업자등록번호가 정확한지 여부를 검증하는 기능이다. 예를 들어 전산 프로그램을 사용하는 경우 사업자등록번호를 잘못 입력하면 오류가 발생한다.

사업자 구분 및 사업자등록 정정

◙ 면세사업자(주택임대)와 과세사업자(주택외 임대)

사업자는 과세사업자와 면세사업자로 구분하며, 과세사업자는 일반과세자와 간이과세자로 구분한다. 과세사업자란 **부가가치세**가 과세되는 재화 또는 용역을 공급하는 사업자를 말하며, 다음의 면세사업에 해당하지 않는 사업자는 과세사업자에 해당한다.

1. 주택과 그 부수토지의 임대용역
2. 토지의 공급
3. 국민주택(전용면적 85㎡) 이하의 공급 및 당해 주택의 건설용역
4. 가공되지 아니한 식료품(쌀, 미가공 농.축.수산물 등)
5. 병원, 의원(단, 성형목적의 의료시술은 과세됨)
6. 허가 또는 인가를 받은 학원, 강습소, 기타 비영리단체 등
7. 도서, 신문

◆ 주택과 이에 부수되는 토지 임대 용역은 면세되나 토지 임대는 과세됨
주택과 이에 부수되는 토지(토지 정착면적의 5배, 도시지역이 아닌 경우 10배)의 임대 용역은 면세되나 토지의 임대(부수되는 토지를 초과하는 면적 포함)는 부가가치세가 과세된다.

◆ 주택임대사업자 미등록 가산세 [소득세법 제81조의12]
주택임대소득이 있는 사업자가 사업 개시일부터 20일 이내에 사업장 관할 세무서장에게 사업자등록을 신청하지 아니한 경우 사업 개시일부터 등록을 신청한 날의 직전일까지의 주택임대수입금액의 1천분의 2를 가산세로 해당 과세기간의 종합소득 결정세액에 더하여 납부하여야 한다.

부동산임대업 일반사업자와 간이사업자 구분

① 개인사업자는 공급대가(매출규모)에 따라 간이과세자와 일반과세자로 구분되므로 올바른 과세유형을 선택하여야 한다. 간이과세자에 해당하지 않는 사업자는 모두 일반과세자에 해당한다.

② 간이과세자란 연간 공급대가 예상액이 8000만원 미만인 개인사업자로서 간이과세자로 신청한 경우 간이과세자가 되며, 간이과세자는 세금계산서를 발급할 수 없고(계산서는 발급할 수 있다.), 신고 및 납부 구조가 일반과세자와 다르므로 간이과세자 편을 참고한다.

③ 부동산임대업의 연간 수입금액이 4,800만원에 미달할 것으로 예상되는 경우에도 일반과세사업자로 등록을 하면, 건물분에 대하여 발급받은 세금계산서에 의하여 매입세액을 환급받을 수 있다. 단, 임대를 개시한 과세연도의 수입금액이 4,800만원에 미달하는 경우 다음해 7월 1일부로 간이과세자로 전환되어 환급받은 매입세액을 다시 납부하여야 하는 세무적 문제가 있으므로 이 경우 간이과세 포기신청을 하여야 한다.

◆ 일반과세자의 간이과세자로의 유형 전환
신규사업자의 경우 공급대가 합계액을 12개월로 환산한 금액을 기준으로 한다. (1개월 미만 끝수가 있는 경우는 1개월로 함)

[개정 세법] 간이과세 적용범위 확대(제61조제1항)
종전에는 직전 연도의 공급대가 합계액 4천800만원 미만이었던 것에서 8천만원 미만으로 상향하되, **부동산임대업 및 과세유흥장소를 경영하는 사업자에 대해서는 현행의 4천800만원 기준을 유지함.**
<적용시기> 2021.1.1. 이후 개시하는 과세기간 분부터 적용

◘ 사업자등록 정정

사업자가 다음의 사업자등록 정정사유가 발생한 경우에는 지체없이 '사업자등록정정신고서'에 사업자등록증과 이를 증명하는 서류를 첨부하여 사업장 관할세무서장에게 제출하여야 한다. 한편, '지체없이'에 대한 기간은 법에서 별도로 명시하고 있지 아니하나 가능한 빠른 시간내에 사업자등록 정정신청을 하여야 한다.

1. 상호를 변경하는 경우
2. 법인 또는 법인으로 보는 단체 외의 단체로서 기획재정부령으로 정하는 단체가 대표자를 변경하는 경우
3. 사업의 종류에 변동이 있는 경우
4. 사업장[사업자 단위 과세 사업자의 경우에는 사업자 단위 과세 적용 사업장을 말한다]을 이전하는 경우
5. 상속으로 사업자의 명의가 변경되는 경우
6. 공동사업자의 구성원 또는 출자지분이 변경되는 경우
7. 임대인, 임대차 목적물 및 그 면적, 보증금, 임차료 또는 임대차 기간이 변경되거나 새로 상가건물을 임차한 경우(「상가건물 임대차 보호법」 제2조제1항에 따른 상가건물의 임차인이 사업자등록 정정신고를 하려는 경우, 임차인이 같은 법 제5조제2항에 따른 확정일자를 신청하려는 경우 및 확정일자를 받은 임차인에게 변경 등이 있는 경우로 한정한다)

◆ 임대차 내용이 변경된 경우
임차인이 사업자등록시 확정일자 등에 대한 내용을 신고하므로 임대인은 별도의 정정신고를 할 필요가 없으나, 부가가치세 신고시 임차인, 임대료 등의 변경사항에 대하여 '부동산임대공급가액명세서'에 반영을 하면 된다.

◙ 상가 임대시 알아 두어야 할 법령

□ 상가건물 임대차보호법
[법령자료 법제처 홈페이지] → '상가' 검색

제11조(차임 등의 증감청구권) ① 차임 또는 보증금이 임차건물에 관한 조세, 공과금, 그 밖의 부담의 증감이나 「감염병의 예방 및 관리에 관한 법률」 제2조제2호에 따른 제1급감염병 등에 의한 경제사정의 변동으로 인하여 상당하지 아니하게 된 경우에는 당사자는 장래의 차임 또는 보증금에 대하여 증감을 청구할 수 있다. 그러나 증액의 경우에는 대통령령으로 정하는 기준에 따른 비율을 초과하지 못한다.
<개정 2020. 9. 29.>
② 제1항에 따른 증액 청구는 임대차계약 또는 약정한 차임 등의 증액이 있은 후 1년 이내에는 하지 못한다.
③ 「감염병의 예방 및 관리에 관한 법률」 제2조제2호에 따른 제1급감염병에 의한 경제사정의 변동으로 차임 등이 감액된 후 임대인이 제1항에 따라 증액을 청구하는 경우에는 증액된 차임 등이 감액 전 차임 등의 금액에 달할 때까지는 같은 항 단서를 적용하지 아니한다.
<신설 2020. 9. 29.>

□ 상가건물 임대차보호법 시행령

제4조(차임 등 증액청구의 기준) 법 제11조제1항의 규정에 의한 차임 또는 보증금의 증액청구는 청구당시의 차임 또는 보증금의 100분의 5의 금액을 초과하지 못한다. <개정 2018.1.26.>

부칙 <제28611호, 2018.1.26.>
제3조(차임 등 증액청구 기준에 대한 적용례) 제4조의 개정규정은 이영 시행 당시 존속 중인 상가건물 임대차계약에 대해서도 적용한다.

SECTION 02

개인사업자 세금

개인사업자는 1월 1일(신규사업자의 경우 개업일)부터 12월 31일 기간(과세기간) 동안의 사업과 관련한 소득에 대하여 다음해 5월 31일까지 종합소득세를 신고 및 납부하여야 한다.

부가가치세 과세사업자는 1기(1.1~6.30)와 2기(7.1~12.31) 종료일로부터 25일 이내에 부가가치세를 신고 및 납부를 하여야 한다.

면세 사업자(주택 임대사업자)는 다음해 2월 10일까지 사업장 현황신고를 하여야 한다.

근로자를 고용하는 사업자는 매 월 급여 지급시 종업원의 근로소득세 및 지방소득세를 징수하여 신고·납부하여야 한다.

또한 4대보험에 가입을 하여야 하고, 급여 지급시 근로자 본인 부담분을 징수하여 급여 해당 월의 다음달 10일까지 사업주 부담금을 포함하여 납부하여야 한다.

개인사업자 세금 개요

▣ 종합소득세라 함은?

① 사업자의 사업과 관련한 소득을 사업소득이라고 한다. 사업자는 사업과 관련한 수익 및 비용을 장부기장에 의하여 사업소득금액(수입금액 - 필요경비)을 계산하여 다음해 5월 1일부터 5월 31일까지 사업자의 **주소지 관할세무서**에 신고 및 납부하여야 한다.

② 종합소득세는 개인(거주자)이 1년간의 경제활동으로 얻은 소득에 대하여 납부하는 세금으로서 원칙적으로 모든 과세대상 소득을 합산하여 계산한다. 다만, 납세의무자의 편의를 위하여 근로소득만 있는 경우에는 근로소득을 지급하는자가 연말정산을 하여 신고.납부하도록 하고 있으며,

이자소득 및 배당소득의 연간 합계액이 **2천만원 이하**인 경우 그 소득을 지급하는 자가 이자소득세 및 배당소득세를 징수하여 납부하게 함으로서 종합소득세 신고의무를 면제하고 있다.

③ 개인의 소득세를 종합소득세라 함은 사업과 관련한 소득외의 다른 소득 예를 들어 근로소득 또는 이자소득 및 배당소득의 연간 합계액이 2천만원을 초과하는 경우 이를 합산하여 신고하여야 하기 때문에 종합소득세라고 하는 것이다.

④ 종합소득세는 연령, 성별 등에 불문하고 한 개인(거주자)의 소득을 기준으로 신고하여야 한다. 예를 들어 사업자의 배우자가 별도의 사업을 하는 경우 사업자 및 그의 배우자가 각각 별도로 종합소득세를 계산하여 신고 및 납부를 하여야 한다.

◘ 종합소득에 합산하여야 하는 소득은?

[1] 근로소득이 있는 경우

근로소득은 연말정산으로 납세의무가 종결되므로 별도의 종합소득세 신고는 하지 않는다. 다만, 근로자가 사업소득 등 다른 종합과세 대상소득에 있는 경우 종합소득과 합산하여 종합소득세 신고를 하여야 한다.

[2] 이자·배당소득 연간 합계액이 2천만원을 초과하는 경우

이자 및 배당소득의 연간 합계액이 2천만원을 초과하는 경우에는 종합소득에 합산하여 신고하여야 한다.

[3] 공적연금

공적연금만(국민연금, 공무원연금, 군인연금, 사립학교 연금등) 이 있는 경우 근로소득과 같은 방법으로 연말정산에 의하여 납세의무가 종결되나 다른 종합소득 신고대상소득이 있는 경우 과세대상 공적연금은 금액에 관계없이 종합소득에 합산하여야 한다.

▶ 공적연금의 과세대상 환산금액

총수령액 × (2002. 1. 1. 이후 불입월수 / 총 불입월수)

[4] 사적연금이 1200만원을 초과하는 경우

사적연금이란 공적연금외의 금융기관 등에 연금불입시 연금계좌세액공제를 받은 연금 및 불입한 연금의 연금운용수익으로 인하여 받게 되는 연금소득으로 연간 1200만원(2024년 이후 1500만원)을 초과하는 경우 종합소득세를 신고를 하여야 한다. 따라서 연금계좌세액공제를 받지 않은 연금불입액으로 연금을 받는 금액(연금 원본)은 과세대상이 아니다.

[4] 기타소득금액이 300만원을 초과하는 경우

사업소득, 근로소득, 이자소득, 배당소득, 연금소득에 해당하지 않는 소득을 기타소득이라 하며, 기타소득금액(기타소득 - 필요경비)이 연 300만원을 초과하는 경우 종합소득세 신고를 하여야 한다.

Q&A 퇴직소득 또는 양도소득도 종합소득세 신고를 하여야 하나?

퇴직소득은 퇴직소득세로 별도로 신고하며, 토지 및 건물 등 자산의 양도로 인하여 발생하는 양도소득은 양도소득세로 별도로 신고하여야 하는 것으로 종합소득세 신고시 합산하지 않는다.

Q&A 배당소득이란 무엇을 말하나?

법인기업의 경우 출자자(투자자)를 주주라 한다. 주주는 기업의 이익이 발생하였을 때 그 이익에 대한 배당을 받을 목적으로 투자를 한 자이다. 투자를 한 기업에서 배당을 하게 되면, 주주는 소득을 얻게 되며, 이 소득을 배당소득이라고 한다.

Q&A 상속으로 인하여 발생한 소득 또는 증여에 의한 소득은 어떻게 신고하나?

상속 또는 증여에 의한 소득은 「상속세 및 증여세법」의 규정에 의하여 종합소득과는 별도의 소득으로 신고·납부하여야 한다.

◐ 주택외 부동산 임대사업자 부가가치세

사업자가 부가가치세가 과세되는 물품 또는 서비스를 제공하는 경우 공급받는자(거래상대방 또는 소비자)로부터 물품대금 또는 서비스요금 외에 거래금액의 10%를 부가가치세로 더 받아 두었다가 일정 기간 단위로 세무서에 신고 및 납부하도록 규정하고 있다.

따라서 세법에서 부가가치세 징수를 면제하고 있는 면세사업자 등 이외의 일반과세자에 해당하는 개인사업자는 반드시 재화(물품 등) 또는 용역(서비스)을 공급할 시 부가가치세를 더 받아 두었다가 3개월마다 납부(개인사업자의 경우 세무서의 예정고지에 의한 납부)하고, 6개월 마다 **사업장 관할세무서**에 신고 및 납부하여야 하는 것이다.

부가가치세는 재화 또는 용역의 소비행위에 대하여 부과되는 일반 소비세로 재화 또는 용역을 공급하는 자가 공급받는자로부터 징수하여 납부하는 간접세이며, 간접세란 세금을 부담하는 자(부가가치세의 경우 최종소비자)와 납부하는 자가 다른 세금을 말한다.

근로소득세 (직원 급여에 대한 세금)

임금을 받을 목적으로 근로를 제공하는 자를 근로자라고 하며, 근로자는 사업주로부터 임금을 받게 된다. 임금소득을 세법용어로는 근로소득이라고 한다.

근로소득이 있는 경우 그 소득에 대하여 근로자 본인이 세금을 신고 및 납부하여야 하나 근로소득자의 납세편의를 위하여 과세당국은 급여를 지급하는 사업주로 하여금 1년간의 급여총액이 확정되기 전 매 월 급여지급시 간이세액표에 의하여 근로소득세를 조금씩 미리 징수하여 두었다가 다음해 **3월 10일**까지 **연말정산**을 하여 근로소득세를 확정한 후 근로소득 지급 및 근로소득세 징수에 관한 내역서인 '근로소득지급명세서' 제출을 하도록 하고 있다.

따라서 근로자를 고용하는 사업주는 매 월의 급여 지급시 종업원의 근로소득세를 징수하여 급여지급일의 다음달 10일까지 **사업장 관할 세무서**에 신고(신고서 명칭을 '원천징수이행상황신고서'라고 한다.) 및 납부하여야 하는 것이다. 단, 종업원 20인 이하 사업자의 경우 반기(6개월) 마다 신고 및 납부를 할 수 있다.

근로소득세를 징수 및 신고.납부하는 경우 「지방세법」의 규정에 의하여 근로소득세의 10%를 지방소득세로 징수하여 납부하여야 한다.

◼ 퇴직소득세 (직원 퇴직금에 대한 세금)

1년 이상 근로한 직원이 퇴사하는 경우 사업주는 1년에 30일분 이상의 평균임금을 퇴직금으로 지급을 하여야 한다.

퇴직금을 지급하는 사업주는 종업원의 퇴직소득세 및 지방소득세를 징수하여 퇴직금 지급일의 다음달 10일까지 '원천징수이행상황신고서'를 작성하여 **사업장 관할 세무서**에 신고하고, 납부하여야 한다. 단, 종업원 20인 이하 사업자의 경우 반기(6개월) 마다 신고 및 납부를 할 수 있다. 그리고 다음해 3월 10일까지 퇴직소득세 징수에 관한 내역서인 '퇴직소득지급명세서'를 제출하여야 한다.

한편, 종업원의 퇴직금에 대하여 퇴직연금(확정기여형퇴직연금)에 가입한 사업주는 퇴직연금사업자가 퇴직소득세에 관한 사항을 신고 및 납부하므로 퇴직연금을 불입함으로서 퇴직금 지급 및 퇴직소득세 신고 및 납부의무가 종결된다.

퇴직소득세를 징수 및 신고.납부하는 경우 퇴직소득세의 10%를 지방소득세로 같이 징수하여 납부하여야 한다.

세금 신고 및 납부일정표

국세

▶ 과세사업자로서 종업원이 있는 개인사업자

납부기한	신고 또는 납부대상 세금	신고	납부	대 상 자
1월 25일	부가가치세 (전년도 2기)	○	○	개인사업자
1월 31일	근로소득 간이지급명세서 제출	○		전년도 하반기 임금 지급자
2월 말일	이자, 기타소득 지급명세서 제출	○		이자, 기타소득 지급 사업자
3월 10일	건강보험 연말정산 신고	○		종업원 있는 사업자
3월 10일	연말정산 신고납부	○	○	종업원이 있는 전 사업자
3월 10일	지급명세서 제출	○		근로, 퇴직소득 지급 사업자
3월 15일	고용보험, 산재보험 정산신고	○		종업원 있는 사업자
4월 25일	부가가치세 (1기) 예정고지세액		○	신고는 하지 않음
5월 31일	종합소득세 신고납부	○	○	개인사업자
5월 31일	지방소득세 납부		○	종합소득세 납부자
7월 25일	부가가치세 (1기) 신고납부	○	○	개인사업자
7월 31일	근로소득간이지급명세서 제출	○		상반기 상용근로자 임금 지급자
10월 25일	부가가치세 (2기) 예정고지세액		○	신고는 하지 않음
11월 15일	종합부동산세 납부		○	신고는 하지 않음
11월 30일	소득세 중간예납예정고지세액		○	신고는 하지 않음
11월 30일	소득세 중간예납 신고 및 납부	○	○	전년도 납부세액 없는 경우

▶ 매 월 10일 신고 또는 납부

1) 근로소득원천징수이행상황신고서 제출 및 간이세액표에 의한 근로소득세 및 지방소득세 납부, 단, 종업원 20인 이하 반기별 신고자(반기별 신고자로 신청한 경우)의 경우 반기의 다음달 10일까지 신고 및 납부
2) 4대보험료 납부

▶ 과세사업자로서 종업원이 없는 경우

납부기한	신고 또는 납부대상 세금	신고	납부	대 상 자
1월 25일	부가세 (전년도 2기) 신고납부	○	○	개인사업자
4월 25일	부가세 (1기) 예정고지세액		○	신고는 하지 않음
5월 31일	종합소득세 신고납부	○	○	개인사업자
5월 31일	지방소득세 납부		○	종합소득세 납부자
7월 25일	부가세 (1기) 신고납부	○	○	개인사업자
10월 25일	부가세 (2기) 예정고지세액		○	신고는 하지 않음
11월 30일	소득세 중간예납예정고지세액		○	신고는 하지 않음
11월 30일	소득세 중간예납 신고 및 납부	○	○	전년도 납부세액 없는 경우

◆ 소득세 중간예납 (상세 내용 : 매 년 국세청 발간 자료 참조)
납부할 종합소득세의 일부를 미리 납부하는 제도로서 직전 과세기간의 종합소득세액(중간예납기준액)의 1/2을 고지하게 된다. 다만, 전년도에 결손등으로 중간예납기준액이 없거나 중간예납추계액(1.1~ 6.30. 기간 사업소득에 대하여 계산한 세액)이 전년도 종합소득세액의 30%에 미달하는 경우 중간예납세액을 계산하여 중간예납추계액을 계산하여 신고·납부할 수 있다.

▶ 근로소득 간이지급명세서 제출기한
지급일이 속하는 반기 마지막 달의 다음 달 말일. 단, 2023년 12월분 근로소득을 2024년 1월에 지급한 경우에 2023년 12월 지급분 간이지급명세서에 포함하여 제출하고, 2024년 1월 지급분 간이지급명세서 제출시에는 제외한다

[개정 세법] 일용근로자 지급명세서 제출기한 단축(소득법 §164 ①)
(개정) 지급일의 다음달 말일 단, 12월 31일까지 해당 귀속년도분의 일용근로소득을 지급하지 않은 경우 12월 말일을 지급일로 보아 다음해 1월 말일까지 제출하여야 한다.
<적용시기> 2021.7.1. 이후 제출분부터

지방세 및 지방소득세

■ 지방세 납부일정표

지방세는 지방세법에 의하여 지방자치단체(시.군.구)에 납부하여야 하는 세금으로 자산의 취득 및 보유등과 관련하여 납부하여야 하는 지방세와 거주자의 소득과 관련하여 납부하여야 하는 지방소득세로 구분이 된다.

지방소득세는 종합소득세, 양도소득세 등 국세(직접세)의 10%에 해당하는 금액을 지방세법의 규정에 의한 지방소득세로 납부하여야 한다. 단, 상속세 및 증여세의 경우 지방소득세 신고 납부의무는 없다.

▶ 지방세 종류 신고납부대상자 [참고사이트 →위택스]

납부기한	신고 또는 납부대상 세금	대 상 자
1월 31일	등록면허세	면허를 받고 사업을 하는 자
5월 31일	소득세분 지방소득세 납부	개인사업자 종합소득세 납부자
6월 30일	자동차세	자동차소유자
7월 31일	재산세(1차분)	부동산소유자(재산세)
8월 31일	주민세 사업소분 재산분	연면적 330㎡초과 사업장
8월 31일	주민세 사업소분 균등분	전 사업자
9월 30일	재산세(2차분)	부동산소유자(재산세)
9월 30일	토지분 재산세	토지를 보유한 사업자
12월 31일	자동차세	자동차를 보유한 사업자

[개정 세법] 양도소득세, 종합소득세에 대한 지방소득세도 신고
2020년 1월 1일 이후 양도소득세, 종합소득세에 대한 지방소득세도 신고를 하여야 한다.

[개정 세법] 주민세 사업소분 : 사업소 연면적이 330제곱미터를 초과하는 경우 연면적 1제곱미터당 250원을 8월 중 신고·납부하여야 한다.

[개정 세법] 주민세 사업소분(균등분) 신고 및 납부(지방세법 제83조)
종전에는 시·군·구에게 고지를 하였으나 2022년 이후 주민세 5만원을 사업자가 8월 중 시·군·구에 신고 및 납부하여야 한다.

◘ 세금 신고 및 납부 관할 행정기관

국 세	지방세	관할 행정기관	신고 및 납부기한
종합소득세		주소지 관할세무서	5월 31일
	지방소득세	주소지 시·군·구청	5월 31일
근로소득세		사업장 관할세무서	지급일의 다음달 10일
	지방소득세	사업장 시·군·구청	지급일의 다음달 10일
퇴직소득세		사업장 관할세무서	지급일의 다음달 10일
	지방소득세	사업장 시·군·구청	지급일의 다음달 10일
부가가치세		사업장 관할세무서	과세기간 (6개월) 종료일의 다음달 25일

SECTION 03
부동산(주택외) 임대업 부가가치세 신고·납부

상가, 사무실용 오피스텔, 토지 등 부동산을 임대하는 경우 (주택 제외) 부가가치세가 과세된다. 따라서 부동산을 임대하는 경우 사업자등록을 하여야 하며, 부가가치세를 신고 및 납부하여야 한다. 또한, 임대소득에 대하여 종합소득세를 신고 및 납부하여야 하고, 부가가치세가 과세되는 상가 등을 매각하는 경우 건물분에 대한 부가가치세를 납부하여야 한다.

부동산임대업(일반과세자) 부가가치세 세무

부동산임대업 임대수익 부가가치세

월세 임대수익에 대한 세금계산서 발급(일반사업자)

상가 등 부동산(주택 임대제외)을 임대하고 월세를 받는 경우 세금계산서를 발급하여야 하며, 부가가치세는 과세기간별로 관할 세무서에 신고 및 납부하여야 한다. 예를 들어 월세를 1백만원 받고자 하는 경우 1,000,000원의 10%인 100,000원을 부가가치세로 더 받아 두었다가 과세기간별로 관할 세무서에 신고·납부하여야 하는 것이다.

◆ 월세 임대시 받아야 하는 금액 1,100,000원
월세(1,000,000) + 부가가치세 (100,000)

Q&A 부동산임대사업자가 임차인으로부터 추가로 받은 부가가치세 100,000원은 임대업자의 수익인가?

부가가치세로 받은 돈은 임대업자가 나중에 세무서에 납부하여야 하는 빚(부채)으로 임대사업자의 수익이 아니다.

부동산임대와 관련한 세금계산서 매입세액 공제

사업자의 경우 사업과 관련하여 세금계산서를 수취하고, 부가가치세로 더 준 금액(매입 부가가치세)은 매출 부가가치세 납부시 공제를 받을 수가 있다. 예를 들어 상가를 임대하고 6개월간의 임대료가 3,000만원이고, 임차인으로부터 부가가치세로 받아 둔 금액이 300만원인 경우 납부할 부가가치세는 300만원인 것이나 건물 수선과 관련한 수리비, 전기요금 등에 대하여 세금계산서로 수취한 금액이 500만원이 있는 경우 해당 매입세액 50만원을 매출 부가가치세 300만원에서 공제하고 부가가치세를 납부하는 것이다.

매출자		→	부동산임대사업자		→		
매출세금계산서			매입세금계산서			매출세금계산서	
공급가액	5,000,000		공급가액	5,000,000		월 세	30,000,000
매출세액	500,000		매입세액	500,000		매출세액	3,000,000

* 납부할 부가가치세 : 2,500,000원(3,000,000원 - 500,000원)

> **Q&A** 사업자가 자기의 사업과 관련하여 재화 또는 용역을 공급받으면서 부담한 부가가치세(매입세액)는 사업과 관련한 비용(세금과공과금)인가?

"아니다." 부가가치세 매입세액은 납부할 부가세예수금에서 상계(공제)할 수 있으므로 자산에 해당한다. 예를 들어 A씨가 B씨에게 줄 돈(차입금) 2백만원이 있고, 받을 돈(대여금) 1백만원이 있는 경우에 나중에 빚을 갚을 때 받을 돈과 상계하고 변제할 것이다. 즉, 줄 돈은 빚이고, 받을 돈은 자산인 것이다. 위에서 살펴본 바와 같이 부가가치세 매입세액은 부가가치세 매출세액과 상계처리할 수 있으므로 자산에 해당하는 것이며, 이 자산의 명칭을 부가세대급금이라고 한다. 따라서 부가가치세 과세기간 동안의 부가세대급금이 부가세예수금 보다 많은 경우 관할 세무서로부터 환급을 받을 수 있다.

임대(전세)보증금에 대한 부가가치세

간주임대료

부동산을 임대하고 임대보증금을 받은 경우 임대보증금 자체는 임대계약 해지시 임차인에게 반환하여야 하는 부채에 해당하므로 부가가치세가 과세되지 않는다. 다만, 임대보증금 이자상당액은 임대료의 일종으로 간주하게 되며, 이를 간주임대료라고 한다.

간주임대료와 부가가치세

간주임대료는 해당 금액의 10%에 상당하는 금액을 부가가치세로 신고 및 납부하여야 한다. 간주임대료는 통상 임대인이 부담하나 임대차 계약시 임차인이 부담하도록 하는 특약조항을 두는 경우 임차인으로부터 부가가치세 상당액을 받아 납부할 수는 있다.

간주임대료 계산

당해 기간의 전세금 또는 임대보증금 × 과세대상기간의 일수 ÷ 365(윤년의 경우에는 366) × 계약기간 1년의 정기예금이자율

□ 부동산임대용역에 대한 공급가액 계산 [부가가치세 집행기준 29-65-1]
⑤ 간주임대료에 대한 공급가액은 임차인이 해당 부동산을 사용하거나 사용하기로 한 때를 기준으로 계산한다.

임대보증금 이자상당액

임대보증금 이자 상당액은 정기예금이자율로서 매년 세법에서 따로 정하고 있으며, 2023년의 귀속분의 경우 연리 2.9%이다.

◆ 2023년 귀속분 : 2.9% [부가법 시행규칙 제47조(정기예금 이자율)]

사 례	임대보증금에 대한 부가가치세 계산

<예제> 임대보증금이 1억원인 경우 연간 간주임대료
간주임대료 : 2,900,000원 (1억원 × 2.9%)
간주임대료에 대한 부가가치세
- 일반과세자 : 290,000원(2,900,000원 × 10%)
- 간이과세자 : 116,000원(2,900,000원 × 10% × 40%)

부동산을 임대하고 보증금으로 받은 금액이 있는 경우 아래 산식에 의하여 계산한 금액('간주임대료')을 부가가치세 신고서의 기타란에 기재한다.

$$\text{당해 과세기간의 임대보증금} \times \frac{\text{과세대상기간의 일수}}{\text{365(윤년은 366)}} \times \text{정기예금이자율}$$

◆ **월세를 받지 못하여 보증금에서 차감한 경우 간주임대료 계산**
(부가46015-2338, 1997.10.15.)
임대사업자가 임차인으로부터 임대료를 지급받지 못하여 임대료가 연체된 경우에도 전세금 또는 임대보증금에 대한 간주임대료 계산시에는 지급받지 못한 임대료를 당해 전세금 또는 임대보증금에서 차감하지 아니하는 것임

◆ **임차인이 퇴거하는 경우 임대보증금 간주임대료 기산일**
사업자가 부동산임대용역을 제공하고 전세금 또는 보증금을 받는 경우 이에 대한 부가가치세과세표준 계산시 기산일은 계약금 등의 수취 여부에 관계없이 부동산임대용역이 개시되거나 개시될 날부터이며, 종료일은 보증금 또는 전세금의 반환 여부에 관계없이 부동산임대용역의 제공이 완료되거나 완료될 날인 것임.(서삼46015-10978, 2001.12.27.)

◎ 부동산임대업 세금계산서 발급

부동산임대업을 영위하는 일반과세사업자가 임대료에 대하여 월세를 받는 경우 공급시기(거래시기)에 반드시 세금계산서를 발급하여야 하며, 세금계산서를 발급하지 않은 경우 공급가액(월세)의 2%에 해당하는 금액을 가산세로 부담하여야 한다.

세금계산서 발급시기

세금계산서는 부동산임대차계약서에서 월세를 **받기로 한 날** 세금계산서를 발급하여야 한다. (월세를 받은 날이 아님) 즉, 부동산임대용역을 공급하고 그 대가를 매월, 매분기, 매반기에 기일을 정하여 받기로 한 경우에 있어서 당해 부동산임대용역의 공급시기는 그 대가의 각 부분을 받기로 한 때이다. 다만, 공급시기가 도래하기 전에

임대료를 받은 경우에는 그 대가를 받은 날을 작성일자로 하여 세금계산서를 발급할 수 있다

◆ 월세에 대한 세금계산서는 그 대가의 영수 여부와 관계없이 그 공급시기에 임차인에게 세금계산서를 교부하여야 함
(부가-4583, 2008.12.03)
부동산임대업을 영위하는 일반과세자가 실질적으로 임대용역을 제공하는 경우에는 그 대가의 영수 여부와 관계없이 그 공급시기에 임차인에게 세금계산서를 교부하고 부가가치세를 신고·납부하여야 하는 것임.

◆ 부동산임대용역 세금계산서 발급시기 (서면3팀-3385, 2007.12.21)
사업자가 2과세기간 이상에 걸쳐 부동산임대용역을 공급하고 그 대가를 선불로 받는 경우에는 예정신고기간 또는 과세기간의 종료일이 당해 용역의 공급시기가 되는 것이나, 사업자가 부동산임대용역을 계속적으로 공급하고 그 대가를 매월, 매분기, 매반기에 기일을 정하여 받기로 한 경우에 있어서 당해 부동산임대용역의 공급시기는 그 대가의 각 부분을 받기로 한 때가 되는 것임.

▶ 선불 또는 후불

사업자가 2과세기간 이상에 걸쳐 부동산임대용역을 공급하고 그 대가를 선불 또는 후불로 받는 경우에는 당해 금액을 계약기간의 월수로 나눈 금액의 각 과세대상기간의 합계액을 그 과세표준으로 한다. 이 경우 월수의 계산에 있어 당해계약기간의 개시일이 속하는 달이 1월 미만인 경우는 1월로 하고 당해 계약기간의 종료일이 속하는 달이 1월 미만인 경우에는 이를 산입하지 아니한다.

공공요금에 대한 세금계산서 또는 계산서 발급

사업자가 부가가치세가 과세되는 부동산임대료와 해당 부동산을 관리해 주는 대가로 받는 관리비등을 구분하지 아니하고 영수하는 때에는 전체 금액에 대하여 과세하는 것이나, 임차인이 부담하여야 할 전기요금, 수도요금 등 공공요금을 별도로 구분 징수하여 납입만을 대행하는 경우 부동산임대관리에 따른 대가에 포함하지 아니하므로 해당 금액은 총수입금액 및 필요경비에 산입하지 아니한다. 이 경우 임대인은 임차인의 전기요금은 세금계산서를 발급하고, 수도요금에 대하여는 (면세)계산서를 발급하여야 할 수 있다.

▶ 전기요금에 대한 세금계산서 발행

부동산임대사업자가 한국전력공사로부터 전기요금에 대한 세금계산서를 발급받고 전력을 실지로 소비하는 자인 임차인에게 세금계산서를 발급하는 경우 임차인에게 발급한 세금계산서상의 공급가액은 부가가치세 신고시 과세표준에 포함하는 것이며, 부동산임대사업자가 한국전력공사로부터 발급받은 세금계산서의 매입세액을 공제받을 수 있다.

◆ 관리비 등 세금계산서 발급(부가46015-2797, 1998.12.18.)

사업자가 부가가치세가 과세되는 부동산 임대료와 당해 부동산을 관리해 주는 대가로 받는 관리비등을 구분하지 아니하고 영수하는 때에는 전체금액에 대하여 과세하는 것이나 임차인이 부담하여야 할 보험료·수도료 및 공공요금 등을 별도로 구분 징수하여 납입을 대행하는 경우 당해 금액은 부동산 임대관리에 따른 대가에 포함하지 아니하는 것이며, 이 경우 임차인이 부담하여야 할 전기료·가스료 등 부가가치세가 과세되는 재화의 공급에 대하여 임대인 명의로 세금계산서를 교부받은 경우 부가가치세법시행규칙 제18조 제1항의 규정에 의하여 임대인은 교부받은 세금계산서에 기재된 공급가액의 범위내에서 임차인에게 세금계산서를 교부할 수 있는 것임.

▶ 수도요금에 대한 계산서 발행

1) 수도요금은 부가가치세가 면세되며, 면세 재화 또는 용역의 공급시에는 계산서를 발급하여야 한다.
2)「수도사업법」에 의한 수도사업자가 수돗물을 공급하는 경우로서 수돗물을 공급받는 명의자와 실지로 소비하는 자가 서로 다른 경우에 수도사업자는 수돗물을 공급받은 명의자(임대인)를 공급받는 자로 하여 계산서를 발급하고 임대인은 그 발급받은 계산서에 기재된 공급가액의 범위안에서 수돗물을 실지로 소비하는 자(임차인)를 공급받는 자로 하여 계산서를 발급할 수 있다.

◆ 수도요금 계산서 발급 (서면2팀-2462, 2004.11.26.)
수도사업법에 의한 수도사업자가 수돗물을 공급하는 경우로서 수돗물을 공급받는 명의자와 실지로 소비하는 자가 서로 다른 경우에 수도사업자가 수돗물을 공급받은 명의자를 공급받는 자로 하여 계산서를 교부하고 당해 명의자는 그 교부받은 계산서에 기재된 공급가액의 범위안에서 수돗물을 실지로 소비하는 자를 공급받는 자로 하여 계산서를 교부한 때에는 당해 수도사업자가 수돗물을 실지로 소비하는 자를 공급받는 자로 하여 계산서를 교부한 것으로 볼 수 있는 것이며, 계산서를 교부받은 명의자가 실지소비자에게 계산서를 교부하지 않은 경우 수도사업자 또는 명의자에게 계산서 미교부와 관련한 가산세 규정을 적용하지 않는 것임.

전자세금계산서

세금계산서를 전자적 방법에 의하여 발급하는 것을 전자세금계산서라 하며, 법인 및 개인사업자 중 직전 연도의 사업장별 재화 및 용역의 공급가액 합계액이 1억원 이상인 사업자(고정자산 매각분 포함)는 세금계산서 발급시 반드시 전자세금계산서를 발급하여야 한다.

전자세금계산서를 발급하여야 하는 기간은 다음 해 제2기 과세기간과 그 다음 해 제1기 과세기간으로 한다. 예를 들어 2023년도 공급가액이 1억원 이상이 되는 경우 전자세금계산서 의무발급 기간은 2024년 7월 1일 ~ 2025년 6월 30일이다.

전자세금계산서 발급의무대상 사업자가 아닌 개인사업자인 경우에도 전자적으로 세금계산서를 발급할 수 있으며, 전자세금계산서는 국세청 홈택스에서 발급할 수 있다.

[개정 세법] 전자세금계산서 의무발급 대상 확대(부가령 §68)

종 전	개 정
□ 전자(세금)계산서 의무발급 대상 개인사업자 ○ 직전연도 공급가액(총수입금액) 2억원 이상	□ 의무발급 대상 개인사업자 확대 ○ 직전연도 공급가액(총수입금액) 1억원 이상

<적용시기> '23.7.1. 이후 재화 또는 용역을 공급하는 분부터 적용
▶ 신규사업자의 경우에도 공급가액을 환산하지는 않음

[개정 세법] 전자(세금)계산서 의무발급 대상 확대(부가령 §68)

현 행	개 정
□ 전자(세금)계산서 의무발급 사업자 ○ 모든 법인사업자 ○ 직전연도 사업장별 재화·용역의 공급가액 합계액(총수입금액)이 1억원 이상인 개인사업자	□ 의무발급 개인사업자 확대 ○ (좌 동) ○ 1억원 이상 → 8천만원 이상

<적용시기> '24.7.1. 이후 재화 또는 용역을 공급하는 분부터 적용

[개정 세법] 전자(세금)계산서 발급에 대한 세액공제 신설
(부가법 §47, 소득법 §56의3, 부가령 §89, 소득령 §116의4)

종 전	개 정
<신 설>	□ 전자(세금)계산서 발급·전송에 대한 세액공제 ㅇ (공제대상) 직전연도 공급가액(총수입금액)이 3억원 미만인 개인사업자 - 전자(세금)계산서를 발급일의 다음 날까지 국세청장에게 전송 ㅇ (공제금액) 전자세금계산서 발급 건수 당 200원 ㅇ (공제방식) 부가가치세·소득세에서 공제 ㅇ (적용기한) '22.7.1. ~ '24.12.31.

<적용시기> '22.7.1. 이후 재화와 용역을 공급하는 분에 대한 전자(세금)계산서를 발급하는 분부터 적용

임대보증금 및 간주임대료와 세금계산서

임대보증금은 임대차계약 해지시 임차인에게 반환하여야 하는 부채로서 부가가치세 과세대상이 아니므로 세금계산서 발급대상이 아니다. 즉, 임대보증금에 대한 간주임대료의 경우 부가가치세는 과세되나 세금계산서는 발급하지 않는다.

◐ 부동산임대업 부가가치세 신고 및 납부

세법에서 과세사업자로 하여금 임대료에 대하여 징수한 부가가치세를 매월 신고 및 납부하도록 규정하고 있다면, 사업자는 매우 불편

할 것이며, 세무서 또한 번거로운 일이다. 따라서 일정 기간 단위(과세기간이라고 한다.)로 신고 및 납부하도록 규정하고 있으며, 개입사업자의 경우 신고 및 납부기한은 다음과 같다.

부가가치세 과세기간

과세기간이란 부가가치세 신고대상 기간으로 일반과세자의 경우 1년을 제1기(1.1. ~ 6.30.)와 제2기(7.1.1 ~ 12.31.)로 한다.

부가가치세 신고 및 납부기한 (일반사업자)

구 분	제 1 기		제 2 기	
	과세기간	기 한	과세기간	신고기간
예정고지 및 납부	1.1~3. 31	4.1~4.25	7.1~9.30	10.1~10.25
확정신고 및 납부	1.1~6. 30	7.1~7.25	7.1~12.31	다음해 1.1~1.25

▶ 간이과세자
1. 1년을 과세기간으로 하며, 신고납부기한은 다음해 1월 25일까지이다.
2. 7월 중 관할 세무서에서 예정고지를 하며, 7월 25일까지 별도의 신고 없이 납부만 하면 된다.

부가가치세 예정신고 및 예정고지

부가가치세 과세기간은 6개월 단위(1기 1.1. ~ 6.30. 2기 7.1. ~ 12.31.)로 하되, 세금의 조기징수 및 납세자의 일시적인 자금부담을 덜어주기 위하여 6개월 중 1/4분기 및 3/4분기를 구분하여 예정신고 기한으로 하여 해당 분기의 다음달 25일까지 신고·납부하도록 규정하고 있다. 다만, 개인사업자의 경우 납세편의를 위하여 과세당국은 직전과세기간에 부가가치세로 납부한 금액의 2분의1에 상당하는 금액을 예정고지하고, 납세의무자의 예정신고의무를 면제하고 있다.

한편, 휴업 또는 사업부진 등으로 인하여 각 예정신고기간의 공급가액 또는 납부세액이 직전과세기간의 공급가액 또는 **납부세액의 3분의 1에 미달하는 자**와 각 예정신고기간분에 대하여 **조기환급(건물구입 시설투자 등)** 대상인 경우 예정신고를 할 수 있다.

신규사업자 부가가치세 과세기간 및 신고기한

신규사업자는 사업개시일부터 해당 과세기간의 종료일까지의 기간을 과세기간으로 하여 해당 과세기간의 사업실적에 대하여 부가가치세 신고.납부를 하여야 한다. 예를 들어 개인사업자가 2월 10일 사업을 개시한 경우 2월 10일부터 6월 30일 기간 동안 사업실적에 대하여 7월 25일까지 부가가치세 신고.납부를 하여야 한다.

한편, 간이과세자의 경우 사업개시일부터 12월 31일까지의 기간을 과세기간으로 하여 다음해 1월 25일까지 신고납부를 하여야 한다.

부동산임대업 부가가치세 신고서 작성

과세기간 동안 발생한 다음의 내용을 집계 및 계산한 다음 부가가치세 신고서에 기재하여 해당 과세기간의 다음달 25일까지 신고 및 납부하여야 한다.

▶ 과세표준 및 매출세액

[과세] 월세에 대하여 세금계산서를 발급한 내용
[기타] 임대보증금에 대한 간주임대료 및 세액

♣ 부가가치세 간주임대료는 부가가치세 신고서상의 과세표준 및 매출세액 '기타'(②)란에 간주임대료 과세표준액과 세액을 기재한다.

▶ 매입세액(세금계산서 수취분)

[일반 매입]
전기요금, 건물수리비 등 부동산임대와 관련하여 수취한 세금계산서

[고정자산 매입]
건물을 구입하고 수취한 매입세금계산서

▶ 매입세액(그 밖의 공제매입세액)

신용카드매출전표 또는 현금영수증에 의한 매입세액

◆ 신용카드매출전표 또는 현금영수증의 매입세액공제

부동산임대사업과 관련하여 세금계산서를 수취하지 아니한 경우에도 건물관리와 관련한 소모품, 사무용품 등을 구입하고, 신용카드로 결제하거나 현금영수증을 수취한 경우 그 매입세액을 매출세액에서 공제를 받을 수 있으며, 이 경우 부가가치세 신고서 (14)그 밖의 공제매입세액란 일반매입(40)에 추가로 기재를 하여야 하며, '신용카드매출전표등 수령명세서(갑)'을 추가로 제출하여야 한다.

	구 분			금 액	세율	세 액
(14) 그 밖의 공제 매입액 명 세	신용카드매출전표등 수령명세서 제출분	일 반 매 입	(40)			
		고정자산매입	(41)			
	의 제 매 입 세 액		(42)		뒤쪽 참조	
	재 활 용 폐 자 원 등 매 입 세 액		(43)		뒤쪽 참조	
	과 세 사 업 전 환 매 입 세 액		(44)			
	합 계		(48)			

♣ 신용카드매출전표등 수령명세서(갑) 서식

국세법령정보시스템 → 별표 · 서식 → 법령서식

▶ 예정고지세액

세무서에서 부가가치세 예정분에 대하여 고지한 금액을 기재한다.

▶ 경감공제세액의 기타경감공제세액(18)

부가가치세 신고를 홈택스 등에서 전자적으로 신고하는 경우 1만원을 공제받을 수 있으며, 홈택스에서 전자신고하는 경우 자동으로 계산된다.

◎ 부동산임대업의 부가가치세 신고시 제출할 서류

부동산임대공급가액명세서 제출

부가가치세 신고시 반드시 '부동산임대공급가액명세서'를 첨부하여 제출하여야 하며, 부동산임대업자가 부동산임대공급가액명세서를 제출하지 아니한 경우 제출하지 아니한 수입금액의 100분의 1(1개월 이내 제출시 50% 감면)을 가산세로 추가 부담하여야 한다.

▶ 부동산임대공급가액명세서 작성 방법

1) 부동산임대관리용역에 대하여 별도의 세금계산서를 발급한 경우라도 해당 관리용역은 부동산임대수입에 포함하여야 하는 것이므로 부동산임대공급가액명세서 작성시 월임대료에 포함하여야 한다. 그리고 매월의 관리비가 다른 경우 월임대료계에는 과세기간 총 임대료 합계[세금계산서 발급액 합계]를 기재하고, 15번 월 임대료란에는18번란 합계금액을 과세기간 월수로 나눈 평균액을 적으면 된다.

2) 부동산임대공급가액명세서의 임대수입금액 합계는 부가가치세 신고서의 과세표준 합계와 일치하여야 하므로 관리비를 포함하여 기재하여야 한다. 단, 전기요금 등을 별도로 구분징수하여 납입만을 대행함으로서 당해 전기요금을 수입금액에 포함하지 아니한 금액은 과세표준제외에 기재하며, 이 경우 월세에 포함하지 않는다.

매출 및 매입세금계산서합계표 제출

월임대료에 대하여 세금계산서를 발급한 경우 거래처별 세금계산서 발급내역인 매출처별세금계산서합계표를 제출하여야 하며, 매입세금계산서가 있는 경우 매출처별세금계산서합계표를 제출하여야 한다.

매입 계산서합계표 제출

수도요금의 경우 면세되므로 면세 계산서를 받은 경우 부가가치세 신고서의 다음장 계산서발급 및 수취명세의 계산서 수취금액을 기재하고 계산서합계표를 별도로 제출하여야 한다.

▣ 부가가치세 신고서 작성 사례

[국세청 홈페이지] → 국세신고안내 → 부가가치세 → 주요서식 작성요령/사례

- 일반과세자의 부가가치세 신고서 작성방법

(부동산임대업, 도소매업, 화물운수업, 제조업, 건설업, 음식업)

▣ 간이과세자 부가가치세 신고서 작성 사례

[국세청 홈페이지] → 국세신고안내 → 부가가치세 → 주요서식 작성요령/사례

- 간이과세자의 부가가치세 신고서 작성방법

(부동산임대업, 소매업, 운수업, 음식업)

부가가치세 기한 후 신고 및 수정신고

■ 부가가치세 기한 후 신고시 적용되는 가산세

법정신고기한까지 과세표준신고서를 제출하지 아니한 자는 관할 세무서장이 세법에 따라 세액을 결정하여 통지하기 전까지 기한후 신고를 할 수 있다. 단, 기한 후 신고시 무신고가산세, 납부불성실가산세 등이 적용되며, 기한후과세표준신고서를 제출하여야 한다.

[1] 매출세금계산서합계표미제출가산세
공급가액 × 5/1000

[2] 신고불성실가산세
납부할 세액 × 20/100 × (1- 감면율)

[개정 세법] 기한 후 신고시 무신고 가산세 감면율 세분화(국기법 §48②)
- 1개월 이내   : 50% 감면
- 1 ~ 3개월 이내: 30% 감면
- 3 ~ 6개월 이내: 20% 감면

<적용시기> 2020.1.1. 이후 기한 후 신고하는 분부터 적용

[3] 납부불성실가산세
과소납부금액 × 미납일수 × 일변(2.5/10000)

2019년 2월 11일 이전의 미납기간 : 1일 0.03%
2019년 2월 12일 이후의 미납기간 : 1일 0.025%
2022년 2월 15일 이후의 미납기간 : 1일 0.022%

[4] 부동산임대공급가액명세서 또는 현금매출명세서 미제출 가산세

제출하지 아니한 수입금액 × 1% (1개월 이내 제출시 50% 감면)

* 부동산임대공급가액명세서 또는 현금매출명세서 제출대상사업자가 제출하지 않은 경우 부동산임대공급가액명세서 또는 현금매출명세서 미제출 가산세를 추가로 부담하여야 한다.

■ 부가가치세 수정신고시 적용되는 가산세

[1] 추가 납부할 세액
과소신고한 매출세액

[2] 매출처별세금계산서합계표불성실가산세
공급가액 × 0.5/100

▶ 매출세금계산서를 발급하지 아니한 경우
매출처별세금계산서합계표 가산세 적용대상이 아니며, 세금계산서 미발급 가산세(공급가액의 2%, 종이세금계산서를 발급한 경우 1%) 적용

▶ 매출처별세금계산서합계표 가산세 감면
신고기한일로부터 1개월 이내 수정신고하는 경우 매출처별세금계산서합계표불성실가산세의 50% 감면됨

▶ 세금계산서 발급대상이 아닌 경우에는 가산세 없음
간주임대료에 대한 부가가치세 누락에 대하여 수정신고하는 경우 매출처별세금계산서합계표 가산세는 적용하지 않는다.

[3] 납부불성실가산세

과소납부한 세액 × 2.5/10,000 × 미납일수

* 미납일수 : 신고납부 기한일의 다음날부터 수정신고 납부일까지의 기간 일수

[개정 세법] 납부불성실가산세 [국세기본법 시행령 제27조의4]
2019년 2월 11일 이전의 미납기간 : 1일 0.03%
2019년 2월 12일 이후의 미납기간 : 1일 0.025%
2022년 2월 15일 이후의 미납기간 : 1일 0.022%

[4] 신고불성실가산세 (일반과소신고가산세)

과소신고한 세액 × 10/100 × [1- 감면율]

[개정 세법] 수정신고시 가산세 감면율 조정 및 세분화
ㅇ 법정신고기한 경과 후
- 1개월 이내 : 90% 감면
- 3개월 이내 : 75% 감면
- 3 ~ 6개월 이내 : 50% 감면
- 6개월 ~ 1년 이내 : 30% 감면
- 1년 ~ 1년 6개월 이내: 20% 감면
- 1년 6개월 ~ 2년 이내: 10% 감면
<적용시기> 2020.1.1. 이후 수정신고하는 분부터 적용

[5] 부동산임대공급가액명세서 미제출가산세

부동산임대사업자가 부동산임대공급가액명세서를 제출하지 않은 경우 미제출가산세를 부담하여야 한다.

▶ 부동산임대공급가액명세서 미제출가산세
제출하지 아니한 수입금액 × 1% (1개월 이내 제출시 50% 감면)

🔍 부동산임대업의 세금폭탄 사례

세금계산서 작성일자가 잘못된 경우

세금계산서는 정당한 거래시기를 작성일자로 하여 발급을 받아야 함에도 거래시기 이후의 날을 작성일자로 하여 발급받은 경우 동일 과세기간의 확정신고기한 내[제1기 7월 25일, 제2기 다음해 1월 25일]인 경우에는 공급자는 공급가액의 1%를, 공급받는자는 공급가액의 0.5%를 세금계산서 불성실가산세로 부담하여야 하며, 확정 과세기간의 신고기한일로부터 1년이 경과한 이후 세금계산서를 발급받은 경우 공급자는 세금계산서 미발급가산세를 부담하여야 하며, 공급받는자는 매입세액을 공제받을 수 없다. 따라서 건설공사 등과 관련한 세금계산서 작성일자가 정당한 것인지 여부를 국세청 홈택스에서 관련 사례를 참고하여 철저히 확인하여야 한다.

[개정 세법] 공급시기 이후 발급된 세금계산서의 매입세액공제 인정범위 확대(부가령 §75)
(종전) 확정신고기한 다음날부터 6개월 이내에 세금계산서를 발급받고 납세자가 경정청구, 수정신고 하는 경우
(개정) 6개월 → 1년
<적용시기> 2022.2.15. 이후 재화 또는 용역을 공급하는 분부터

부가가치세 환급신고에 대한 세무서의 확인 및 조사

건물을 매입 또는 신축하여 매입세액을 환급받고자 세무서에 부가가치세 신고를 하는 경우 세무서에서는 매입세금계산서의 거래가 정당한 것인지, 세금계산서의 작성일자가 적법한 것인지 여부를 대부분 확인하게 되며, 이 과정에서 매매계약서 또는 공사계약서 등을 제출받아 검토하게 되므로 세심한 주의를 하여야 한다.

부동산임대업(간이과세자) 부가가치세 세무

◎ 부동산임대업 간이과세자 적용대상 사업자

부가가치세 과세사업을 하면 일반과세자로 되는 것이 원칙이나 소규모사업자의 부가가치세 신고 편의 및 세부담 경감을 위하여 간이과세자 제도를 두고 있으며, 신규로 사업을 개시하는 개인사업자는 간이과세적용이 배제되는 사업 또는 지역에 해당되지 않는 경우 사업을 개시한 날이 속하는 연도의 매출 합계액이 8000만원(**부동산임대업의 경우 4800만원**)에 미달될 것으로 예상되는 때에는 간이과세자로 등록할 수 있다.

[개정 세법] 간이과세 적용범위 확대(제61조제1항)
종전에는 직전 연도의 공급대가 합계액 4천800만원 미만이었던 것에서 8천만원 미만으로 상향하되, 부동산임대업 및 과세유흥장소를 경영하는 사업자에 대해서는 현행의 4천800만원 기준을 유지함.
<적용시기> 2021.1.1. 이후 개시하는 과세기간 분부터 적용
2021년 공급대가가 8,000만원 미만시 2022.7월부터 간이과세 적용

◎ 4800만원 미만이더라도 간이과세자 적용을 받을 수 없는 경우

지역, 공시지가, 임대면적이 일정기준을 초과하는 경우
특별시, 광역시, 특별자치시, 행정시 및 시 지역에 소재하는 부동산임대사업장을 경영하는 사업으로서 국세청장이 정하는 규모(간이과세 배제기준 별표2) 이상의 부동산임대업을 영위하는 경우 간이과세자 적용을 받을 수 없다. (부령 제109조 ②, 부법 시행규칙 제71조 ③)

■ 간이과세배제기준

국세청 홈페이지 → 알림소식 → 고시공고 → 고시

부동산임대업에 대한 간이과세배제기준은 특별시 및 광역시(읍·면 지역 제외), 시(읍·면 지역 제외)지역에 소재한 임대용 건물에 대하여 적용한다.

□ 부동산임대업기준 [별표2] 일부

㎡당 공시지가	기 준 면 적 (건물 ㎡)						
	서울	인천	대전	광주	대구	부산	울산
1,000만원 이상	62	69	85	85	85	72	85
950만원 이상	70	74	94	92	92	80	94
900만원 이상	79	79	104	101	101	87	104
850만원 이상	85	92	115	113	112	102	116
800만원 이상	92	106	126	125	124	116	128
750만원 이상	99	120	140	139	137	126	142
700만원 이상	106	133	154	152	150	138	155
650만원 이상	121	144	172	170	168	147	174
600만원 이상	137	157	190	188	187	157	193
550만원 이상	158	176	212	210	208	181	215
500만원 이상	180	195	235	232	229	204	237
450만원 이상	203	223	260	257	255	228	262
400만원 이상	226	252	286	283	280	252	289
350만원 이상	274	296	328	325	321	282	332
300만원 이상	323	342	371	367	363	314	374
250만원 이상	369	418	444	440	435	391	448
200만원 이상	415	494	518	513	507	470	523
150만원 이상	549	608	629	622	616	581	635
100만원 이상	683	722	740	732	725	694	747
100만원 미만	770	940	940	940	940	940	940

• 2022년 1월 1일 전부터 부동산임대업을 영위하는 사업자에 대하여는 【별표 2】의 부동산임대업기준 적용시 2021년 5월 31일부터 공시한 공시지가 적용 (2022. 1. 1. 국세청 고시 제 2021-55호)

부동산임대업 이외에 다른 일반 과세사업장이 있는 경우

해당 부동산임대 사업장의 연간 예상 매출액 또는 직전연도 매출액(공급대가)이 4800만원 이더라도 간이과세가 적용되지 아니하는 다른 사업장을 보유하고 있는 사업자의 경우 간이과세자 적용을 받을 수 없다. (부가가치세법 제61조 ① 단서)

◆ 간이과세자가 일반과세자 사업장을 신규로 개설한 경우
간이과세자가 일반과세자에 관한 규정을 적용받는 사업장을 신규로 개설하는 경우에는 해당 사업 개시일이 속하는 과세기간의 다음 과세기간부터 간이과세자에 관한 규정을 적용하지 아니한다.
(부가가치세법 시행령 제110조 ⑧] <개정 2020. 2. 11.>

◆ 사업장이 일반과세자이더라도 다른 사업장에 대하여 간이과세자를 적용받을 수 있는 경우
다른 사업장이 부가가치세 간이과세가 적용되는 개인택시운송업, 용달 및 개별 화물자동차운송업, 그 밖의 도로화물운송업, 이용업, 미용업 등의 사업에 대해서는 「부가가치세법」 제61조제1항 단서를 적용하지 아니한다. (조세특례제한법 제106조 ⑤)

🅠 간이과세자인 부동산임대업 부가가치세 세액 계산

■ 과세표준 및 매출세액 계산

▶ 과세표준
공급대가(공급가액 + 세액)를 과세표준으로 한다.

▶ 매출세액 계산
당해 과세기간의 공급대가 × 업종별 부가가치율 × 세율(10%)

▶ 업종별 부가가치율 [부령 제111조 ②]
(개정) '21.7.1. 이후 재화 또는 용역을 공급하는 분부터 적용

업 종	부가가치율
1. 소매업, 재생용 재료수집 및 판매업, 음식점업	15%
2. 제조업, 농업·임업 및 어업, 소화물 전문 운송업	20%
3. 숙박업	25%
4. 건설업, 그 밖의 운수업, 창고업, 정보통신업, 그 밖의 서비스업	30%
5. 금융 및 보험 관련 서비스업, 전문·과학 및 기술 서비스업(인물사진 및 행사용 영상 촬영업 제외), 사업시설관리·사업지원 및 임대 서비스업 부동산 관련 서비스업, 부동산임대업	40%
6. 그 밖의 서비스업	30%

◆ 부동산 관련 서비스업 (통계청 → 한국표준산업분류)

6821. 부동산 관리업

6822. 부동산 중개, 자문 및 감정 평가업

■ 경감공제세액

▶ 매입세금계산서 공급대가(공급가액 + 세액) × 0.5%

간이과세자가 다른 사업자로부터 세금계산서 또는 신용카드매출전표 등을 발급받아 '매입처별세금계산서합계표' 또는 '신용카드매출전표등수령명세서'를 사업장 관할세무서장에게 제출하는 때에는 당해 과세기간에 발급받은 세금계산서등의 공급대가(공급가액 + 세액)의 0.5%를 곱하여 계산한 금액을 납부세액에서 공제한다.

간이과세자 부가가치세 신고 및 납부

간이과세자는 부가가치세 신고를 1년에 한 번으로 신고하며, 관할세무서에서 7월 중 (7. 1. ~ 7. 10.) 예정고지를 한다.

예정부과와 납부

관할 세무서는 간이과세자에 대하여 직전 과세기간에 대한 납부세액의 50퍼센트를 1월 1일부터 6월 30일(예정부과기간)까지의 납부세액으로 결정하여 예정부과기간이 끝난 후 25일 이내에 고지를 하며, 납세의무자는 별도의 신고없이 납부만을 하면 된다. 다만, 징수하여야 할 금액이 50만원 미만인 경우에는 고지하지 않는다.

◆ 예정신고 (간이과세자 예정신고 과세시간 : 1.1. ~ 6. 30.)
간이과세자는 예정신고의무가 없다. 다만, 휴업·사업부진 등으로 예정부과기한의 공급가액·납부세액이 직전 과세기간의 공급가액·납부세액의 3분의 1에 미달하는 자는 7월 25일 까지 예정신고를 할 수 있다.

확정신고 및 납부

간이과세자는 1년간 과세기간의 과세표준과 납부세액을 그 과세기간 (1.1. ~ 12.31.) 종료 후 25일(다음해 1월 25일) 이내에 사업장 관할 세무서장에게 신고 및 납부를 하여야 한다.

간이과세자에 대한 납부의무 면제(부가가치세법 제69조)

① 해당 과세기간에 대한 공급대가의 합계액이 4천800만원 미만이면 납부의무가 면제되며, 부동산임대업의 경우에도 공급대가의 합계액이 4천800만원 미만인 경우 납부의무가 면제된다.

③ 제1항을 적용할 때 다음 각 호의 경우에는 같은 호의 공급대가의 합계액을 **12개월로 환산한 금액**을 기준으로 하며, 이 경우 1개월 미만의 끝수가 있으면 1개월로 한다.

1. 해당 과세기간에 **신규로 사업을 시작한 간이과세자**는 그 사업 개시일부터 그 과세기간 종료일까지의 공급대가의 합계액
2. 휴업자·폐업자 및 과세기간 중 과세유형을 전환한 간이과세자는 그 과세기간 개시일부터 휴업일·폐업일 및 과세유형 전환일까지의 공급대가의 합계액

▶ **7월 1일자 일반과세자에서 간이과세자로 전환된 경우 납부의무**

2022.7.1. 일반과세자에서 간이과세자로 전환된 경우 7.1. ~ 12.31. 기간의 공급대가가 2400만원 미만인 경우 납부의무가 면제된다.

4 일반과세자(부동산임대업)의 간이과세자 전환

전년도 공급대가가 4800만원에 미달하는 일반과세자의 간이과세자 전환

일반과세자이던 자가 지난 1년간의 공급대가가 4800만원에 미달하게 되는 경우 다음해 7월 1일 이후 간이과세자로 전환된다. 예를 들어 2022년 1년간의 매출이 공급대가를 기준으로 4800만원에 미달하는 경우 관할세무서에서 2023년 제1과세기간(1. 1.~ 6. 30.) 개시 20일전(2023. 6. 10.)까지 간이과세자로 전환됨을 통지하고 간이과세자용 사업자등록증을 발급한다.

단, 신규로 사업을 개시한 자는 그 사업개시일의 월부터 12월까지 공급대가의 합계액을 1년으로 환산한 금액을 기준으로 간이과세 적용대상사업자를 결정한다.

과세유형전환에 대한 관할 세무서의 통보

일반과세자이던 사업자가 1년 기간 동안의 매출액이 4,800만원 미달하게 되는 경우 해당 사업자의 관할 세무서장은 일반과세자를 간이과세자로 변경하며, 과세유형 전환 시기(다음해 7월 1일)에 간이과세자에 관한 규정이 적용되는 사업자에게 별도의 통지없이 간이과세자에 관한 규정을 적용한다.

다만, 부동산임대업을 경영하는 일반과세사업자가 간이과세자로 전환되는 경우 공제받은 매입세액을 다시 납부하여야 하는 세무적 문제가 발생하므로 관할 세무서에서는 과세기간 개시 20일전(6월 10일)까지 통지를 하여야 하며, 통지를 받은 날이 속하는 과세기간까지는 일반과세자에 관한 규정을 적용한다. (부가가치세법 시행령 제110조)

일반과세자로서 건물분에 대하여 매입세액공제를 받은 후 10년 이내에 간이과세자로 전환되는 경우

부동산임대업을 경영하는 사업자가 상가건물등을 취득한 후 건물에 대하여 분양사업자 등이 발급한 세금계산서의 매입세액을 공제받기 위하여 사업자유형을 일반과세자로 등록한 이후 일반과세자가 간이과세자로 변경되는 경우

다음의 방법에 따라 계산한 금액(재고납부세액)을 그 변경되는 날의 직전 과세기간에 대한 확정신고와 함께 간이과세 전환시의 재고품등 신고서를 작성하여 각 납세지 관할 세무서장에게 신고하고(전년도 공급대가에 의하여 전환되는 경우 다음해 7월 25일), 간이과세자로 변경된 날이 속하는 과세기간에 대한 확정신고(다음해 1월 25일)를 할 때 납부할 세액에 더하여 납부하여야 한다. (부법 시행령 112조)

[개정 세법] 간이과세자로 전환한 경우 건물 또는 구축물 재고납부세액
재고납부세액 = 취득가액 × (1-5/100 × 경과된 과세기간의 수) × 10/100 × (1-0.5% × 110/10)
<적용시기> '21.7.1. 이후 재화 또는 용역을 공급받는 분부터 적용

◆ 경과된 과세기간 수 계산

경과된 과세기간의 수를 계산함에 있어서 과세기간의 개시일 후에 감가상각자산을 취득하거나 당해 재화가 공급된 것으로 보게 되는 경우에는 그 과세기간의 개시일에 당해 재화를 취득하거나 당해 재화가 공급된 것으로 보아 과세기간의 수를 계산한다. 예를 들어 20×6. 7. 20 취득한 건물에 대하여 일반과세사업자로 등록하여 매입세액공제를 받은 이후 20×8. 07. 01 간이과세자로 유형전환되는 경우 경과된 과세기간 수는 '4'(20×6년 2기, 20×7년 1기, 20×7년 1기, 20×8년 1기)이다.

◪ 공급대가 기준 과세유형전환 시기 및 일정(일반 → 간이)

일 자	통지승인 및 신고
20×1. 06. 11.	관할세무서로부터 과세유형전환을 통지받음
20×1. 07. 25.	일반과세자 부가가치세 신고 및 간이과세전환시의 재고품등 신고서 제출
20×1. 10. 23.	세무서 재고납부세액 통보(간이과세자 변경 90일내)
20×1. 10. 25.	예정고지세액에 재고납부세액의 2분의 1 추가 고지
20×2. 01. 25.	간이과세자 부가가치세 신고 및 재고납부세액 납부

사 례 │ 일반과세자에서 간이과세자로의 유형 전환시 세금폭탄

20×8. 5.10 건물 매입 세금계산서 수취, 공급가액 2억원 세액 2천원

20×8년 1기 부가가치세 확정신고

매출세액 : 없음 → 매입세액 2천만원을 관할 세무서로부터 환급받음

20×8년 2기 부가가치세 확정신고

과세표준 : 20,000,000원, 세액 2,000,000원

20×8년 환산 공급대가 : 22,000,000원 × 12/8 = 33,000,000원

20×9년 6월 30일까지 간이과세 포기신고를 하지 아니한 경우

환급받은 부가가치세 중 다시 납부할 세액 16,065,000원

재고납부세액 = 취득가액 × (1-5/100 × 경과된 과세기간의 수) × 10/100 × (1-0.5% × 110/10)

취득가액(2억원) × [1 - 5/100 × 경과된 과세기간의 수(3)] × 10/100 × 0.945 [1 - 0.5% × 110/10]

🅠 부동산임대업의 간이과세 포기 신고

부동산임대업을 영위하는 일반과세자의 전년도 매출액이 4800만원 미만이 되는 경우 7월 1일부로 간이과세자로 변경이 된다. 이 경우 계산방법에 의하여 공제받은 매입세액을 다시 납부하여야 한다.

단, 전년도 공급대가가 4800만원 미만이 되더라도 **간이과세자가 배제되는 지역에서 일정면적을 초과하거나** 간이과세 포기신고를 하는 경우 일반과세자로 계속 유지가 되며, 이 경우 공제받은 매입세액을 다시 납부하지 않아도 되므로 간이과세자로 전환될 간이과세자의 경우 간이과세포기 신고제도를 이용하여 10년 동안은 일반과세자로 유지를 하면 될 것이다.

[사례] 신규사업자의 일반과세자에서 간이과세자로의 유형 변경
20×1.3.10. 개업하여 20×1.3.10. ~ 20×1.12.31. 공급가액이 3,600만원(간주임대료 포함)인 경우 3,600만원 / 10개월 × 12개월 = 4,320만원으로 20×2.7.1.부터 간이과세자로 전환됨

간이과세자에 관한 규정을 적용받게 되는 일반과세자가 간이과세자에 관한 규정의 적용을 포기하고 일반과세자에 관한 규정을 적용받고자 하는 경우 일반과세자로 적용받으려는 달의 전달의 마지막 날까지 관할세무서장에게 간이과세포기신고를 하여야 한다.

신규 일반과세사업자의 간이과세 포기신고

신규로 사업을 시작하는 개인사업자가 사업자등록을 신청할 때 관할세무서장에게 간이과세자에 관한 규정의 적용을 포기하고 일반과세자에 관한 규정을 적용받으려고 신고한 경우에는 간이과세자로 전환됨이 없이 일반과세자 적용을 받을 수 있다.

과세유형 전환의 적용기간

간이과세자 규정이 적용되는 기간은 1역년의 공급대가가 4,800만원에 미달되는 해의 다음해 제2과세기간부터로 하며, 신규로 사업을 개시한 사업자의 경우 간이과세자에 관한 규정이 적용되거나 적용되지 아니하게 되는 기간은 최초로 사업을 개시한 해의 다음 해의 7월 1일부터 그 다음 해의 6월 30일까지로 한다.

단, 간이과세포기를 하여 일반사업자로 남게 되는 경우 일반과세자에 관한 규정을 적용받으려는 달의 1일부터 3년이 되는 날이 속하는 과세기간까지는 간이과세자에 관한 규정을 적용받을 수 없다.

부동산 무상 또는 저가 임대 관련 세금문제

> 부동산을 가족 등 특수관계인에게 무상으로 사용하게 하거나 저가로 임대한 경우 소득세법 제41조에 의한 부당행위계산 적용대상이 되어 세금을 추징당할 수 있으므로 다음 내용을 참고하여 세무상 문제가 발생하지 않도록 유의하여야 한다.

◻ 특수관계자에게 무상 또는 저가임대시 부가가치세

용역을 무상 또는 저가로 공급하는 경우 원칙적으로 부가가치세 과세대상이 아니다. 다만, 특수관계자에게 용역을 무상으로 공급하거나 부당하게 낮은 대가를 받는 경우 부가가치세 과세대상에 해당한다. (부가법 제29조 ④)

따라서 부동산임대업을 영위하는 사업자가 그의 가족 등 특수관계자에게 무상 또는 **적정 임대료보다 낮은 가액**으로 임대하는 경우 시가와의 차액에 대하여 부가가치세가 과세되며, 이 경우 부가가치세 상당액을 신고 및 납부하여야 한다.

적정 임대료

적정임대료는 당해 거래와 유사한 상황에서 당해 거주자와 특수관계 없는 불특정다수인과 계속적으로 거래한 가격 또는 특수관계자가 아닌 제3자간에 일반적으로 거래한 가격이 있는 경우에는 그 가격에 의하는 것이나, 그 가격을 적용할 수 없는 경우에는 법인세법 시행령 제89조 제4항 제1호의 규정에 의하여 계산한다.

시가가 없는 경우 (법인세법 시행령 제89조 ④ 1)

유형 또는 무형의 자산을 제공하거나 제공받는 경우에는 당해 자산 시가의 100분의 50에 상당하는 금액에서 그 자산의 제공과 관련하여 받은 전세금 또는 보증금을 차감한 금액에 정기예금이자율을 곱하여 산출한 금액

[사례] 시가가 없는 경우 임대료 상당액
A씨는 본인 소유 건물을 다음의 조건으로 임대하고 있다.
- 임대기간 : 2023. 1.1 ~ 2023.12.31., 건물시가 : 50억원,
- 임대보증금 : 2억원, 월임대료 : 1,000,000원(연 12,000,000원)
[해설] ① 임대료 시가 : (50억원 × 50/100 - 2억원) × 2.9%(2023년 정기예금이자율) = 66,700,000원
② 저가 임대료 : 54,700,000원 = 66,700,000원 - 12,000,000원
③ 저가 임대료에 대한 부가가치세 5,470,000원을 추가로 신고 및 납부하여야 함

주택을 직계존비속에게 무상으로 사용하게 하는 경우

주택의 임대는 부가가치세 과세대상이 아니며, 직계존비속에게 주택을 무상으로 사용케 하고 직계존비속이 그 주택에 실제 거주하는 경우는 부당행위계산부인이 적용되지 않는다. (소득령 제98조 ② 2)

❹ 특수관계자에게 무상 또는 저가임대시 증여세

부동산무상사용이익은 부동산을 무상사용을 개시한 날을 증여시기로 하여 5년마다 5년간의 부동산무상사용이익에 대하여 한꺼번에 증여세가 과세되는 것이며, 그 5년간의 증여재산가액이 1억원 이상인 경우에 한하여 증여세가 과세된다.

그리고 무상사용 기간이 5년을 초과하는 경우에는 그 무상사용을 개시한 날부터 5년이 되는 날의 다음 날에 새로 해당 부동산의 무상사용을 개시한 것으로 본다. 5년 동안의 무상사용이익이 1억원 이상 되려면 대략 시가 13억원이 넘는 부동산을 무상으로 사용해야 한다.

- 부동산무상사용이익 = 부동산가액 × 2% × 3.79079

• 3.79079는 5년간의 부동산무상사용이익 총액 상당액에 대하여 물가를 반영하여 현재가치로 계상하기 계수임

무상 임대의 증여시기

5년 치 무상사용이익에 대해 한 번에 증여세를 과세하므로 부동산 무상 사용에 대한 증여 시기는 무상사용(임대)을 개시한 날이 된다. 따라서 무상사용 기간이 5년을 초과하는 경우에는 처음 무상사용을 개시한 날로부터 5년이 되는 날의 다음 날에 새로 무상 사용을 개시한 것으로 보아 증여세를 과세하며, 증여세 과세 이후 실제 무상사용 기간이 5년 미만인 경우에는 이미 납부한 5년 치 증여세 중 잔여 기간에 해당하는 만큼 경정청구를 통해 환급받을 수 있다.

▣ 특수관계자 간 부동산 무상사용 시 절세 대책

이와 같이 특수관계자 간 부동산 무상사용은 여러 가지 세금문제가 발생할 수 있으므로 사전에 이를 예방할 수 있도록 임대차 계약을 맺고 일정 수준 이상의 임대료를 수수한 후 신고해야 한다. 예를 들어 특수관계자 간 부동산 무상 사용에 따른 증여세를 피하기 위해서는 무상으로 임대하는 부동산가액이 13억원을 초과하지 않는 범위 내에서 사용하도록 하여야 하며, 만약 13억원을 초과할 경우에는 세법상 적정 임대료인 부동산가액의 2% 이상을 주고받아야 한다.

또한 소득세와 부가가치세 과세 문제에 대비하기 위해서는 소득세법상 적정 임대료[(부동산 가액 × 50%) - 보증금 × 1.2%)]를 주고받은 후 기한 내에 신고·납부해야 한다. 만약 부가가치세와 소득세를 적정하게 신고한 경우에는 증여세 과세 문제는 발생하지 않는다.

❸ 무상 담보 제공에 대한 증여세

타인의 부동산을 무상으로 담보로 이용하여 금전 등을 차입함에 따라 이익을 얻은 경우에는 그 부동산 담보 이용을 개시한 날을 증여일로 하여 그 이익에 상당하는 금액을 부동산을 담보로 이용한 자의 증여재산가액으로 한다. 다만, 그 이익에 상당하는 금액이 1천만원 미만인 경우는 제외한다. [상속세 및 증여세법 시행령 제27조]

부동산을 무상으로 담보로 이용하여 금전 등을 차입함에 따라 얻은 이익은 차입금에 적정 이자율(2023년 현재 4.6%)을 곱하여 계산한 금액에서 금전 등을 차입할 때 실제로 지급하였거나 지급할 이자를 뺀 금액으로 한다. 이 경우 차입기간이 정하여지지 아니한 경우에는 그 차입기간은 1년으로 하고, 차입기간이 1년을 초과하는 경우에는 그 부동산 담보 이용을 개시한 날부터 1년이 되는 날의 다음 날에 새로 해당 부동산의 담보 이용을 개시한 것으로 본다.

☐ 상증, 서면인터넷방문상담1팀-1444 , 2005.11.28
부모의 재산을 담보로 제공하고 자금을 차입한 경우 부모로부터 담보를 제공받음으로써 얻은 이익상당액(불특정다수인 사이에 통상적인 지급대가가 1천만원 이상인 것에 한함)은 증여세가 과세됨

SECTION 04

오피스텔 임대 세금

전국 오피스텔 임대수익률은 연 5 ~6%로 기대수익률이 예금 금리보다 3배 이상 높기 때문에 비교적 쉬운 부동산 투자상품이다. 그러나 오피스텔의 경우 매우 복잡한 세금문제가 발생할 수 있으므로 법을 정확히 알지 못하는 경우 오피스텔 때문에 '세금 폭탄'을 맞을 수 있으므로 본서 내용을 활용하여 세금 폭탄을 맞지 않도록 각별히 유의하여야 한다.

오피스텔 임대와 관련한 세금 개요

오피스텔의 용도는 건축법상 업무시설에 해당한다. 다만, 실질과세 원칙에 따라 사용 용도에 따라 주거용과 업무용으로 구분한다. 주거를 하면서 전입신고를 한 경우는 주거용으로, 사무실로 사용중이면 업무용에 해당하며, 주거용인 경우 주택으로 간주하므로 부가가치세 신고·납부의무는 없는 것이나(국민주택 규모 이하의 주택판매 또는 주택의 임대는 면세됨) 업무용인 경우 상가에 해당하므로 임대소득에 대하여 부가가치세를 신고 및 납부하여야 한다.

한편, 오피스텔의 경우 「건축법」에 의한 업무시설에 해당하므로 오피스텔을 신축하여 분양하는 사업자는 매입자의 실제 사용용도에 관계없이 건물분에 대하여 매입자로부터 부가가치세를 거래징수하게 된다. 예를 들어 오피스텔의 분양금액이 2억원이고, 건물분이 1억 5천만원인 경우 매입자는 건물분에 대한 부가가치세 1천 5백만원을 더 주고 구입을 하여야 하는 것이다. (분양금액 : 토지 5천만원 + 건물 1억5천만원 + 부가가치세 1천5백만원)

▣ 주거용 오피스텔 및 업무용 오피스텔의 세금 비교

구 분		주거용 오피스텔	업무용 오피스텔
취득	취득세 등	취득금액의 4.6%	취득금액의 4.6%
	부가가치세	건물가액의 10%	건물가액 10% (환급 가능)
보유	재산세	0.1% ~ 0.4%	토지 : 0.2 ~ 0.4% 건물 : 0.25%
	종합부동산세	합산(장기임대주택 제외)	합산 제외
	종합소득세	합산	합산
	부가가치세	없음	월세 및 보증금이자상당액 (연리 1.2%)의 10%
양도	양도소득세	과세(단, 1세대 1주택의 경우 비과세)	과세

▶ 취득세 등 : 취득세 4% + 농어촌특별세 0.2% + 지방교육세 0.4%

▣ 부동산 매각, 임대와 부가가치세 면세 또는 과세

부동산을 매각하거나 임대하는 경우 매수인 또는 임차인으로부터 부가가치세를 징수하여 납부하여야 하나 토지 또는 국민주택의 매각, 주택의 임대는 부가가치세가 면세되므로 부가가치세 신고 및 납부의무가 없다.

오피스텔 업무용 임대 또는 사용

오피스텔을 매입하여 업무용으로 임대하는 경우로서 오피스텔 소재지 관할 세무서에 일반과세사업자로 사업자등록을 하면, 취득시 부담한 매입세액을 환급(세무서로부터 돌려받음)받을 수 있다. 단, 이 경우 월세에 대하여 세금계산서를 발급하여야 하며, 부동산임대사업자로서 부가가치세를 신고 및 납부하여야 하고, 임대소득에 대하여 종합소득세를 신고 및 납부하여야 한다.

오피스텔의 주거용 또는 업무용 구분

오피스텔이 주거용인지 업무용인지는 오피스텔 내부구조와 형태, 사용하는 용도 등을 종합하여 판단하며, 임차인이나 소유자가 해당 오피스텔에 주민등록을 전입했는지 등이 판단의 주요 기준이 된다.

▶ 국세청에서 주거용과 업무용 오피스텔을 구분하는 기준
- 오피스텔에 주민등록이 되어 있으면 주거용
- 사업자등록이 되어 있으면 업무용
- 오피스텔의 내부구조·형태 및 사실상 사용 용도 등을 종합하여 판단

Q 오피스텔을 사업자의 직원 주거용으로 임대하는 경우 면세되는가?

◆ 오피스텔을 기숙사로 임대하는 경우 과세대상임
(부가, 서면인터넷방문상담3팀-2292 , 2004.11.10.)
부동산임대업을 영위하는 사업자가 오피스텔을 임대하고 임차인이 당해 오피스텔을 종업원의 복리 및 근로의 편의를 위한 기숙사로 사용하는 경우에는 부가가치세법시행령 제34조 제1항에 규정하는 사업을 위한

주거용의 경우에 해당되어 당해 오피스텔의 임대용역에 대하여는 부가가치세가 과세되는 것이나,

임차인이 당해 오피스텔을 종업원의 상시 주거용으로 사용하는 경우에는 당해 오피스텔의 임대용역에 대하여는 부가가치세법 제12조 제1항 제11호 및 같은법시행령 제34조 제1항의 규정에 의하여 부가가치세가 면제되는 것입니다.

◆ 오피스텔을 법인의 임직원 주거용으로 임대는 경우 면세되는 것임
○ 부가46015-1185, 1999.4.22
주택임대업을 영위하는 자가 상시 주거용으로 사용하는 건물(주택)을 법인사업자에게 임대하고 임차인인 당해 법인은 임원의 주거용으로 사용하는 경우에 당해 주택의 임대용역은 부가가치세법 제12조 제1항 제11호의 규정에 의하여 부가가치세가 면제되는 것임

Q 사업자가 오피스텔을 직원 주거용으로 사용하는 경우 계산서를 발급받아야 하나요?

오피스텔을 직원들의 '상시 주거용'으로 사용하는 때에는 '주택의 임대'에 해당되어 부가가치세가 면제되며, 주택임대업자(법인을 제외한다)로부터 주택임대용역을 공급받은 경우 '지출증빙서류의 수취 특례'에 의하여 적격증빙을 수취하지 않아도 되며, 이 경우 대금지급에 대한 증빙을 구비하면 되는 것으로 '증빙불비가산세'는 적용되지 않는다.

□ 법인세법 시행령 제158조, 동법 시행규칙 제79조 제6호
6. 토지 또는 주택을 구입하거나 주택의 임대업을 영위하는 자(법인을 제외한다)로부터 주택임대용역을 공급받은 경우

오피스텔을 주택으로 임대 또는 사용하는 경우

오피스텔이 1세대 1주택 또는 일시적 2주택에 해당하는 경우 오피스텔 양도시 양도소득세를 부담하지 않아도 된다. 그러나 오피스텔 外 다른 주택을 소유하고 있는 경우 1세대 2주택 이상이 되어 다른 주택 또는 오피스텔 양도시 양도소득세를 부담하여야 하는 문제가 있으므로 오피스텔 구입시 양도소득세 문제를 신중히 검토하여 세금폭탄을 맞지 않도록 주의를 하여야 한다.

예를 들어 오피스텔이 없는 1세대 1주택인 세대가 2년 이상 보유한 주택을 양도하는 경우 1세대 1주택으로 인하여 비과세됨에도 오피스텔을 취득하여 보유함으로서 1세대 2주택에 해당되어 해당 주택 양도시 고액의 양도소득세를 부담하는 경우가 종종 발생하기도 한다.

〈세금 폭탄〉 오피스텔의 주택 구분 착오
오피스텔 외 1채의 주택에 대하여 1세대 1주택 비과세를 적용받았으나 관할 세무서에서 국세통합전산망으로 오피스텔이 있음을 확인한 후 비과세를 배제하고 세금을 추징함

◆ 양도, 조심-2021-서-1504 , 2021.06.01 , 기각, 완료
가. 청구인은 2006.10.9. ○○○(면적 83.06㎡로 이하 "쟁점주택"이라 한다)를 취득하였다가 이를 2019.9.18. ○○○에 양도하였고, 그 양도차익과 관련하여 1세대 1주택으로 보아「소득세법」제95조 제3항 및 같은 법 시행령 제160조에 따른 고가주택에 대한 양도차익 계산규정에 따라 ○○○을 초과하는 부분에 대한 양도소득세 ○○○을 예정신고·납부하였다.
나. 처분청은 청구인이 쟁점주택을 양도할 당시 보유한 ○○○(면적 26.97㎡)이 상시 주거용으로 사용되고 있어 쟁점주택이 1세대 1주택에 해당하지 않는 것으로 보아 2020.10.27. 청구인에게 2019년 귀속 양도소득세 ○○○을 경정·고지하였다.

오피스텔 매입 및 보유, 양도와 관련한 세금

◙ 오피스텔 매입과 부가가치세

오피스텔 매입과 부가가치세

국민주택 규모 이하 주택을 취득하는 경우 부가가치세 면제되지만, 오피스텔의 경우 주거용이라 하더라도 부가가치세가 과세된다. 이는 국민주택 이하 규모의 면세규정은 「조세특례제한법」에서 그 대상을 **「주택법」**에 의한 주택으로 한정하기 때문이다. 따라서 오피스텔은 「주택법」에 의한 주택이 아니므로 주거용으로 사용하더라도 부가가치세가 과세되는 것이며, 매입시 부가가치세를 부담하여야 한다.

☐ 조세특례제한법 시행령 제106조(부가가치세 면제 등) ④ -요약-
1. 「주택법」 제2조제1호에 따른 주택으로서 그 규모가 같은 조 제6호에 따른 국민주택규모(다가구주택은 가구당 전용면적 기준) 이하인 주택

오피스텔을 매입하여 일반과세사업자로 등록후 업무용으로 임대하는 경우 부가가치세 매입세액 환급

부가가치세란 사업자가 물품 등을 판매하는 경우 부가가치세법의 규정에 의하여 그 물품대금의 10%를 세금(거래세)으로 더 받아 두었다가 일정 기간 단위로 세무서에 납부하는 세금으로 오피스텔 구입시 매입자가 부담하는 부가가치세는 오피스텔 건축사업자에게 건물대금의 10%를 더 준 금액으로 부가가치세는 매입자가 부담하되, 납부는 매출자가 하게 된다. 다만, 매입자가 일반과세사업자로 사업자등록을 하고, 매입한 물품등을 자기의 과세사업에 사용하는 것으로서 세금계산서를 수취한 경우 매입시 부담한 부가가치세를 세무

서로부터 돌려받을 수 있다. 따라서 오피스텔을 매입하여 주거용도가 아닌 사무실용도로 부동산임대를 하는 경우 과세사업자에 해당하게 되며, 일반과세사업자로 등록하면, 오피스텔 매입과 관련한 매입세액을 세무서로부터 돌려받을 수 있는 것이다.

▶ 토지의 공급은 부가가치세가 과세되지 않음(면세)

면세란 부가가치세가 면제된다는 의미로 토지의 공급은 부가가치세가 과세되지 않는다. 따라서 오피스텔 매입시 토지분은 부가가치세가 없는 것이다.

▶ 국민주택의 공급은 부가가치세가 과세되지 않음(면세)

「주택법」에 의한 국민주택(전용면적 85㎡ 이하인 주택)의 경우에는 부가가치세가 과세되지 않는다. 단, 오피스텔의 경우 주거용으로 사용한다하더라도 오피스텔은 「주택법」에 의한 주택이 아니므로 전용면적이 85㎡ 이하인 경우에도 부가가치세가 과세되어 매입시 건물분에 대하여 부가가치세를 부담하게 된다.

주거용 오피스텔 매입 및 임대하는 경우 매입세액 부담

사업자가 과세되는 물품을 구입하여 면세사업에 사용하는 경우 그 매입세액은 공제를 받을 수 없다. 따라서 오피스텔을 구입하여 주택으로 임대하는 경우 오피스텔 매입시 부담한 매입세액을 환급받을 수 없으며, 주택임대는 부가가치세가 면세되므로 부가가치세 신고 및 납부의무가 없다.

▶ 오피스텔을 주거용으로 임대하는 경우 임대료는 부가가치세가 과세되지 않음

오피스텔을 주거용으로 임대하는 경우 부가가치세가 면세되므로 임대수익에 대하여 부가가치세를 신고납부하지 않아도 된다.

🅠 오피스텔 취득세

취득세

오피스텔 취득은 **주거용 여부와 상관없이** 주택으로 보지 않고 일반 건물매매로 보기 때문에 취득가액의 4.6%에 상당하는 금액을 취득세(농어촌특별세, 지방교육세 포함)로 부담하여야 한다.

반면, 주택의 경우 국민주택규모 이하이고 취득가액이 6억원 이하인 경우 취득세는 1.1%(농어촌특별세 면세, 지방교육세 포함)만 부담하고 부가가치세도 면세되나 같은 조건의 주거용 오피스텔 취득시에는 부가가치세 및 높은 세율의 취득세를 부담하여야 하는 것이다.

다른 주택을 취득하는 경우 주거용 오피스텔은 주택수에 포함되어 다른 주택의 취득세가 중과세 될 수 있음

오피스텔 취득 자체는 취득세가 중과세되지 않으나 2020. 8. 12. 이후 취득한 '주거용 오피스텔'의 경우 취득세 중과 판단 시 주택수에 포함되므로 다른 주택을 매입할 때 취득세 중과 여부를 반드시 검토하여야 한다. 단, 시가표준액이 1억원 이하인 오피스텔은 취득세 중과 판단 시 주택수에서 제외한다.

🅠 오피스텔 재산세

오피스텔 재산세

재산세는 취득세와 달리 실제 용도에 의하여 부과를 하는 것을 원칙으로 한다. 따라서 공부상의 등재 현황과 사실상 현황이 다르면 사실상 현황에 의해 재산세를 부과하기 때문에 오피스텔이 공부상

업무시설이라도 사실상 주거용인 경우 주택과 같은 0.1~0.4%의 재산세율을 적용받는다.

재산세 부과기준일 → 매 년 6월 1일

재산세 부과기준일은 매 년 6월 1일이며, 6월 1일 현재 공부상 소유권을 가진 자에게 1년분 보유기간 전체에 대한 재산세 부과한다. 따라서 보유하던 부동산을 5월 31일 매도하여 소유권이 변경되는 경우 매도인은 1월 1일부터 5월 31일까지 부동산을 보유하였음에도 해당 기간 동안의 재산세 상당액을 부담하지 않아도 되나 매수인은 1년분 재산세를 납부하여야 함으로서 1월 1일부터 5월 31일까지 부동산을 보유하지 아니하였음에도 재산세를 부담하여야 한다.

업무용 오피스텔과 주거용 오피스텔 재산세

재산세의 경우 주거용 오피스텔과 업무용 오피스텔 재산세는 다르게 부과하며, 재산세 세율은 다음과 같다. [지방세법 제111조]

▶ 업무용 오피스텔 : 토지 및 건물을 구분하여 재산세 부과

구분	과세표준	세율
토지	2억원 이하	1,000분의 2
	2억원 초과 10억원 이하	40만원+2억원 초과금액의 1,000분의 3
	10억원 초과	280만원+10억원 초과금액의 1,000분의 4
건물	구분 없음	1천분의 2.5

▶ 주거용 오피스텔 : 주택으로 재산세 부과

과세표준	세율
6천만원 이하	1,000분의 1
6천만원 초과 1억5천만원 이하	60,000원+6천만원 초과금액의 1,000분의 1.5
1억5천만원 초과 3억원 이하	195,000원+1억5천만원 초과금액의 1,000분의 2.5
3억원 초과	570,000원+3억원 초과금액의 1,000분의 4

▣ 재산세 납기 (지방세법 제115조)

구 분		납 기
토지		매년 9월 16일부터 9월 30일까지
건축물		매년 7월 16일부터 7월 31일까지
주택(분할 납부)	1차	매년 7월 16일부터 7월 31일까지
	2차	매년 9월 16일부터 9월 30일까지

▣ 업무용 오피스텔을 주거용으로 사용하는 경우 재산세 절세

주거용 오피스텔의 재산세는 업무용 오피스텔에 비하여 재산세 세율이 낮으며, 재산세의 경우 취득세와는 달리 실제 주거용으로 사용하는 경우 주거용으로 부과하게 된다. 따라서 오피스텔을 실제 주거용으로 사용하는 경우 재산세 부과기준일(6월 1일)로부터 역산하여 10일 이전에 시·군·구에 신고하는 경우 담당공무원의 확인을 거쳐 주택으로 재산세를 부과하게 되어 재산세를 줄일 수 있다. 다만, 주택으로 되는 경우 여러 가지 세무상 문제(오피스텔의 사실상 용도변경과 세무문제 참조)가 있으므로 각별히 유의를 하여야 한다.

오피스텔 종합부동산세

오피스텔의 종합부동산세 과세대상 여부

업무용오피스텔의 경우 주택분 재산세가 과세되지 않기 때문에 주택분 종합부동산세가 과세되지는 않는 것이나, 상시 주거용으로 사용하는 오피스텔인 경우 주택에 해당하여 종합부동산세가 과세된다.

오피스텔을 지방자치단체에 주거용으로 신고시 주의사항

오피스텔은 주택법 제2조(정의)에서 규정하는 주택이 아니라 준주택이다. 따라서 오피스텔을 취득하는 경우, 주거용이라고 해도 건축물

대장상의 용도에 따라 건축물에 대한 취득세율등 4.6%가 적용되며, 재산세의 경우에도 지방자치단체는 업무용으로 부과한다.

다만, 오피스텔을 주거용으로 임대하는 경우로서 주거용으로 별도로 신고를 하는 경우 주택분으로 재산세가 고지되며, 이 경우 거주자별로 보유한 주택 공시가격이 9억원(1세대 1주택자 **12억원**)을 초과하는 경우 종합부동산세 과세대상에 해당하므로 각별한 주의를 요한다.

예를 들어 고가의 1주택을 보유한 사람이 오피스텔을 취득해 주택분 재산세로 변경하면 종합부동산세에서는 2주택자로 본다. 따라서 이 경우 종합부동산세 공제액도 12억원이 아니라 9억원만 받을 수 있고, 1주택자가 받을 수 있는 고령 및 장기보유세액공제도 받을 수 없게 되므로 재산세를 조금 아끼려다 종합부동산세 폭탄을 맞게 되는 것이다.

한편, 국세청은 지방자치단체로부터 통보받은 재산세 부과자료에 근거하여 종합부동산세를 과세하므로 실질적으로 주거용 오피스텔임에도 종합부동산세 고지금액에서 제외하게 되나 국세청이 종합부동산세 부과 이후 오피스텔의 주거용 여부에 대한 일괄조사, 임차인의 연말정산시 월세소득공제, 기타 유관기관과의 협조를 통하여 주거용 오피스텔을 파악하여 추가 고지를 할 수 있는 세무적 문제는 있다.

오피스텔 양도와 양도소득세

양도소득세
오피스텔을 양도하는 경우 양도소득세를 신고 및 납부하여야 한다. 단, 오피스텔이 양도일 현재 1세대 1주택에 해당하는 경우 또는 일시적 2주택에 해당하는 경우에는 양도소득세가 비과세된다.

▶ 주거용 오피스텔의 1세대 1주택 및 일시적 2주택 비과세

오피스텔 1채 외에 다른 주택이 없는 경우로서 주거용으로 사용한 기간이 2년 이상인 경우 1세대 1주택에 해당하여 비과세를 적용받을 수 있다. 한편, 주거용 오피스텔이 있고 별도의 1주택이 있는 경우 오피스텔 또는 주택 양도시 1세대 1주택에 해당하지 아니하여 양도소득세를 부담하여야 한다. 단, 일시적 2주택의 경우에는 비과세된다.

◘ 업무용 오피스텔 양도시 부가가치세

일반과세자인 경우

업무용으로 사용하던 오피스텔을 양도하는 경우 건물분에 대하여 세금계산서를 발급하고, 부가가치세를 신고 및 납부하여야 한다.

▶ 건물가액 계산 및 세금계산서 발급, 부가가치세 신고·납부

1) 업무용 건물가액의 10%는 부가가치세가 과세되므로 세금계산서를 발급(토지분에 대한 계산서 발급의무는 없음, 소득세법 시행령 제211조 ② 4)하고, 부가가치세를 신고 납부하여야 한다.

2) 계약서에 면세되는 토지부분의 가액을 부당하게 고가로 명시하고 과세되는 건물가액을 현저하게 저가로 명시 하는 등의 사유로 인하여 실지거래가액 중 토지와 건물 등의 가액 구분이 불분명한 경우에 해당하는 경우(기준시가로 토지 및 건물가액을 안분한 금액보다 30% 이상 차이가 나는 경우)에는 아래 순서에 의하여 해당되는 금액을 거래가액으로 적용한다. (부가가치세법 제29조 ⑨)

1. 감정평가액이 있는 경우: 감정평가가액에 비례하여 안분계산
2. 감정평가액이 없으나 기준시가가 모두 있는 경우 : 공급계약일 현재의 기준시가에 따라 계산한 가액으로 안분계산하여야 한다.

▶ **포괄양도양수 및 부가가치세 신고·납부**

사업에 관한 모든 권리의무를 양수인에게 포괄양도양수하는 경우 세금계산서 발급의무가 없다. 다만, 포괄 양도양수의 경우 여러 가지 세무적 문제가 있을 수 있으므로 반드시 세무사에 의뢰하여 처리하여야 한다.

간이과세자인 경우

건물분 매매금액의 10%에 40%(부동산임대업의 부가가치율)를 곱한 금액을 부가가치세로 신고 및 납부하여야 한다.

▣ 업종별 부가가치율 [부령 제111조 ②] (개정) '21.7.1. 이후

업 종	부가가치율
5. 금융 및 보험 관련 서비스업, 전문·과학 및 기술 서비스업, 사업시설관리·사업지원 및 임대 서비스업, 부동산 관련 서비스업, 부동산임대업	40%

◐ 오피스텔 장기임대주택 등록 세금 절세 등

장기임대주택 지방자치단체 등록 및 세무서 사업자등록

오피스텔을 주거용으로 임대하면서 각종 세금혜택을 받고자 하는 경우 주소지 관할 시군구청에 임대사업자로 등록을 하고, 등록한 주소지를 사업장으로 하여 관할 세무서에 면세 사업자등록을 하여야 한다.

단, 세무서 사업자등록은 장기임대주택 여부에 관계없이 의무적으로 사업자등록을 하여야 하며, 사업자등록을 하지 않는 경우 가산세(미등록기간 주택임대 수입금액의 1천분의2)가 적용된다.

▶ 장기일반민간임대주택의 임대기간에 따른 감면율

관련 법령	임대기간	감면내용
조특법 제97조의4	6년 이상	장기보유특별공제율 추가 공제
조특법 제97조의3	8년 이상	장기보유특별공제율 : 50%
	10년 이상	장기보유특별공제율 : 70%

■ 조정대상지역 장기임대주택 등록시 세제 혜택

1) 조세특례제한법 제97조의3에 의한 장기보유특별공제
(요건) 임대개시일 당시 기준시가 6억원(서울, 경기, 인천 외 3억원) 이하
2) 조세특례제한법 제96조에 의한 소형주택 임대사업자 세액감면
(요건) 임대개시일 당시 기준시가 6억원 이하

장기임대 오피스텔과 1주택을 보유한 경우 거주주택 비과세

오피스텔을 장기임대주택으로 등록하는 경우로서 거주주택 비과세 요건을 충족하는 경우 2년 이상 거주한 주택은 1세대 1주택 비과세 특례를 적용받을 수 있다. (1세대 1주택 비과세 특례 참조)

▶ 오피스텔은 조정대상지역이더라도 장기임대주택으로 등록하는 경우 거주주택 비과세 특례를 적용받을 수 있다.

주거용 장기임대 오피스텔 종합부동산세

오피스텔을 장기임대주택으로 등록하는 경우 종합부동산세 합산에서 배제된다. 단, 조정대상지역내 2018.9.14. 이후 새로 취득 하는 주거용 오피스텔은 장기임대를 하더라도 종합부동산세 과세표준에 합산된다.

◎ 오피스텔의 용도변경과 세무문제

업무용 오피스텔을 주거용으로 전환한 경우

업무용으로 사용하던 오피스텔을 주거용으로 전환하는 경우로서 일반과세사업자로 등록하여 건물분에 대하여 매입세액을 환급받은 경우 환급받은 매입세액을 경과기간에 따라 일정률을 곱한 금액을 납부하여야 한다. 즉, 과세사업(업무용으로 임대)에 사용하던 오피스텔을 면세사업(주거용으로 임대)으로 사용하는 경우 환급받았던 부가가치세를 다음의 계산방법에 의하여 계산한 부가가치세를 납부하여야 하는 것이다. 단, 오피스텔 취득 이후 **10년이 경과**하면, 주거용으로 전용하더라도 부가가치세를 다시 납부하지 않아도 된다.

▶ 납부할 부가가치세 과세표준 및 납부세액 계산방법
- 과세표준(시가) : 매입세액을 공제받은 오피스텔의 취득가액 × (1 - 5/100 × 경과된 과세기간의 수)
- 납부할 부가가치세 : 과세표준 × 10/100

▶ 경과된 과세기간 수 계산
과세기간의 개시일에 당해 재화를 취득하거나 당해 재화가 공급된 것으로 보아 과세기간의 수를 계산한다. 예를 들어 20×6. 5. 20. 일반과세사업자로 등록한 후 매입세액을 환급을 받았으나 20×7. 1. 20. 주거용으로 전환하는 경우 경과한 과세기간 수는 '2'임(20×6년 1기, 20×6년 2기, 1기)

주거용 임대 오피스텔을 업무용으로 전환한 경우

오피스텔 매입시 주거용으로 임대한 경우 매입세액을 공제받을 수 없었으나 차후 업무용으로 임대하면서 일반과세사업자로 사업자등록을 하여 부가가치세를 신고납부하는 경우 매입세액에 일정률을 곱한 금액을 공제받을 수 있으며, 이 경우 '과세사업전환 감가상각자산 신고서'를 제출하여야 한다. (부가가치세법 시행령 제85조)

[사례] 20×7. 5. 오피스텔 취득, 주거용으로 임대하다 20×9. 7 업무용으로 전환, 취득금액 215,000,000원 취득시 매입세액은 공제받지 못함
과세표준 : 건물 150,000,000원, 건물분 부가가치세 15,000,000원, 토지분 50,000,000원

공제되는 세액 = 취득 당시 해당 재화의 면세사업 등과 관련하여 공제되지 아니한 매입세액 × (1 - 5% × 경과된 과세기간 수)
15,000,000원 × (1- 5% × 5) = 11,250,000원

◆ 임대하던 오피스텔을 업무용으로 임대시 과세사업 전환 감가상각자산에 대한 매입세액공제 가능함[업무용 --> 주거용 --> 업무용]
(법규부가2013-43, 2013.2.15.)
오피스텔을 취득하면서 부동산임대업으로 사업자등록을 신청하여 관련 매입세액을 공제받고 오피스텔을 업무용으로 임대한 자가 오피스텔을 주거용으로 임대전환하면서 면세 전용에 따른 자가공급에 해당하는 것으로 보아 부가가치세를 신고납부한 후, 해당 오피스텔은 업무용으로 임대하는 경우 사업자는 과세사업전환 감가상각자산에 대하여 그 과세사업에 사용한 날이 속하는 과세기간의 매입세액으로 공제할 수 있는 것임

자가사용 주거용 오피스텔을 업무용으로 전환한 경우
오피스텔 매입하여 주거용으로 **자가 사용**함으로서 매입세액을 공제받지 아니하였으나 차후 업무용으로 임대하게 되어 일반과세사업자로 사업자등록을 하더라도 매입세액은 공제받을 수 없다.
(부가, 부가가치세과-4239 , 2008.11.17.)

오피스텔 임대수익 세금

Q 업무용 오피스텔 임대 세금

■ 부가가치세 신고 및 납부

▶ 일반과세자인 경우
오피스텔을 업무용으로 임대하는 경우 임대료에 대하여 부가가치세가 과세되며, 상반기(1.1. ~ 6.30.) 임대수입은 7월 25일까지, 하반기(7.1. ~ 12.31.) 임대수입은 다음해 1월 25일까지 임대수익에 대한 부가가치세를 신고·납부하여야 하며, 부가가치세 신고시 세금계산서 합계표 및 부동산임대공급가액명세서를 제출하여야 한다.

▶ 부가가치세 : 6개월간의 월세 및 보증금에 대한 간주임대료 × 10%
[간주임대료] 보증금 × 정기예금이자율 2.9%('23년) × 임대일수/365일

▶ 간이과세자인 경우
간이과세자의 경우에는 1년간의 전체 임대수익에 대하여 다음 해 1월 25일까지 신고 및 납부하되, 연간 임대수입이 4800만원에 미달하는 경우 부가가치세 신고는 하되, 납부는 하지 않아도 된다.

업무용 오피스텔 임대 세금계산서 발급
부동산임대사업자가 일반과세자인 경우 월세에 대하여 세금계산서를 발급하여야 하며, 세금계산서 발급시 임차인이 사업자라면 공급받는자를 임차인의 사업자등록번호로, 비사업자라면 공급받는자를 임차인의 주민번호로 하여 세금계산서를 발급하여야 한다. 단, 간이과세자인 경우에는 영수증을 발급하면 된다.

🅠 주거용 오피스텔 임대 세금

주거용 오피스텔 사업자등록 및 계산서 발급
주거용 오피스텔의 경우 주택임대사업자로 사업자등록을 하여야 하며, 월세에 대하여 영수증(형식은 무관함)을 발급하여야 한다.

임대소득에 대한 종합소득세 신고
주거용으로 임대하는 오피스텔을 포함하여 부부합산 2채 이상의 주택(2채의 주택을 보유하고, 월세임대소득이 없는 경우에는 제외)을 보유하면서 주택 임대소득이 있는 경우 종합소득세를 신고 및 납부를 하여야 한다.

▶ 주택임대소득 과세대상 판단 기준(부부합산 → 소득세는 각자 신고)
- 1주택 소유 → 기준시가 9억원(2023년 이후 12억원)을 초과하는 주택을 월세로 준 경우
- 2주택 → 주택임대와 관련한 모든 월세 수입
- 3주택 이상 → 월세 수입 및 주택의 임대보증금 합계가 3억원을 초과하는 경우 초과하는 금액의 1.2%(2023년 2.9%) 상당액
  (2023. 12. 31. 까지 1세대당 40㎡를 이하인 주택으로서 기준시가가 2억원을 이하인 주택은 주택수에 포함하지 않음)

주거용 오피스텔 장기임대 과세 특례
오피스텔을 장기임대사업자(8년 이상 임대 → 2020.8.18. 이후 임대등록 10년)로 등록하는 경우 양도시 양도소득세 감면, 종합부동산세 합산배제, 거주주택 비과세, 임대주택 소득세 감면 등의 과세특례를 적용받을 수 있으므로 장기임대주택으로 등록하여 세금을 절세할 수 있는 방안을 검토하여야 할 것이다.

SECTION 05

상가 건물 양도
부동산임대업 폐업

> 부동산을 양도하는 경우로서 주택이 아닌 상가(겸용주택의 상가분 건물, 업무용도 오피스텔 포함)를 양도하는 경우 양도소득세 외에 부가가치세를 신고 및 납부하여야 하며, 임대에 사용하던 상가 건물을 폐업하는 경우에도 부가가치세를 신고·납부하여야 한다. 다만, 포괄양도양수에 의한 방법으로 양도하는 경우에는 부가가치세 신고납부의무가 없다.

부가가치세 징수 및 납부

❓ 개요

부가가치세 과세사업에 사용하던 상가건물을 매각하는 경우 양도소득세 신고·납부와는 별도로 **일반과세사업자**는 건물분에 대하여 매수인으로부터 건물대금의 10%를 부가가치세로 징수하여 신고.납부하여야 하므로 세금계산서를 발급하여야 하며, 간이과세자는 세금계산서 발급없이 건물 매각대금의 4%를 부가가치세로 신고·납부하여야 한다.

한편, 부동산임대업에 사용하던 상가 건물을 타인에게 양도하지 아니하고, 부동산임대업을 폐업하는 경우로서 건물의 취득 또는 매입 관련 매입세액을 공제받은 후 10년이내인 경우 아래 산식에 의하여 계산한 금액을 부가가치세로 신고 및 납부하여야 하며, 이를 잔존재회에 대한 과세라 한다. (부가가치세법 시행령 제66조)

▣ 납부할 부가가치세 과세표준 및 납부세액 계산방법
- 과세표준(시가) : 매입세액을 공제받은 상가 취득가액 × (1 - 5/100 × 경과된 과세기간의 수)
- 납부할 부가가치세 : 과세표준 × 10/100

▣ 일반과세사업자가 상가 건물을 양도하는 경우

세금계산서 발급

일반과세사업자가 임대에 사용하던 부동산을 매각하는 경우 실지거래가액에 의하여 상가건물과 토지가액을 구분하여 상가건물분에 대하여 세금계산서를 발급하여야 하며, 실지거래가액이란 거래 당사자간에 실지로 거래된 건물가액으로 매매계약서, 세금계산서 등 관련 증빙자료에 의하여 객관적으로 입증될 수 있는 거래가액을 말한다.

◆ 토지 매각에 대하여는 면세 계산서를 발급하지 않아도 됨
토지 매각에 대하여는 면세 계산서를 발급할 의무는 없으므로 발급하지 않아도 된다.

감정평가액 또는 기준시가에 의한 건물, 토지가액 구분

부가가치세를 적게 내기 위하여 계약서에 부가가치세가 과세되지 않는 토지부분의 가액을 고가로 명시하고 과세되는 건물가액을 현저하게 저가로 명시하는 등의 사유로 실지거래가액 중 토지와 건물 등의 가액 구분이 불분명한 경우에는 아래 순서에 의하여 계산한 금액을 건물 및 토지가액으로 하여야 한다.
[소득세법 제100조 ②, ③]

1. 감정평가액이 있는 경우 : 감정평가가액에 비례하여 안분계산
2. 감정평가액이 없으나 기준시가가 모두 있는 경우 : 공급계약일 현재의 기준시가에 따라 계산한 가액

▶ 감정평가액이 있는 경우

감정평가금액에 의하여 토지와 건물공급가액을 구분하여 계산하여야 한다.

▶ 거래가액 또는 감정평가액이 없으나 기준시가가 있는 경우

기준시가에 의하여 구분하여 계산하여야 한다. 기준시가라 함은 토지는 개별공시지가, 건물 등은 국세청 기준시가로 한다.

♣ 기준시가 : 국세청 → 조회·계산 → 기준시가 → 건물기준시가(양도)

◆ 기준시가에 의하여 토지 및 건물을 구분하여야 하는 경우
매매계약서에 계약서에 토지 및 건물가액이 구분되어 있으나 기준시가로 토지 및 건물가액을 안분하여 계산한 금액이 매매계약서 금액보다 30% 이상 차이가 나는 경우에는 기준시가로 안분하여 계산한 금액을 토지 및 건물가액으로 하여 건물분에 대하여 세금계산서를 발급하여야 한다.

▶ 기준시가에 의한 건물분 부가가치세 계산

(1) 거래가액에 부가가치세가 포함되어 있는 경우

$$\frac{건물의}{과세표준} = 총거래가액 \times \frac{건물 기준시가}{토지 기준시가 + 건물 기준시가 \times 110/100}$$

(2) 거래가액에 부가가치세가 포함되지 않은 경우

$$\frac{건물의}{과세표준} = 총거래가액 \times \frac{건물 기준시가}{(토지 기준시가 + 건물 기준시가) \times 100/100}$$

실지 거래가액, 감정평가액, 기준시가가 없는 경우

실지 거래가액, 감정평가가액, 기준시가가 없는 경우에는 장부가액(장부가액이 없는 경우에는 취득가액)에 비례하여 안분계산한다. 장부가액이란 세무상의 장부가액을 말하며, 취득가액이란 세금계산서나 기타 취득가액을 증명할 수 있는 서류를 말한다.

◆ 부동산을 양도하면서 지출한 수수료의 매입세액 공제 여부
(부가, 부가가치세과-1174, 2013.12.26.)
부동산 임대업을 영위하던 사업자가 과세사업에 사용하던 건물과 그 부속토지를 양도하기 위하여 부동산컨설팅 및 중개수수료를 지급하면서 부담한 매입세액은 자기의 매출세액에서 공제되는 것임.

❹ 간이사업자가 상가 건물을 양도하는 경우

부가가치세 신고 및 납부

간이과세자가 부동산을 매각하는 경우에도 부가가치세가 과세되며, 다음의 계산 방식에 의한 부가가치세를 신고 및 납부하여야 한다.

■ 건물 매각금액 × 10% × 업종별 부가가치율(부동산임대업 40%)

간이과세자는 세금계산서를 발급할 수 없음

간이과세자는 세금계산서를 발급할 수 없으므로 부가가치세를 매도인으로부터 거래징수할 수 없으며, 통상 매도인이 부가가치세를 부담하게 된다. 다만, 거래 당사자간에 별도의 약정에 의하여 매수인이 부담하기로 하는 경우 건물가액에 부가가치세 상당액을 더한 금액이 양도가액이 되어 매도인은 양도소득세를 추가 부담하여야 한다.

간이과세자의 부가가치세 납부금액은 양도소득세 필요경비에 산입할 수 없음

간이과세자가 건물을 양도하면서 납부한 부가가치세는 양도소득 필요경비에 산입할 수 없다.

◆ 간이과세자가 납부한 부가가치세는 양도가액에서 차감할 수 없음
(법규과-868, 2010.6.30.)
간이과세자인 부동산임대업자가 임대용 건물을 양도하고 납부한 부가가치세는 소득세법 제96조의 양도가액에서 차감하지 아니하는 것임

간이과세자 부가가치세 납부금액 사업소득 필요경비 산입

간이과세자가 건물을 양도하면서 납부한 부가가치세는 양도소득 필요경비에는 산입할 수 없으나 사업소득 필요경비로는 산입할 수 있다.

◆ 간이과세자가 납부한 부가가치세는 사업소득 필요경비에 산입함
(소득46011-687 , 1997.03.07.)
간이과세 사업자의 부가가치세 매입세액은 매입부대비용으로 하는 것이며, 납부한 부가가치세는 필요경비에 산입함

🅐 건물 양도없이 부동산임대업을 폐업하는 경우

일반과세사업자가 폐업하는 경우 상가분 부가가치세

건물을 양도하지 아니하고 부동산임대업을 폐업하는 경우 공급받는자가 없으므로 부가가치세 납세의무는 없다. 그러나 당초 일반과세자로 부동산임대업을 개업하면서 공제받은 매입세액이 있는 경우로서 10년이 경과되지 아니한 경우 아래 과세표준에 10%를 곱한 금액을 부가가치세로 납부하여야 하며, 이를 잔존재화에 대한 과세라 한다.

단, 폐업일 전에 매매계약을 체결하고 폐업일 이후 소유권을 이전하는 경우에는 폐업시 잔존재화가 아닌 재화의 공급으로 보고 폐업일을 공급시기로 보아 세금계산서를 발급하여야 한다.

■ 과세표준 = 취득가액 × (1 - 5/100 × 경과된 과세기간의수)

▶ 잔존재화에 대하여 납부한 부가가치세의 필요경비 산입

2015.2.3 양도분부터 일반과세사업자가 매입세액을 공제받은 후 10년 내 폐업으로 인해 다시 납부하는 부가가치세 또는 간이과세자로 변경되면서 납부한 부가가치세는 양도소득 필요경비에 산입할 수 있다.

☐ 소득세법 시행령 제163조(양도자산의 필요경비)
① 법 제97조제1항제1호가목에 따른 취득에 든 실지거래가액은 다음 각 호의 금액을 합한 것으로 한다. <개정 2020. 2. 11.>
1. 제89조제1항을 준용하여 계산한 취득원가에 상당하는 가액(제89조제2항제1호에 따른 현재가치할인차금과 「부가가치세법」 제10조제1항 및 제6항에 따라 납부하였거나 납부할 부가가치세를 포함하되 부당행위계산에 의한 시가초과액을 제외한다)

간이과세자 폐업 이후 양도시 부가가치세 납부의무 없음

사업자가 사업을 폐지하는 때에 잔존하는 재화는 자기에게 공급하는 것으로 보아 과세되는 것이나, 매입세액이 공제되지 아니한 재화에 대하여는 과세하지 아니한다. 따라서 간이과세자로서 부동산 취득과 관련한 매입세액공제를 받은 내용이 없는 경우 별도로 부가가치세를 신고·납부할 의무는 없는 것이며, 폐업일 이후 공실 상태에서 당해 부동산을 양도하는 경우에는 사업자의 지위에 있지 아니하므로 양도소득세는 신고·납부하여야 하나 부가가치세는 신고납부할 의무는 없다.

폐업 부가가치세 신고·납부

폐업자는 폐업일이 속하는 해당 과세기간의 개시일부터 폐업일까지의 기간을 과세기간으로 하여 폐업일이 속하는 날의 다음달 25일까지 신고 및 납부를 하여야 한다.

◎ 건물 감가상각비를 부동산임대소득 필요경비로 계상한 경우 양도소득 취득가액에서 차감

개인사업자가 사업에 사용하던 부동산을 양도하는 경우 양도소득세를 신고납부하여야 함

개인이 사업용 또는 부동산임대업 등에 사용하던 토지, 건물 등 양도소득세 과세대상 사업용고정자산을 양도하는 경우 그 처분손익은 개인사업자의 사업소득에 포함하지 아니하고, 별도로 양도소득세를 신고 및 납부하여야 한다.

반면, 법인의 경우 토지, 건물 등 처분손익은 법인의 소득에 포함하게 되므로 양도소득세 신고 및 납부대상이 아니다.

감가상각비를 사업소득 필요경비에 산입한 경우

개인사업자의 경우 사업에 사용한 건물에 대하여 매 년 건물의 가치 감소분을 감가상각비로 계상하여 사업소득의 필요경비에 산입할 수 있다. 이 경우 감가상각비로 사업소득의 필요경비에 산입한 금액은 양도소득세 신고시 취득가액에서 차감하여야 함에도 취득가액에서 차감하지 않은 경우 관할 세무서는 사업소득의 감가상각비로 계상한 금액을 양도소득 필요경비에서 부인하여 과소납부한 양도소득세를 추징하게 되므로 각별히 주의를 하여야 한다.

부동산임대소득에 대하여 추계신고를 하거나 감면을 받은 경우 감가상각의제

추계신고를 하는 경우 감가상각자산은 감가상각을 한 것으로 의제(필요경비에 감가상각비가 포함된 것으로 봄)되나 건축물의 경우에는 의제하지 않는다. [소득령 제68조 제2항 괄호(건축물은 제외한다)] 추계신고를 하는 경우 착한임대인 세액공제(조특법 제96조의3)를 받을 수 없으나 **간편장부대상자**가 추계신고를 하는 경우 세액공제를 받을 수 있다.

단, 추계신고를 하면서 착한임대인 세액공제등 감면을 받은 경우 감가상각을 한 것으로 의제되므로 주의를 하여야 한다.

◆ 감가상각 의제된 금액은 해당 자산의 양도소득세 계산 시 취득가액에서 차감하여야 함
(양도, 사전-2021-법규재산-0856, 2022.01.27.)
「소득세법」 제97조제3항에 따른 "감가상각비로서 각 과세기간의 사업소득금액을 계산하는 경우 필요경비에 산입하였거나 산입할 금액"에는 같은 법 시행령 제68조에 따라 감가상각한 것으로 의제된 감가상각비 상당액이 포함됨

포괄양도양수 및 세무상 유의할 사항

◎ 포괄양도양수

포괄양도양수란 사업장별로 그 사업에 관한 모든 권리와 의무를 포괄적으로 승계시키는 것으로서 사업용 자산을 비롯한 물적·인적시설 및 권리 및 의무 등을 포괄적으로 양도하여 사업의 동일성을 유지하면서 경영 주체만을 교체시키는 것을 말한다.

포괄양도양수의 방법으로 부동산을 양도하는 경우 재화의 공급에 해당하지 아니하므로 매수인으로부터 부가가치세를 징수함이 없이 양도할 수 있다. 단, 재화의 공급으로 보지 아니하는 사업의 양도에 해당하는 경우 양도인은 부가가치세 폐업 확정신고시 사업양도신고서 및 사업양도양수계약서를 작성하여 제출하여야 한다.

[서식] 국세청 홈페이지 → 국세정책제도 → 통합자료실 → 세무서식
부가가치세 (검색어) 사업양도

◆ 포괄양도양수와 세금계산서 발급 면제
부동산임대업을 포괄 양도양수하는 경우 세금계산서 발급의무가 면제되나 포괄양도양수가 아닌 경우 세금계산서를 발급하여야 한다.

간이과세자가 포괄양도양수하는 경우

부동산임대업을 영위하던 간이과세자가 포괄 양도·양수의 방법으로 간이과세자인 양수인에게 모든 사업시설뿐만 아니라 그 사업에 관한 일체의 인적·물적권리와 의무를 양도하여 양도인과 동일시되는 정도로 법률상의 지위를 그대로 승계시키는 경우 사업의 양도에 해당되어 부가가치세가 과세되지 않는다.

📵 포괄양도양수시 특히 유의하여야 할 사항

포괄양도양수로 보아 세금계산서를 발급하지 않은 경우

부동산을 매각하면서 사업자가 포괄양도양수로 보아 세금계산서를 발급하지 아니하였으나 차후 세무서에서 세무조사 등의 사유로 이를 확인하는 과정에서 포괄양도양수로 보지 않는 경우 매도자가 세금계산서를 발급하여야 함에도 발급하지 않은 것으로 보아 건물 매도금액의 10%를 부가가치세로 과세하게 된다.

또한 세금계산서 미발급가산세(건물 공급가액의 2%), 신고불성실가산세, 납부불성실가산세 등을 부과하게 되며, 매수자의 경우에는 매입세액을 환급받을 수 있는 방법은 없어지게 된다. 이러한 경우 착오 등에 의하여 세금계산서를 발급하지 아니하였음에도 심각한 세금문제가 발생하게 되는 것이다.

포괄양도양수에 해당함에도 세금계산서를 발급한 경우

포괄양도양수의 경우 세금계산서 발급대상이 아니다. 그런데 매도인이 사실 판단의 오류 등으로 포괄양도양수에 해당함에도 세금계산서를 발급하고, 매입세금계산서를 수취한 매수인이 매입세액에 대하여 관할 세무서에 환급을 신청하게 되면, 관할 세무서는 해당 거래가 포괄양도양수에 해당하는 지 여부를 확인하여 포괄양도양수 거래로 판단하는 경우 환급신청한 매입세액을 전액 불공제하고, 매도인에게 세금계산서 불성실가산세를 부과하는 기막힌 일이 발생할 수 있다.

따라서 부동산 매각시 포괄양도양수에 해당하는 지 여부는 개별 사안별로 신중히 판단하여야 할 문제가 있으므로 세무사 등 조세전문가와 충분히 상의하여 세무리스크가 발생하지 않도록 하여야 한다.

> **<세금 폭탄> 포괄양도양수에 대하여 세금계산서를 발급한 경우**
>
> 건물을 구입한 매수인이 세금계산서의 매입세액에 의하여 환급신청한 내용에 대하여 매입세액을 불공제하고, 가산세를 추징함

☐ 부가, 조심2013중0358 , 2013.12.20 , 기각 , 완료
[제 목]
쟁점부동산 양수를 사업의 양수로 보아 쟁점세금계산서 관련 매입세액을 불공제한 처분은 정당함
[요 지]
특약사항에 기존 임차인의 임차보증금을 인수하는 것으로 기재되어 있고, 동일한 장소에서, 동일한 업종인 부동산임대업을 영위하고 있는 점 등을 고려할 때, 쟁점부동산의 양수는 사업의 포괄양도양수에 해당함
[주 문] 심판청구를 기각한다.

❹ 포괄양도양수에 해당하지 않는 경우

사업의 동질성이 유지되지 않는 다음 사례의 경우에는 포괄 양도양수에 해당하지 아니하므로 매도인(일반과세자인 경우)은 매수인에게 세금계산서를 발급하여야 한다.

☐ 사업양도에 해당되지 아니하는 사례
[부가가치세법 집행기준 10-23-2]
1. 사업과 직접 관련이 있는 토지와 건물을 제외하고 양도하는 경우
2. 사업자가 한 사업장 내에 둘 이상의 과세사업을 겸영하던 중 특정 과세사업만을 포괄적으로 양도하는 경우
3. 부동산매매업자 또는 건설업자가 일부 부동산 또는 일부 사업장의 부동산을 매각하는 경우

4. 종업원 전부, 기계설비 등을 제외하고 양도하는 경우
5. 부동산임대업자가 임차인에게 부동산임대업에 관한 일체의 권리와 의무를 포괄적으로 승계시키는 경우

◆ 포괄양도시 임차인이 변경되는 경우 사업 양도에 해당되지 아니하는 것임. (부가46015-3923, 2000.11.28.)
임차인들의 임차보증금 및 임대차계약내용이 달라지고 임차인이 변경되는 경우에는 부가가치세법 제6조 제6항 제2호의 사업의 양도에 해당되지 아니하는 것임.

◆ 일반과세사업자인 양도인이 간이과세자인 양수인에게 사업을 양도하는 경우에는 포괄양도양수에 해당하지 아니함
(부가, 부가46015-442 , 2002.06.19.)
양도양수인의 과세유형이 상이하여 사업의 양도에서 제외되는 경우는 일반과세자가 간이과세자에게 사업을 양도하는 경우에 한정되는 것으로 간이과세자가 일반과세자에게 사업을 양도하는 경우는 이에 해당하지 아니한다.

◆ 종업원을 승계하지 않는 경우 포괄 사업양도양수에 해당하지 아니함
(부가-1885, 2009.12.24.)
설비자산과 재고자산만을 양도하고 종업원 일부만을 승계시키는 경우에는 당해 규정에 의한 사업의 양도에 해당하지 아니하는 것임.

◆ 사업을 양수한 자가 업종을 변경한 경우
(심사부가2014-52, 2014.06.27.)
청구인은 임대업에 사용하던 쟁점부동산의 매매계약 당시 임차인을 퇴거시키기로 정하였고 퇴거 후 양수인이 숙박업으로 사업자등록한 점 등을 볼 때, 청구인은 양수인이 숙박업을 영위할 목적으로 쟁점부동산을 취

득한다는 점을 알고 있었을 것으로 보이므로 양수인이 사업을 승계받은 후 업종을 변경한 것으로 볼 수 없어 사업의 양도에 해당하지 아니함

◆ 부동산임대업에 관련된 토지를 제외하고 신축 중인 건물을 양도하는 경우 사업의 양도 해당 여부
(부가가치세과 - 356, 2009.3.19.)
부동산임대업에 관련된 토지를 제외하고 신축중인 건물과 그 건물에 관련된 모든 권리와 의무를 양수인에게 승계하는 경우에는 사업의 양도에 해당하지 않음

◆ 양도자는 부동산임대업을, 양수자는 면세사업인 병원을 각각 운영하고 있는 경우 (조심 2009서2169, 2009.7.28)

◆ 건물을 신축한 후 부동산매매업으로 사업자등록을 한 후 일시 건물을 임대하여 오다가 양도한 경우 (국심2006중3193, 2007.1.2.)

포괄양도양수와 대리납부

재화의 공급으로 보지 않는 사업양도인 경우에는 세금계산서 발급하지 않는 것이나, 해당 거래가 포괄양도양수에 해당하는 지 사실 판단하기가 어려운 경우가 있을 수 있으며, 이로 인한 세무리스크를 줄여주기 위하여 세무당국은 「부가가치세법」에서 대리납부제도를 규정하고 있으며, 매수인이 세금계산서를 발급하고 대리납부하는 경우 재화의 공급으로 인정하여 준다. [부가가치세법 제52조 제4항]

사업의 양도에 따라 그 사업을 양수받는 자는 그 대가를 지급하는 때에 그 대가를 받은 자로부터 부가가치세를 징수하여 그 대가를

지급하는 날이 속하는 달의 다음 달 10일까지 사업장 관할 세무서장에게 납부할 수 있다. (대리납부한 부가가치세는 부가가치세 신고 시 합산하지 않음)

▶ 대리납부 절차
1. 매수인 → 세금계산서 발급(공급자 : 매도인, 공급받는자 : 매수인)
2. 매수인 → 부가가치세 징수일의 다음달 10일까지 '대리납부신고서' 제출 및 부가가치세 납부
3. 매도인 → 매도인이 매수인에게 지급한 부가가치세는 매도인의 부가가치세 신고시 '사업양수자의 대리납부 기납부세액'으로 공제

대리납부를 한 경우 재화 공급의 실질이 사업의 포괄양도양수로 해당하는 경우에도 재화의 공급으로 간주하여 당초 세금계산서 발급을 인정해 주는 것이다. [부가가치세법 제10조 제9항 2호 단서 조항]

상가 임대 종합소득세

SECTION 01

부동산(주택외) 임대 종합소득세 신고·납부

> 부동산을 임대하여 소득이 발생하는 경우 해당 부동산임대소득금액을 계산하여 종합소득세를 신고·납부하여야 한다. 그리고 부동산임대소득외에 근로소득, 사업소득, 공적연금소득(국민연금, 공무원연금, 사립학교교직원연금, 군인연금), 1천2백만원을 초과하는 사적연금(퇴직연금, 금융회사연금), 2천만원을 초과하는 금융소득(이자소득 + 배당소득)등이 있는 경우 이들 소득을 합산하여 종합소득세를 신고·납부하여야 한다.

종합소득세 개요

종합소득세는 연령, 성별 등에 불문하고 한 개인(거주자)의 소득을 기준으로 신고하여야 한다. 예를 들어 사업자의 배우자가 별도의 사업을 하는 경우 사업자 및 그의 배우자가 각각 별도로 종합소득세를 계산하여 신고 및 납부를 하여야 하는 것이다. 개인의 소득세를 종합소득세라 함은 사업과 관련한 소득이외의 다른 소득, 예를 들어 다음의 소득이 있는 경우 이러한 소득을 합산하여 신고하여야 하므로 종합소득세라고 하는 것이다.

부동산임대소득에 합산하여야 하는 소득
① 부동산임대소득외의 사업소득이 있는 경우
② 금융소득의 연간 합계액이 2천만원을 초과하는 경우
③ 근로소득
④ **공적연금(국민연금, 공무원연금, 군인연금, 사립학교교직원연금)이 있는 경우**
⑤ 사적연금소득(금융기관 연금, 퇴직연금 등)이 연간 1200만원(연금계좌 세액공제를 받은 연금계좌 납입액과 연금계좌 운용실적에 따라 증가한 금액을 연금형태로 지급받은 연금소득)을 초과하는 경우
⑥ 기타소득금액(기타소득 - 필요경비)의 연간합계액이 300만원을 초과하는 경우 (기타소득이란 사업소득, 근로소득, 이자소득, 배당소득, 연금소득에 해당하지 않는 일시적인 소득을 말한다.)

> **Q&A 퇴직소득 또는 양도소득도 종합소득에 합산하여 신고를 하여야 하는가?**

퇴직소득은 퇴직소득세로 별도로 신고하며, 자산의 양도로 인하여 발생하는 양도소득은 양도소득세로 별도로 신고하는 것으로 종합소득세 신고시 합산하지 않는다.

> **Q&A 상속으로 인하여 발생한 소득 또는 증여에 의한 소득은 어떻게 신고하는가?**

상속 또는 증여에 의한 소득은 「상속세 및 증여세법」의 규정에 의하여 종합소득과는 별도의 소득으로 신고·납부하여야 한다.

소득의 구분 및 종류

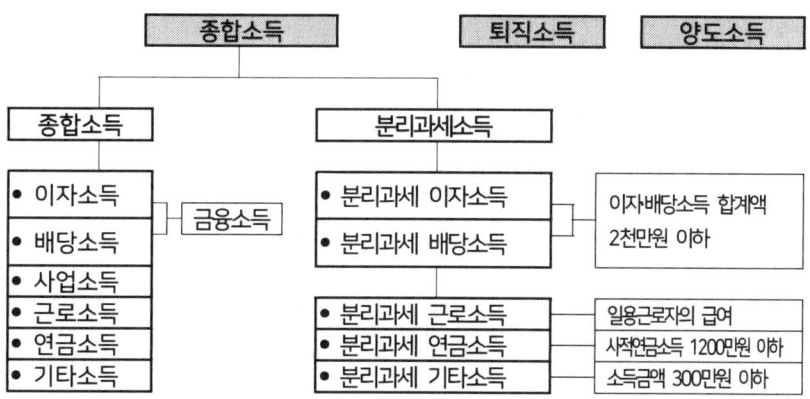

종합소득세 신고시 합산하지 않는 소득 (분리과세)

조세 정책 목적에 의하여 일부 소득은 종합소득에 합산하지 아니하고, 소득을 지급하는 자가 소득세를 원천징수하여 납부함으로서 소득을 지급받는 자의 납세의무가 종결되는 것을 분리과세라 하며, 분리과세 대상소득의 경우 종합소득에 합산하지 않는다.

분리과세 대상소득

- 이자소득과 배당소득의 합계액이 2,000만원 이하의 경우
- 사적 연금소득의 연간 합계액이 1,200만원 이하인 경우
- 일용근로소득
- 300만원 이하의 기타소득금액(기타소득 - 필요경비)

보 충 배당소득

법인기업의 경우 출자자(투자자)를 주주라 한다. 주주는 기업의 이익이 발생하였을 때 그 이익에 대한 배당을 받을 목적으로 투자를 한 자로서 투자를 한 기업에서 배당을 하면, 주주는 소득을 얻게 되며, 이 소득을 배당소득이라고 한다.

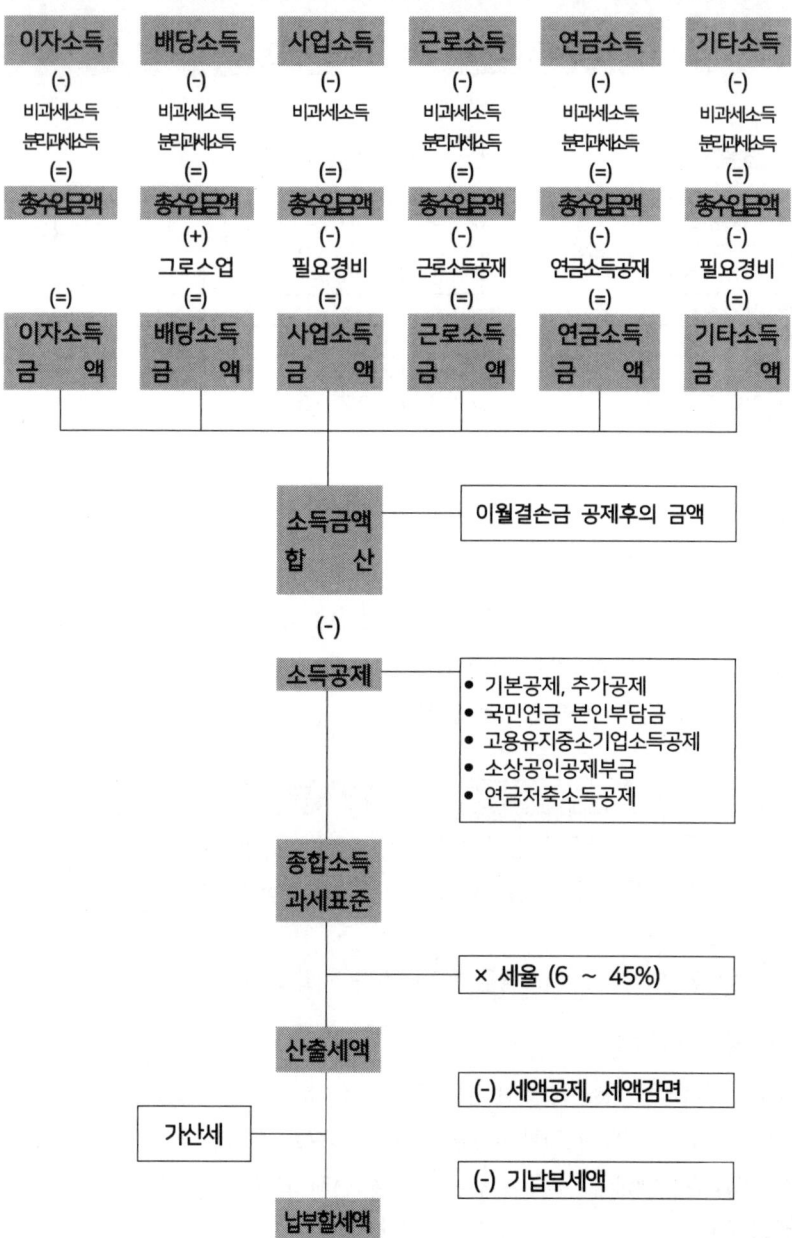

부동산임대업의 사업소득금액 및 소득공제

총수입금액

총수입금액이란 부동산임대 사업과 관련한 수익금액의 총액을 말하며, 월세의 연간 합계액 및 보증금에 대한 이자상당액[간주임대료라고 하며, 보증금에 정기예금이자율(2022년 1.2%, 2023년 2.9%)을 곱한 금액으로 계산한다.]의 합계액으로 한다.

다만, 장부에 의하여 부동산임대소득을 계산하는 경우 임대에 사용한 건물의 보증금에서 건물가액 상당액을 차감한 금액에 정기예금 이자율을 곱한 금액으로 계산한다. **(상세내용 → 간편장부 편)**

한편, 부동산임대수익 외에 종업원 채용과 관련한 정부보조금(두루누리, 일자리안정자금 등)이 있는 경우 총수입금액에 포함하여야 하며, 홈택스에서 전자적으로 부가가치세 신고를 하는 경우 공제받은 전자신고세액공제액(확정신고시 1만원)도 총수입금액에 산입하여야 한다.

필요경비

필요경비란 수익을 얻기 위해서 지급하거나 발생한 경제적 가치의 소비액을 말하며, 필요경비가 발생하면 반드시 현금 등 자산이 감소하게 되며, 자세한 내용은 간편장부의 필요경비 내용을 참고한다.
부동산임대와 관련한 소득금액은 총수입금액에서 필요경비를 차감한 금액으로 계산하며, 소득금액에 인적공제, 국민연금납부액 공제, 소상공인 공제부금불입액 등을 공제한 금액을 과세표준으로 하여 과세표준에 세율을 곱하여 세액을 산출한다.

🔲 이월결손금(소득금액에서 공제)

사업과 관련한 필요경비가 총수입금액 보다 많은 경우 손실이 발생하게 된다. 발생한 손실금액을 결손금이라고 하며, 결손금은 발생한 연도로부터 15년 이내에 소득이 발생한 사업연도의 소득금액에서 공제를 받을 수 있다.

[세법 개정] 결손금 이월공제기간 확대(소득세법 §45)
[종전] 공제기간 10년 → [개정] 공제기간 15년
<적용시기> 2020.1.1. 이후 개시한 과세기간에 발생한 결손금부터 적용

부동산임대업의 결손금 공제
사업소득 결손금은 타소득금액과 통산이 가능하나 부동산임대소득 **(부동산임대업 중 주거용 건물 임대업은 차감할 수 있음)** 결손금은 타소득금액과 통산할 수 없으므로 다른 소득에서 차감할 수 없다.

단, 부동산임대업외의 다른 소득(사업소득, 근로소득 등)에서 발생한 결손금은 부동산임대소득에서 공제를 받을 수 있다.

🔲 사업소득금액

사업소득금액은 사업소득(총수입금액 - 필요경비)에서 이월결손금을 공제한 금액으로 한다.

종합소득금액

부동산임대에서 발생한 총수입금액에서 필요경비를 차감한 금액을 사업소득금액이라고 한다. 한편, 부동산임대업자가 다음의 종합소득 합산대상소득이 있는 경우 해당 소득을 합산하여 종합소득세 신고를 하여야 하며, 합산한 소득 전체를 종합소득금액이라 한다.

사업소득금액(부동산임대업외)
사업소득금액 = 총수입금액 - 필요경비

기타소득금액
연간 기타소득금액(기타소득 - 필요경비) 300만원을 초과하는 경우 종합소득에 합산하여야 한다.

근로소득금액
근로소득금액 = 근로소득(비과세금액 제외) - 근로소득공제금액

이자소득금액 및 배당소득금액
이자 및 배당소득의 연간 합계액이 2천만원을 초과하는 경우 종합소득에 합산하여야 한다. 이자소득 및 배당소득은 지급받은 금액 전액이 이자소득금액 또는 배당소득금액이 된다.

다만, 이자 및 배당소득의 연간 합계액이 2천만원을 초과하는 경우 금융소득에서 2천만원을 차감한 잔액 중 배당소득이 있는 경우 그 금액의 11%를 가산한 금액이 배당소득금액이 되며, 이에 대한 자세한 내용은 국세청 홈페이지를 참고한다.

🔲 연금소득의 종합소득 합산 등

공적연금(국민연금, 공무원연금, 군인연금, 교직원연금등)
① 연금 수령액 중 2002년 이후 연금으로 불입한 금액에 대하여만 과세하며, 사업소득, 근로소득 등 다른 종합소득 합산과세대상소득이 있는 경우 종합소득에 합산하여 신고를 하여야 한다.

▶ 공적연금의 과세대상 환산금액
총수령액 × (2002. 1. 1. 이후 불입월수 / 총 불입월수)

② 연금소득공제 (소득세법 제47조의2) → 한도액 900만원

총연금액	연금소득 공제액
350만원 이하	총연금액
350만원 초과 700만원 이하	350만원+(350만원을 초과하는 금액의 100분의 40)
700만원 초과 1400만원 이하	490만원+(700만원을 초과하는 금액의 100분의 20)
1400만원 초과	630만원+(1400만원을 초과하는 금액의 100분의 10)

○ 연금소득금액 : 과세대상 연금소득 - 연금소득공제

▶ 공적연금소득에 대한 연금소득세 원천징수
매월 연금소득간이세액표에 의하여 원천징수(매월 연금수령액이 64만원 초과시에만 원천징수함)한 후 연간 연금소득의 합계액에 대하여 근로소득 연말정산과 같이 다음해 1월에 연말정산한 후 .
[연금지급액 - 연금소득공제액 - 인적공제 - 표준세액공제] × 기본세율
(연간 1200만원 이하 6%, 1200만원 초과 4600만원 이하 15%) -
기납부세액(매월 원천징수한 세액 합계액) = 추가 징수 또는 환급

▶ 국민연금 원천징수영수증

국민연금공단 홈페이지 → 전자민원 → 개인민원 → 로그인 → 증명서 등발급 → 연금소득원천징수영수증

♣ 국민연금 등 공적연금소득과 근로소득 또는 사업소득이 있는 경우 합산하여 종합소득세 신고를 하여야 한다.

▶ 주택임대소득과 국민연금 등 공적연금소득만 있는 경우

주택임대소득이 연간 2천만원 이하이고, 국민연금 등 공적연금소득만 있는 경우로서 주택임대소득에 대하여 분리과세로 신고하면, 국민연금과 주택임대소득을 합산하여 종합소득세 신고를 하지 않아도 된다.

사적연금(금융기관 연금 등)

사적연금(보험회사, 금융기관 연금 등)의 경우 다음의 과세대상 연금소득이 연간 1200만원(24.1.1. 이후 발생하는 소득 분부터 1500만원) 이하인 경우 종합소득에 합산하지 아니하나 연간 1200만원을 초과하면, 종합소득에 합산하여야 한다. (소득세법 제14조 ③ 9 다)

▶ 연금소득(소득세법 제20조의3) → 과세대상 연금소득금액은 연금운용기관에서 확인할 수 있음

1. 연금불입액에 대하여 근로소득, 사업소득 등에서 세액공제를 받은 연금계좌 납입액(소득세법 제59조의3제1항)
2. 연금계좌의 운용실적에 따라 증가된 금액

▣ 사적연금소득 원천징수 → 연금소득자 나이에 따른 다음 세율

나이(연금수령일 현재)	세율	지방소득세 포함
70세 미만	100분의 5	100분의 5.5
70세 이상 80세 미만	100분의 4	100분의 4.4
80세 이상	100분의 3	100분의 3.3

퇴직연금

퇴직금을 퇴직연금등에 불입함으로 인하여 과세이연된 퇴직소득세는 연금소득으로 분리과세되며, 퇴직금을 퇴직연금으로 지급받는 금액은 종합소득에 합산하지 아니한다.(소득세법 제14조 ③ 9)

◆ 이연퇴직소득

연금소득세[퇴직시점 퇴직소득세율의 70%(10년 이하), 60%(10년 초과)]로 과세되며, 연금수령한도 내에서는 무조건 분리과세

🅠 소득공제(인적공제)

소득공제란 사업과 관련한 비용은 아니지만, 세법에 의하여 일정금액을 공제를 하여 주는 것으로 인적공제와 기타소득공제로 구분한다.

기본공제

구 분	공제한도	공제요건
본 인 공 제	150만원	모든 사업자
배 우 자 공 제	150만원	연간 소득금액이 100만원 이하인 배우자
부양가족공제	150만원 (1인당)	연간 소득금액이 100만원 이하인 부양가족으로 아래의 연령조건을 충족하는 자 부모 등 직계존속 : 60세 이상 자녀 등 직계비속 : 20세 이하 형제자매 : 60세 이상, 20세 이하 단, 형제자매는 주민등록이 같이 되어 있어야 함

- 직계존속의 경우 주민등록이 달리 되어 있더라도 근로자의 다른 형제자매가 근로소득세(근로자) 또는 종합소득세(사업자) 신고시 부양가족공제를 받지 않는 경우 부양가족 공제가 가능하다.
- 부양가족공제는 중복하여 적용받을 수 없으므로, 다른 형제자매 또는 배우자 등이 부양가족으로 신고한 부모·자녀 등은 공제받을 수 없다.

Q&A 부모님의 주소지를 부양의무자인 근로자의 주소지로 이전하는 것은 좋은가?

부모님의 건강보험료는 대부분 지역가입자 하위 50%에 해당하여 건강보험료가 얼마 되지 않아 의료비 지출액이 최하위 보험료 납부자의 경우 연간 의료비가 80만원을 초과하면, 부담한 의료비 중 80만원을 초과하는 금액은 환급을 받을 수 있는 장점이 있다. 또한 암, 심장질환, 뇌혈관질환 등 중증질환에 걸린 경우 비급여부분도 재난적 의료비 지원대상에도 해당될 수 있기 때문에 정부의 의료비 지원혜택을 받기 위해서는 부모님을 부양의무자의 주소로 이전을 하지 않는 것이 좋을 것이다. 참고로 부모님 주소지를 근로자의 주소지로 이전하지 않아도 연말정산시 부양가족으로 공제를 받을 수 있다.

추가공제 (2023년 귀속 종합소득세 신고 기준)

구 분	공제한도	공제요건
경로우대	100만원	공제대상 부양가족 중 만70세 이상인 자
장애인공제	200만원	기본공제대상자인 경우 연령에 제한 없이 추가공제를 받을 수 있다. 단, 소득금액이 100만원을 초과하는 경우에는 공제대상에서 제외한다.
한부모공제	100만원	배우자가 없는 사람으로서 기본공제대상자인 직계비속 또는 입양자가 있는 경우
부녀자공제	50만원	• 종합소득금액 3천만원 이하의 남편이 있는 여성(남편의 소득이 있는 경우에도 공제됨) • 종합소득금액 3천만원 이하의 배우자가 없는 여성으로서 부양가족이 있는 세대주

인적공제대상자의 소득금액과 공제대상 여부

기본공제대상자의 소득종류별 소득금액을 합산한 금액이 100만원 이하인 경우 배우자공제, 부양가족공제, 추가공제를 받을 수 있다.

▶ 소득종류별 소득금액 및 배우자공제, 부양가족공제대상 기준금액

소 득 종 류	100만원 이하 소득금액 계산
근로소득자	연간근로소득의 합계금액이 5백만원 이하인 경우
일용직근로자	공제대상 부양가족이 일용근로자인 경우 소득액에 관계없이 기본공제대상자에 해당된다.
사업자 및 사업소득자(인적용역사업자 등)	부양가족이 사업자인 경우 사업수입금액에 매 년 국세청에서 고시하는 업종별 단순경비율을 곱하여 계산한 소득금액이 100만원 이하인 경우 부양가족공제를 받을 수 있다.
기타소득자	기타소득에 해당하는 강의료, 원고료, 인세 등을 받는 기타소득자인 경우 수입금액에서 60%의 필요경비를 차감한 금액으로 연간 기타소득금액(기타소득 - 필요경비)이 100만원 이하인 자 단, 기타소득의 60%를 필요경비로 인정받을 수 있는 기타소득이 아닌 경우 실제 발생한 필요경비를 공제한 후의 금액을 기준으로 한다.
퇴직소득자	퇴직금총액을 소득금액으로 본다. 따라서 퇴직금총액이 100만원을 초과하는 경우 부양가족공제대상이 아니다.
이자, 배당소득자	이자 및 배당소득 합계액이 연간 2천만원 이하인 경우로서 다른 소득이 없는 경우 기본공제대상자에 해당한다.
연금소득자	1. 공적연금 중 2002.1.1. 이후 불입액을 기초로 수령하는 과세대상 공적연금이 연 516만원 이하인 경우 - 2001.12.31. 이전 불입액 : 비과세 - 연금소득금액 : 연금소득 - 연금소득공제 2. 사적연금소득이 연1,200만원 이하인 경우
양도소득자	양도소득금액(양도가액 - 필요경비 - 장기보유특별공제액)이 100만원을 초과하는 경우 부양가족공제대상이 아니다.

◎ 국민연금 납부액 소득공제

본인이 납부한 국민연금보험료는 전액 소득공제를 받을 수 있다.

▶ 소기업·소상공인공제부금 소득공제(조특법 제86조의3)
2019.1.1. 이후 소기업·소상공인 공제에 가입하는 경우부터 부동산임대소득에 대하여는 소득공제를 받을 수 없음

◎ 종합소득세 과세표준 및 세율과 산출세액

종합소득금액에서 소득공제를 공제한 금액을 과세표준이라 하며, 과세표준에 세율을 곱한 금액을 산출세액으로 한다.

➡ 2022년 귀속분 소득세 기본세율 (소득세법 §55①)

과세표준 구간	세율	누진공제액
1,200만원 이하	6%	
1,200만원 초과 4,600만원 이하	15%	108만원
4,600만원 초과 8,800만원 이하	24%	522만원
8,800만원 초과 1억5천만원 이하	35%	1,490만원
1억5천만원 초과 3억원 이하	38%	1,940만원
3억원 초과 5억원 이하	40%	2,540만원
5억원 초과 10억원 이하	42%	3,540만원
10억원 초과	45%	6,540만원

➡ 2023년 귀속분 소득세 기본세율 (소득세법 §55①)

과세표준 구간	세율	누진공제액
1,400만원 이하	6%	
1,400만원 5,000만원 이하	15%	126만원
5,000만원 8,800만원 이하	24%	576만원
8,800만원 1.5억원 이하	35%	1,544만원
1.5억원 3억원 이하	38%	1,994만원
3억원 5억원 이하	40%	2,594만원
5억원 10억원 이하	42%	3,594만원
10억원 초과	45%	6,594만원

세액공제 및 감면

◎ 자녀세액공제(기본공제대상자)

기본공제대상자에 해당하는 8세 이상 자녀에 대해서는 다음 각 호의 구분에 따른 금액을 종합소득산출세액에서 공제한다.
- 1명인 경우: 연 15만원
- 2명인 경우: 연 30만원
- 3명 이상 : 연 30만원 + 2명을 초과하는 1명당 연 30만원

[개정 세법] 자녀세액공제 대상 연령조정(소득법 §59의2①)
(종전) 만 7세 이상 → (개정) 만 8세 이상
<적용시기> '23.1.1. 이후 발생하는 소득 분부터 적용

[개정 세법] 자녀세액공제 확대(소득세법 § 59의2)

종 전	개 정
□ 자녀세액공제	□ 적용대상 및 공제세액 확대
○ 적용대상 : 기본공제대상자에 해당하는 자녀	○ 적용대상 : 기본공제대상자에 해당하는 자녀 및 손자녀
○ 공제세액(연간) - 1명 : 15만원 - 2명 : 30만원 - 3명 : 30만원 + 2명 초과 1명당 30만원	○ 공제세액(연간) - 1명 : 15만원 - 2명 : 35만원 - 3명 : 35만원 + 2명 초과 1명당 30만원

< 시행시기 > (적용대상) '24.1.1. 이후 신고하거나 연말정산하는 분부터
(공제액) '24.1.1. 이후 개시하는 과세기간분부터 적용
부칙 <제19196호, 2022. 12. 31.>
제1조(시행일) 이 법은 2023년 1월 1일부터 시행한다.
제16조(자녀세액공제에 관한 경과조치) 이 법 시행 전에 개시한 과세기간의 종합소득산출세액에 대한 자녀세액공제의 연령기준에 관하여는 제59조의2제1항의 개정규정에도 불구하고 종전의 규정에 따른다.

연금계좌세액공제 [소득세법 제59조의3]

세제적격 연금저축

세제적격 연금저축이란 사업자 또는 근로자의 소득에서 소득공제를 받을 수 있는 연금저축을 말하며, 소득이 있는 거주자가 연금계좌(소득공제를 받을 수 있는 연금저축)에 납입한 연금저축으로 5년 이상 불입하고, 만55세 이후에 연금형태로 지급받을 수 있는 연금저축을 말한다. 단, 세제적격 연금저축은 소득공제를 받을 수 있는 반면, 연금 수령시 보험차익을 연금소득세로 징수하고 있다.

종합소득이 있는 자가 연금계좌에 납입한 금액이 있는 경우 **해당 금액의 100분의 15** [종합소득금액이 4500만원을 초과하는 자 : 100분의 12]를 곱한 금액을 산출세액에서 공제를 받을 수 있다.

세제비적격 연금저축

세제비적격 연금보험이란 소득공제 요건을 충족하지 못하는 연금저축으로 보험차익에 대하여는 이자소득세(보험차익의 14%) 및 이자소득세(이자소득세의 14%)가 과세되나 연금을 수령하는 시점에서는 연금소득세가 과세되지 않는다.

[개정 세법] 연금계좌 공제금액
- 2000년 이전 불입한 연금저축 : 불입액의 40%, 한도액 72만원
- 2001년 이후 불입한 연금저축 → 세액공제

▶ 세액공제대상 퇴직연금 납입한도 확대

연금계좌 중 연금저축계좌에 납입한 금액이 연 600만원을 초과하는 경우에는 그 초과하는 금액은 없는 것으로 하고, 연금저축계좌에 납입한 금액 중 600만원 이내의 금액과 퇴직연금계좌에 납입한 금액을 합한 금액이 연 900만원을 초과하는 경우에는 그 초과하는 금액은 없는 것으로 한다.

[개정 세법] 연금계좌 세제혜택 확대 (소득법 §59의3, §64의4 신설, 소득령 §40의2)

종 전				개 정		
□ 연금계좌 세액공제 대상 납입한도 ○ 연금저축 + 퇴직연금				□ 세액공제 대상 납입한도 확대 및 종합소득금액 기준 합리화 ○ 연금저축 + 퇴직연금		
총급여액 (종합소득금액)	세액공제 대상 납입한도 (연금저축 납입한도)		세액 공제율	총급여액 (종합소득금액)	세액공제 대상 납입한도(연금저축 납입한도)	세액 공제율
	50세미만	50세이상				
5,500만원 이하 (4,000만원)	700만원 (400만원)	900만원* (600만원*)	15%	5,500만원 이하 (4,500만원)	900만원 (600만원)	15%
1.2억원 이하 (1억원)						
1.2억원 초과 (1억원)	700만원 (300만원)		12%	5,500만원 초과 (4,500만원)		12%
* '22.12.31.까지 적용						

□ 연금계좌 납입한도 　○ 연금저축 + 퇴직연금 　: 연간 1,800만원 　○ 추가납입 가능 　　- ISA계좌* 만기 시 전환금액 　　　* 개인종합자산관리계좌 <추 가>	□ 연금계좌 추가납입 확대 　○ (좌 동) 　○ 추가납입 항목 신설 　　- (좌 동) 　　- 1주택 고령가구*가 가격이 더 낮은 주택으로 이사한 경우 그 차액(1억원 한도) 　　* 부부 중 1인 60세 이상
□ 연금계좌에서 연금수령 시 과세방법 　○ 1,200만원 이하 : 저율·분리과세* 또는 종합과세 　　* (55세~69세) 5% 　　　(70~79세) 4% 　　　(80세~) 3% 　　　(종신수령) 4% 　○ 1,200만원 초과 : 종합과세	□ 연금소득 1,200만원 초과 시에도 분리과세 선택 가능 　○ (좌 동) 　○ 종합과세 또는 15% 분리과세

<적용시기> (공제 대상 납입한도) '23.1.1. 이후 납입하는 분부터 적용
(추가납입) '23.1.1. 이후 주택을 양도하는 분부터 적용
(연금수령 시 분리과세 선택) '23.1.1. 이후 연금수령하는 분부터 적용

■ 상가임대료를 인하한 임대사업자에 대한 세액공제

상가임대료 인하 임대사업자 세액공제
부동산임대사업을 하는 자가 상가건물에 대한 임대료를 임차인(소상공인 한정)으로부터 2024년 12월 31일까지 인하하여 지급받는 경우 임대료 **인하액의 100분의 70** [해당 과세연도의 기준소득금액이 1억원을 초과하는 경우 임대료 **인하액의**100분의 50]에 해당하는 금액을 소득세에서 공제한다. (조세특례제한법 제96조의3)

▶ 기준소득금액
종합소득금액 + 임대료 인하액을 더한 금액

▣ 소상공인(다음 각 호의 어느 하나에 해당하는 자)
1. 다음 각 목의 요건을 모두 갖춘 자
 가. 「소상공인기본법」 제2조에 따른 소상공인
 나. 임대상가건물을 2021년 6월 30일 이전부터 계속하여 임차하여 영업용 목적으로 사용하고 있는 자
 다. 다음 업종을 영위하지 않는 자 [조특령 별표 14]
  제조업, 정보통신업, 금융 및 보험업, 부동산업, 공공행정, 국방 및 사회보장 행정, 교육 서비스업, 예술, 스포츠 및 여가관련 서비스업, 협회 및 단체, 수리 및 기타 개인 서비스업, 가구 내 고용활동 및 달리 분류되지 않은 자가소비 생산활동, 극제 및 외국기관
 라. 상가임대인과 특수관계인이 아닌 자
 마. 사업자등록을 한 자
2. 임대상가건물 임대차계약이 종료되기 전에 폐업한 자로서 다음 각 목의 요건을 모두 갖춘 자
 가. 폐업하기 전에 제1호에 해당했을 것
 나. 2021년 1월 1일 이후에 임대차계약 기간이 남아 있을 것

[개정 세법] 착한 임대인 세액공제 적용기한 연장(조특법 §96의3)

종 전	개 정
□ 상가임대료 인하 임대사업자의 임대료 인하액 세액공제 ○ (공제액) 임대료 인하액의 70% 　(종합소득금액 1억원 초과시 50%) ○ (임대인)「상가임대차법」상 부동산임대업 사업자등록을 한 임대사업자 ○ (임차인*)「소상공인기본법」상 소상공인, 임대차 계약기간이 남은 폐업 소상공인 　* 단, '21.6월 이전부터 계속 임차한 경우에 한함 ○ (적용기한) '23.12.31.	□ 적용기한 연장 ○ (좌 동) ○ '24.12.31.

▶ 임대료 인하액

제1호 금액에서 제2호 금액을 뺀 금액, 이 경우 보증금을 임대료로 환산한 금액은 제외한다.

1. 임대료를 인하하기 직전의 임대상가건물 임대차계약에 따른 임대료를 기준으로 계산한 해당 과세연도의 임대료. 다만, 공제기간 중 임대상가건물의 임대차계약을 동일한 임차소상공인과 갱신하거나 재계약하고 갱신등의 임대차계약에 따른 임대료가 인하된 경우 갱신등에 따른 임대차계약이 적용되는 날부터 2024년 12월 31일까지는 갱신등에 따른 임대료를 기준으로 계산한 임대료를 말한다.
2. 임대상가건물의 임대료로 지급했거나 지급하기로 하여 해당 과세연도에 상가임대인의 수입금액으로 발생한 임대료

공제기간 중 임대료를 인상한 임대사업자 세액 추징

해당 과세연도 중 또는 과세연도 종료일부터 6개월이 되는 날까지 보증금·임대료를 인하 직전보다 인상(재계약, 갱신 등 5% 초과)한 경우 공제 적용 제외 또는 이미 공제받은 세액에 대하여 추징 대상임

▶ 임대료 인하 후 재계약 시 5% 초과하여 인상한 예
'22.7.1. 월100만원의 임대차 계약(임대차기간: '22.7.1.~'24.6.30.)을 체결하였고 인하 합의 약정을 통해 '24.2.1.~'24.6.30.까지의 임대료를 50만원으로 인하한 후, '24.7.1. 임대차기간 만료에 따라 재계약 시, 임대료를 인하 직전인 100만원 보다 5%(105만원) 초과하여 인상하는 경우

농어촌특별세 적용

상가임대료를 인하한 임대사업자에 대한 세액공제 감면을 받은 경우 감면세액의 20%를 농어촌특별세로 납부하여야 한다.

최저한세 적용 배제 및 이월공제

처저한세 적용대상이 아니나 결손 등으로 공제받지 못한 금액은 10년간 이월공제(부동산임대 포함에 대한 소득세에서만) 허용

추계신고와 의제상각

추계신고를 하는 경우 착한임대인 세액공제(조특법 제96조의3)를 받을 수 없으나 간편장부대상자가 추계신고를 하는 경우 세액공제를 받을 수 있다. 단, **추계신고를 하면서 착한임대인 세액공제등 감면을 받은 경우 감가상각을 한 것으로 의제되므로 주의를 하여야 한다.**

세액공제 신청서 제출

과세표준신고서와 함께 세액공제신청서(별지 제60호의25서식)에 아래의 서류를 첨부하여 신청하여야 한다.

1. 인하 직전 계약서(인하 후 임대차기간 만료 등의 사유로 임대차 계약을 재계약하는 경우에는 그 임대차 재계약서 포함)
2. 인하 합의 사실 증명서류(예 : 확약서, 약정서) 법정 양식은 없음
3. 세금계산서, 금융증빙 등 임대료 지급 확인 서류
4. 임차인 착한임대인 세액공제용 확인서(구 소상공인확인서)
(소상공인시장진흥공단에서 발급)

⑨ 기타 세액공제

표준세액공제

근로소득이 없는 거주자로서 종합소득이 있는 경우 **연 7만원**을 종합소득산출세액에서 공제를 받을 수 있다.

전자신고세액공제 ('홈택스'전자신고)

종합소득세 신고를 '홈택스'에서 전자신고하는 경우 2만원을 세액공제받을 수 있으며, 종합소득세 전자신고세액공제액은 총수입금액에 포함하지 않는다.

종합소득세 신고유형 및 신고·납부

▣ 종합소득세 신고 유형

장부기장에 의한 소득금액 계산 및 종합소득세 신고
부동산임대소득이 있는 자는 과세기간 동안 (1. 1 ~ 12. 31) 사업으로 벌어들인 소득(사업소득금액)에 대하여 종합소득세 신고를 하여야 한다. 따라서 부동산임대소득금액(수입금액 - 필요경비)을 계산하기 위하여 장부기장을 하여야 한다.

복식부기 및 복식부기 기장의무사업자
복식부기란 거래가 발생한 경우 일정한 원칙에 의한 분개방식으로 장부를 기록·정리하는 것을 말하며, 복식부기 기장은 기업회계에 대한 전문지식이 있어야 기장을 할 수 있다.

부동산임대업의 경우 직전연도 수입금액이 7천5백만원 이상인 사업자 또는 다른 사업소득이 있어 부동산임대업을 포함한 수입금액이 복식부기기장의무사업자에 해당하는 경우 세무사사무소에 장부기장 및 세무신고를 의뢰하여야 한다.

간편장부대상자
간편장부대상자란 당해 연도에 신규로 사업을 개시한 자(연 환산하여 계산하지 않음)와 직전년도 수입금액의 합계액이 다음의 업종별 기준금액에 미달하는 사업자를 말하며, 부동산임대업만이 있는 경우 직전년도 부동산임대 수입금액이 **7,500만원 미만**인 경우 간편장부대상자에 해당한다.

▶ 간편장부대상자 [아래 업종별 기준금액 미만인 자]

업 종 별	기준금액
1. 농업·임업 및 어업, 광업, 도매 및 소매업, 부동산매매업 그 밖에 제2호 및 제3호에 해당하지 아니하는 사업	3억원
2. 제조업, 숙박 및 음식점업, 전기·가스·증기 및 공기조절 공급업, 수도·하수·폐기물처리·원료재생업, 건설업(비주거용 건물 건설업은 제외한다), 부동산 개발 및 공급업(주거용 건물 개발 및 공급업에 한정한다), 운수업 및 창고업, 정보통신업, 금융 및 보험업, 상품중개업	1억5천만원
3. **부동산 임대업**, 전문·과학 및 기술 서비스업, 사업시설관리 및 사업지원서비스업, 교육 서비스업, 보건업 및 사회복지 서비스업, 예술·스포츠 및 여가 관련 서비스업, 수리 및 기타 개인 서비스업, 가구내 고용활동	7천500만원

신고유형은 전년도 수입금액을 기준으로 판단한다.

2023년도분 종합소득세 신고유형(복식부기대상자, 간편장부대상자) 및 추계신고시 기준경비율 또는 단순경비율 적용 여부는 2022년도 수입금액을 기준으로 한다. 예를 들어 부동산임대업으로 2022년 수입금액이 7500만원 미만인 경우 2023년도 종합소득세는 간편장부에 의하여 종합소득세 신고를 할 수 있으며, 기준수입금액은 **사업자별 수입금액의 합계액**을 기준으로 판단하되, 사업장이 2개 이상인 경우 같은 업종의 수입금액은 합산하고, 업종이 다른 사업장을 영위하는 경우 주업종을 기준으로 환산하며, 직전연도 단독 신규 사업자는 직전연도 수입금액만을 기준으로 판단한다.

추계에 의한 소득금액 계산 및 종합소득세 신고

추계란 장부기장에 의하지 아니하고 사업자의 수입금액에 국세청이 정한 업종별 경비율을 차감한 금액을 소득금액으로 하여 신고하는 방법을 말한다.

♣ 부동산임대업 추계신고 편 참고

◐ 성실신고확인제도 및 성실신고확인대상사업자

성실신고확인제도

해당 과세기간의 수입금액이 일정규모 이상인 사업자에 대해서 세무사 등에게 장부 기장내용의 정확성 여부를 확인받아 종합소득세 과세표준 확정신고의 특례를 받을 수 있는 제도를 말하며,

이 제도는 개인사업자의 성실신고를 장려하여 과세표준을 양성화하고, 세무조사에 따른 행정력의 낭비를 방지하려는데 그 취지가 있으며, 성실신고확인대상자의 선정기준 및 과세표준확정신고의 특례에 관한 내용은 다음과 같다.

성실신고확인대상자

해당 과세기간의 수입금액의 합계액이 다음에 정하는 금액 이상인 사업자를 말한다.

▶ 성실신고확인대상자에 해당하는 업종별 기준금액(2022년 귀속분)

업 종 별	기준금액
1. 농업·임업 및 어업, 광업, 도매 및 소매업, **부동산매매업** 그 밖에 제2호 및 제3호에 해당하지 아니하는 사업	15억원
2. 제조업, 숙박 및 음식점업, 전기·가스·증기 및 수도사업, 하수·폐기물처리·원료재생 및 환경복원업, 건설업(비주거용 건물 건설업은 제외하고, 주거용 건물 개발 및 공급업을 포함한다), 운수업, 출판·영상·방송통신 및 정보서비스업, 금융 및 보험업	7.5억원
3. **부동산 임대업**, 전문·과학 및 기술 서비스업, 사업시설관리 및 사업지원서비스업, 교육 서비스업, 보건업 및 사회복지 서비스업, 예술·스포츠 및 여가관련 서비스업, 수리 및 기타 개인 서비스업, 가구내 고용활동	5억원

◆ 겸업 또는 2개 이상 사업장이 있는 경우 주업종을 기준으로 환산

주업종(수입금액이 가장 큰 업종)의 수입금액 + 주업종외의 업종의 수입금액 × (주업종에 대한 기준금액 / 주업종외의 업종에 대한 기준금액)

◆ 다수의 사업을 영위하는 사업자가 일부 사업소득에 대해 추계하는 경우 성실신고세액공제를 받을 수 없음
[소득, 서면-2015-법령해석소득-1266, 2016.04.01.]
다수의 사업장을 운영하는 성실신고확인대상 사업자가 일부사업장에 대해 추계로 신고한 경우 「조세특례제한법」 제126조의6 성실신고세액공제를 적용받을 수 없는 것임
[회 신]
귀 서면질의의 경우, 다수의 사업장을 운영하는 「소득세법」제70조의2의 성실신고확인대상 사업자가 일부 사업장에 대해 추계로 종합소득세를 신고하고, 그 외 사업장의 사업소득에 대한 성실신고확인서를 제출한 경우 「조세특례제한법」제126조의6의 성실신고세액공제를 적용받을 수 없는 것임

1. 사실관계
○다수의 사업장을 경영하는 사업자가 성실신고확인대상자로 선정되었고 그 다수의 사업장 중 일부 사업장에 대한 소득에 대해서 추계신고함
2. 질의내용
○성실신고확인대상 사업자의 사업장이 다수인 경우 그 중 일부 사업장에 대해서 추계로 신고한 때 성실신고확인서를 제출한 사업장에 대해 지불한 확인비용은 성실신고 세액공제가 가능한 것인지 여부

🔳 종합소득세 신고 및 납부

종합소득세 신고 및 납부 기한

종합소득세를 신고하여야 하는 자는 해당 과세기간의 다음해 5월 31일까지 **주소지 관할 세무서**에 종합소득세 신고를 하여야 하며, 신고기한 이내에 종합소득세를 납부하여야 한다. 단, 성실신고확인대상자의 경우 다음해 6월 말일까지로 한다.

그리고 종합소득세의 10%에 해당하는 금액인 지방소득세를 주소지 관할 지방자치단체(시.군.구)에 신고 및 납부하여야 한다.

참고로 부가가치세 및 근로소득, 이자소득, 퇴직소득 등 원천징수대상 소득은 사업장 소재지 관할 세무서에 신고 및 납부하여야 한다.

종합소득세 신고는 하였으나 납부하지 못한 경우

종합소득세 신고는 하였으나 납부를 하지 못한 경우 관할 세무서에서 고지를 하게 되며, 고지시 종합소득세 미납부에 대한 가산세를 포함하여 고지(본세)를 한다. 종합소득세 미납부가산세는 연리 9.125% 이며, 미납부 가산세는 아래 사례와 같이 적용된다. 다만, 고지서의 납부기한일 다음날 이후 납부하는 경우 고지금액의 3%를 가산금으로 추가 납부하여야 하므로 고지서의 납부기한은 넘기지 않도록 유의를 하여야 한다.

[개정 세법] 납부지연가산세 이자율 인하 [국세기본법 시행령 제27조의4]
2019년 2월 11일 이전의 미납기간 : 1일 0.03%
2019년 2월 12일 이후의 미납기간 : 1일 0.025%
2022년 2월 15일 이후의 미납기간 : 1일 0.022%

SECTION 02

부동산임대업의 간편장부에 의한 종합소득세 신고

간편장부란 신규사업자 및 전년도 총수입금액이 7,500만원 이하인 소규모사업자의 종합소득세 신고편의를 위하여 국세청이 만든 장부로서 현금출납장과 유사한 방법으로 수익 및 비용을 기재할 수 있는 장부다. 간편장부대상자는 간편장부에 수익 및 비용 지출에 대한 거래를 기재한 후 해당 과세기간의 전체 수익(총수입금액) 및 비용(필요경비)을 계산하여 종합소득세 신고서를 작성하면 된다.

간편장부에 의한 소득금액 계산

간편장부 작성

간편장부대상자에 해당하는 사업자의 경우 사업자 본인이 직접 간편장부기장을 하여 종합소득세 신고·납부를 할 수 있다. 따라서 간편장부대상 사업자는 본서 및 경영정보사 홈페이지를 참고하여 부가가치세 및 종합소득세 신고를 할 수 있다.

간편장부 작성방법

간편장부는 1년간의 총수입금액(매출등) 및 필요경비를 계산하여 사업자의 소득금액만을 계산하기 위한 장부이다.

간편장부는 거래발생 일자를 기준으로 일자순으로 거래를 기록하여야 한다. 단, 거래일자순으로 기록하는 경우 1년 동안의 매출금액 및 필요경비를 구분하여 다시 집계하여야 하므로 항목별로 구분하여 기재하는 것이 매우 편리하다.

또한 예시와 같이 계정과목별로 구분 기재하는 경우 부가가치세 신고서 작성시 유용하게 활용할 수 있으며, 영수증 일자와 대금결제일이 다른 경우 결제일을 기준으로 간편장부를 작성하여도 무방하다.

▶ 간편장부는 다음과 같이 구분하여 적성한다.
1. 세금계산서 발급분(월세)은 공급가액과 세액을 구분 기재한다.
2. 세금계산서 수취분은 공급가액과 세액을 구분 기재한다.
3. 신용카드결제분 또는 현금영수증 수취분 중 매입세액을 공제받을 수 있는 것은 공급가액과 세액을 구분 기재한다.
4. 간이영수증, 지로영수증 등 기타 영수증 수취분은 금액란에만 기재한다.

■ 국세청 간편장부 작성
국세청 홈페이지 → 국세신고안내 → 종합소득세 → 장부기장의무 안내 간편장부 안내 → [간편장부자동작성프로그램]

🅠 총수입금액(부동산임대업)

부동산임대업의 총수입금액은 부동산을 임대하고, 그 대가로 받는 금액(월세 등)의 연간합계액 및 간주임대료 수익의 합계액으로 하며 장부지원금(두루누리, 일자리안정자금 등)이 있는 경우 총수입금액에 포함하여야 한다.

선세금의 총수입금액

부동산임대소득의 총수입금액은 부동산 등의 임대로 인한 수입금액으로서 임대료 등을 선금으로 받은 경우에는 그 선세금을 계약기간의 월수로 나누어 당해 연도의 수입금액을 계산한다.

공공요금 등의 수입금액 제외

임대사업자가 부가가치세가 과세되는 부동산임대료와 당해 부동산을 관리해주는 대가로 지급받는 관리비등을 별도로 구분하지 않고 임차료 및 관리비를 임차인에게 받는 경우에는 전체 금액에 대하여 수입금액에 포함하는 것이나

임차인이 부담해야 하는 수도요금, 전기요금 등 공공요금을 별도로 구분·징수하여 임차인에게 부과하는 경우 당해 금액은 부동산임대 관리에 따른 대가에 포함하지 않는다.

임대보증금에 대한 간주임대료의 총수입금액 산입

임대보증금에 대하여는 다음과 같은 방법으로 간주임대료를 계상하여「임대보증금등의 총수입금액조정명세서」를 작성하여 제출하여야 하며,「간편장부소득금액계산서」의 '⑬수입금액에 가산할 금액'란에 기재하여 총수입금액에 합산하여야 한다.

간주임대료 수익

전세보증금을 받은 경우 일정한 기준을 정하여 임대사업자의 수입금액으로 계산하여야 월세를 받는 경우와 형평에 맞을 것이다. 따라서 과세당국은 보증금에 정기예금이자율을 곱한 금액을 임대사업자의 수익으로 계산하도록 규정하고 있으며, 이를 간주임대료라고 한다.

<참고> 부가가치세 신고시 간주임대료 수입금액에 포함함
간주임대료는 부가가치세 신고서의 ⑤과세표준명세에서 수입금액에 포함하고, 종합소득세 신고시 조정한다.

▶ 장부에 의하여 계산하는 경우 간주임대료 (소령 제53조 ③)

간주임대료 = (임대보증금등의 적수 - 취득당시 임대용건물의 매입.건설비 상당액의 적수) × 1/365 × 정기예금이자율 - 임대보증금 등으로 취득한 금융자산에서 발생한 수입이자와 배당금

○ '22년 이자율 : 1.2%, '23년 2.9% (소득세법 시행규칙 제23조)

◆ 1990.12.31 이전에 취득·건설한 임대용건물의 매입·건설비
다음 중 가장 큰 금액으로 한다.
1. 취득가액
2. 1990.12.31 현재의 임대보증금
3. 1990.12.31 현재의 건물기준시가

◆ 건설비 상당액 계산
[임대용부동산의 매입·건설비 × 임대면적/건축물의 연면적]으로 계산하며, 이 경우 당해 건축물의 가액은 취득가액 및 개량 또는 수리비용 중 건물의 가치가 증가한 비용(자본적 지출액)을 포함한다.

◆ 건설비 상당액 계산시의 임대면적
건설비 상당액은 임대보증금을 받고 임대한 면적에 대한 건설비상당액만(토지가액 제외)을 공제한다.

◆ 건물의 일부만을 임대한 경우 건설비상당액 등
건물의 일부만을 임대한 경우 취득당시의 임대용건물의 매입·건설비 상당액 또는 취득 당시의 임대용건물의 기준시가에 임대보증금을 받고 임대한 면적이 건물의 연면적에서 차지하는 비율을 곱한 금액을 건설비상당액 등으로 한다.

◆ 적수 계산
적수란 임대보증금 금액에 경과일수를 곱하여 계산하는 것을 말한다. 임대보증금등의 적수는 매일의 해당 금액에 의하여 계산하는 방법과 매월 말일 현재의 임대보증금등의 금액에 경과일수를 곱하여 계산하는 방법 중 선택할 수 있다. 단, 임대보증금 등의 금액이 1월 1일부터 12월 31일까지 변동이 없는 경우에는 적수를 계산하지 않고도 간주임대료를 계산할 수 있다.

▶ 추계신고를 하는 경우 수입금액에 산입하는 간주임대료 (소령 제53조 ④)

수입금액에 산입할 금액 = 해당 과세기간의 보증금 등의 적수 × 1/365(윤년의 경우에는 366) × 정기예금이자율

간주임대료 수입금액 조정

간주임대료는 결산상 장부에 계상하지 아니하고 세무조정에 의하여 총수입금액에 산입하여야 하며, '부동산임대보증금 등의 총수입금액 조정명세서'를 작성 한 후 기장 유형에 따라 다음의 서류를 종합소득세 신고시 제출하여야 한다.

▶ 복식부기기장의무자
1. 총수입금액조정명세서
2. 조정후 총수입금액명세서
3. 조정계산서

◆ 부동산임대업의 복식부기의무자 및 간편장부대상자
○ 복식부기 : 직전연도 모든 사업장 수입금액이 7,500만원 이상인 사업자
○ 간편장부 : 직전연도 모든 사업장 수입금액이 7,500만원 미만인 사업자

▶ 간편장부대상자
「간편장부소득금액계산서」의 '⑬수입금액에 가산할 금액'란에 기재

기타 총수입금액에 산입하여야 하는 금액
1. 부가가치세 전자신고세액공제액 단, 종합소득세를 홈택스에서 전자신고하는 경우에도 전자신고세액공제(2만원)를 받을 수 있으나 총수입금액에 산입하지 않는다.
2. 두루누리 지원금

■ 두루누리 지원금
(지원대상) 근로자 수가 10명 미만인 사업에 고용된 근로자 중 월평균 보수가 260만원 미만인 신규가입 근로자와 그 사업주
(지원수준) 신규가입 근로자 및 사업주가 부담하는 고용보험과 국민연금 보험료의 80%
(지원기간) 36개월간 지원
(지원제외자) 1. 지원신청일이 속한 보험연도의 전년도 재산의 과세표준액 합계가 6억원 이상인 자
2. 지원신청일이 속한 보험연도의 전년도(소득자료 입수 시기에 따라 보험연도 전전년도) 종합소득이 4,300만원 이상인 자

총수입금액	⑪장부상수입금액	60,220,000		
	⑫수입금액에서 제외할 금액			
	⑬수입금액에 가산할 금액	8,231,232		
	⑭세무조정 후 수입금액(⑪-⑫+⑬)	68,451,232		

간편장부소득금액계산서(2023년 귀속)

■ 부동산(주택 제외) 임대보증금 등의 총수입금액 조정명세서(1)

①과세기간	2023년 01월 01일부터 2023년 12월 31일까지	상 호		③성명	
		②사업자등록번호			

1. 임대보증금 등의 총수입금액 조정

④보증금 등 적수 [(A)금액]	⑤건설비 상당액 적수 [(B)금액]	⑥보증금 잔액 [(④-⑤)÷(365, 윤년 366)]	⑦이자율	⑧총수입금액 상당액 (⑥×⑦)	⑨보증금 운용수입	⑩총수입금액 산입금액 (⑧-⑨)
170,700,000,000	67,100,000,000	283,835,616	2.9%	8,231,232		8,231,232

2. 임대보증금 등 적수계산

⑪일자	⑫보증금	⑬일수	⑭적수(⑫×⑬)	⑪일자	⑫보증금	⑬일수	⑭적수(⑫×⑬)
1.1	300,000,000	365	109,500,000,000				
3.1	200,000,000	306	61,200,000,000				
				합 계			(A)170,700,000,000

3. 건설비 상당액 적수계산

⑮일자	⑯적 요	⑰건설비 상당액	⑱일 수	⑲건설비 상당액 적수 (⑰×⑱)
1.1	임대	100,000,000	365	36,500,000,000
3.1.	임대	100,000,000	306	30,600,000,000
	합 계			(B)67,100,000,000

〈주의〉 적수 계산시 윤년은 366일을 적용하여야 한다.

🅠 필요경비

일반관리비 개요

① 일반관리비는 급료, 제세공과금, 지급이자, 기부금을 구분하여 기재 또는 입력하고, 기타 경비는 합산하여 기타란에 기재 또는 입력한다.
② 과세기간 동안에 지출한 금액(영수증 발행일자 기준)의 합계액을 기재 또는 입력하되, 지급일을 기준으로 계산하여도 무방하다.
③ 사업과 관련없는 가사 관련 지출금액은 필요경비에 포함하지 않는다.

> **Q&A 과세기간이란 무엇인가?**

과세기간이란 소득세 신고를 위한 사업소득금액의 계산 기간을 말한다. 1월 1일부터 12월 31일까지의 기간으로 하되, 신규사업자의 경우 개업일부터 12월 31일까지로 한다.

> **Q&A 가사 관련 지출이란 무엇이며, 가사 관련 지출에는 어떤 것이 있는가?**

가사 관련 지출이란 사업과 관계없는 사업주의 개인적인 지출로 가사 관련 지출에는 사업주 본인 식대, 생활비, 자녀 교육비, 의료비, 가족의 개인보험료, 가족의 휴대폰사용료, 사업주 주택 재산세, 가족외식비 등이 있다.

> 간편장부대상자는 일반관리비등을 아래 내용과 같이 간단하게 필요경비 항목을 구분하여 '총수입금액 및 필요경비명세서'에 기재하여 작성하면 된다.

급료

① 직원을 채용하고 급여를 지급하는 경우 그 지급에 관한 내용을 세무서에 신고하여야 하며, 급여 지급에 관한 명세서인 근로소득지급명세서를 다음해 3월 10일까지 세무서에 제출하여야 하는 등 다소 까다로운 절차가 필요하므로 세무사사무소에 세무신고 및 장부기장을 맡기거나 경영정보사 발간 [임금·퇴직연금, 근로기준법, 인사노무] 도서를 참고하여야 한다.
② 직원을 1인 이상 고용하는 사업자는 직원에 대하여 4대보험에 가입하여야 하고, 사업주 본인도 국민연금 및 건강보험료를 사업장에서 납부하여야 한다.
③ 사업주 본인의 급여는 필요경비에 산입할 수 없다.

제세공과금

제세공과금에는 재산세, 종합부동산세, 사업장의 주민세 재산분, 주민세 균등분 등이 있다.

Q & A 종합소득세, 부가가치세, 근로소득세, 지방소득세 등으로 납부하는 세금도 제세공과금에 해당하는가?

종합소득세 및 종합소득세에 대하여 납부한 지방소득세, 근로소득세 및 근로소득세에 대한 지방소득세, 부가가치세는 '제세공과금'에 해당하지 않는다.

지급이자

사업과 관련한 이자비용은 필요경비에 산입을 할 수 있으며, 토지 및 건물취득과 관련하여 금융기관으로부터 빌린 차입금에 대한 이자는 다음과 같이 처리한다.

금융기관에서 자금을 차입하여 토지 및 건물을 매입하는 경우 건설이 준공된 날까지 지급한 이자는 건설자금이자로 보아 건물 취득가액에 가산하며, 토지를 매입한 경우에는 그 대금을 완불한 날까지의 이자는 토지의 취득가액으로 하되, 대금을 완불하기전에 당해 토지를 사업에 제공한 경우에는 그 제공한 날까지로 한다.

◆ 준공된 날
건축물을 매입하는 경우 잔금청산일, 소유권 이전등기일 중 빠른 날로 하며, 자기가 건설한 건축물의 경우에는 사용승인서 교부일로 하되, 사용승인서 교부일 전에 사실상 사용하거나 임시사용승인을 받은 경우에는 그 사실상의 사용일 또는 임시사용승인을 받은 날 중 빠른 날로 한다.

◆ 임대보증금을 반환함에 있어서 은행에서 차입한 자금으로 반환하고 그 차입금에 대한 이자를 지급한 경우
부동산임대업자가 임대차계약기간의 종료로 인하여 임차인에게 임대보증금을 반환함에 있어서 은행에서 차입한 자금으로 반환하고 그 차입금에 대한 이자를 지급한 경우에 그 지급이자는 부동산임대소득의 필요경비에 산입하는 것임 (소득46011-21425 , 2000.12.18.)

▶ **부동산임대 공동사업 출자하기 위하여 차입한 차입금 이자**
부동산임대 공동사업에 출자하기 위하여 차입한 차입금은 공동사업장의 부동산임대소득에 대한 필요경비에 해당하지 않는다.

접대비(기업업무추진비)
사업자가 사업상 거래관계에 있는 자에게 업무와 관련하여 거래관계의 원활한 진행을 도모하는데 지출한 비용은 접대비로 보아 소득세법의 한도 내 금액[중소기업 3,600만원(부동산임대업은 중소기업에 해당함) + 수입금액의 0.3%]은 필요경비 산입할 수 있다.

예를 들어 임차인에 대한 20만원 한도내의 경조사비 지급, 부동산 임대 건물수선공사와 관련하여 공사 인부에게 제공하는 식대 등은 접대비에 해당할 것이다.

▶ 부동산임대업을 영위하는 <u>법인의 경우</u>에는 한도액의 50%를 한도로 한다.(법인세법 제25조 ⑤)

기부금

기부금이란 사업과 직접 관련없이 기부하는 금품으로 국가 또는 지방자치단체에 대한 기부금, 교회 또는 사찰기부금, 적십자회비, 기타 기부금으로 사업주 본인 또는 기본공제대상자가 기부금을 지출한 경우 필요경비에 산입할 수 있다. 다만, 교회 및 사찰기부금의 경우 소득금액의 10% 한도내에서 공제를 받을 수 있으며, 기부금 지출이 있는 경우 기부금영수증을 수취하여야 한다.

예 제 필요경비에 산입할 수 있는 기부금액	
• 총수입금액	68,451,232원
• 필요경비(교회 기부금 5백만원 포함)	43,451,232원
• 사업소득금액	25,000,000원
• 기부금 한도 계산 소득금액	30,000,000원
소득금액은 기부금을 필요경비로 산입하기 전 금액이다.	
• 필요경비 기부금(3천만원 × 10%)	3,000,000원
• 조정계산서	
결산서상 당기순이익	25,000,000원
소득금액조정	
차가감소득	25,000,000원
기부금한도초과액	2,000,000원
해당 과세기간 소득	27,000,000원

감가상각비

1) 감가상각비란 사업에 사용하는 유형자산의 가치감소분을 매년 측정하여 필요경비로 산입하는 것을 말하며, 철근 콘크리트 건물의 경우 40년 동안 동일한 금액(건물취득가액 ÷ 40년)을 감가상각비로 계상하여 필요경비에 산입한다.

2) 차량은 5년간 감가상각하여 필요경비에 산입하며, 복식부기의무자의 경우 연간 감가상각비 한도액은 800만원으로 한다.

◆ 감가상각비를 사업소득 필요경비에 산입한 경우
건물의 감가상각비를 사업소의 필요경비에 산입한 금액은 해당 부동산을 양도하는 경우 양도소득세 신고시 취득가액에서 차감하여야 한다.

▶ 추계신고 및 의제상각
추계신고를 하는 경우 착한임대인 세액공제(조특법 제96조의3)를 받을 수 없으나 간편장부대상자가 추계신고를 하는 경우 세액공제를 받을 수 있다. 단, 추계신고를 하면서 착한임대인 세액공제등 감면을 받은 경우 감가상각을 한 것으로 의제되므로 주의를 하여야 한다.

차량유지비

부동산임대업의 차량유지비는 실질적으로 부동산임대사업과 관련하여 발생할 수 있는 지출은 제한적일 것이다. 이로 인하여 차량유지비를 필요경비에 산입한 경우 세무조사 등을 받게 되면, 업무 사용 여부가 명확하지 않은 경우 필요경비에서 부인될 수 있으므로 주의를 요한다.

지급수수료

지급수수료란 경비용역비, 안전점검비, 세무사 기장대리수수료 등의 비용을 말하며, 해당 금액을 기재한다.

소모품비

전열기구 교체비용, 수선 관련 소모품비, 화장실 소모품, 사무용품 구입비 등의 비용으로 해당 금액을 기재한다.

복리후생비

건물관리와 관련한 관리소장, 직원이 있는 경우 직원에 대한 식대, 4대보험료 회사부담금, 경조사비 등 비용으로 해당 금액을 기재한다.

여비교통비

소방교육, 안전교육을 받기 위한 출장비 등이 있는 경우 해당 금액을 기재한다.

기타

위의 항목으로 구분되지 않는 기타비용으로 전기요금, 가스요금, 통신비, 보험료 등의 지출금액을 기재한다.

▣ 개인사업자의 4대보험료 필요경비 산입

4 대 보 험	구 분	필요경비 항목
국 민 연 금	직원 국민연금 중 사용자 부담금	복리후생비
건강보험료 및 장 기 요양보험료	직원 건강보험료 중 사용자 부담금	복리후생비
	직장가입자의 사용자 본인 보험료	기 타
	지역가입자로 부담하는 건강보험료	기 타
고용보험료	직원 고용보험료 중 사용자 부담금	복리후생비
산재보험료	산재보험료 전액	복리후생비

▶ 사업주 본인의 지역 국민연금보험료 납부금액은 소득에서 공제를 받을 수 있다.

간편장부대상자 종합소득세 신고서 작성

부동산임대소득만 있는 경우로서 간편장부대상자인 경우 홈택스에서 본인이 직접 신고를 하여 보시기 바랍니다.

1 총수입금액을 확정한다.
01	월세 합계	58,000,000원
02	정부지원금	2,200,000원
03	간주임대료 수익	8,231,232원
04	부가가치세전자신고세액공제	20,000원
	합계	68,451,232원

▶ 부가가치세를 홈택스에서 전자신고하는 경우 확정신고시마다 1만원(제1기 + 제2기 합계 2만원)을 공제를 받을 수 있으며, 공제받은 금액은 '수입금액에 가산할 금액'란에 기재하여 총수입금액에 합산하여야 한다.

2 필요경비를 계상한다. (간편장부 집계)
급 료	직원에게 지급한 급여 및 수당, 상여금 총액
제 세 공 과 금	재산세, 종합부동산세, 사업장 주민세
지 급 이 자	사업과 관련한 차입금 이자비용
접 대 비	거래처의 접대비, 경조사비, 선물대금 등
기 부 금	교회 및 사찰기부금, 적십자회비
지 급 수 수 료	안전점검비, 경비용역비 등
소 모 품 비	전열기구 교체비용, 수선 소모품비, 사무용품비 등
기 타	위 경비의 이외의 모든 경비

3 종합소득세 신고서를 작성한다.
01	총수입금액 및 필요경비명세서
02	부동산(주택 제외) 임대보증금 등의 총수입금액 조정명세서(1)
03	부동산(주택 제외) 임대보증금 등의 총수입금액 조정명세서(2)
04	간편장부 소득금액계산서
05	종합소득금액 및 결손금·이월결손금공제명세서
06	사업소득명세서
07	소득공제명세서
08	종합소득세 과세표준 확정신고서

◻ 총수입금액 및 필요경비명세서 등 작성

해당 과세기간의 총수입금액 및 필요경비를 확정한 후 다음의 서식을 작성한다.

○ 총수입금액 및 필요경비명세서
○ 간편장부 소득금액계산서
○ 종합소득금액 및 결손금·이월결손금공제명세서

◆ 총수입금액 및 필요경비명세서 작성방법
○ 사업장
⑦주업종코드란 : <예시> 701201 비주거용 건물 임대업(점포, 자기땅)
⑩소득종류란 : 아래의 해당되는 소득의 코드에 "○"표시를 한다.
가. 부동산임대소득 : 30 나. 사업소득 : 40
○ 장부상 수입금액
부동산임대소득의 총수입금액을 기재한다. 단, 여러 개의 사업장이 있는 경우 사업장별로 구분하여 작성한다.
○ 매출원가, 제조비용
부동산임대업의 경우 해당 사항 없음
○ 일반관리비등
㉖제세공과금란 : 재산세, 종합부동산세, 주민세 등을 기재한다.
㉙접대비 : 접대비 지출금액이 있는 경우 접대비조정명세서를 추가로 작성하여야 한다.
㉚기부금 : 기부금을 필요경비에 산입하는 경우 기부금조정명세서를 추가로 작성하여야 한다.
㉛감가상각비 : 감가상각비를 필요경비에 산입한 때에는 감가상각비 조정명세서를 추가로 작성하여야 한다.

▣ 총수입금액 및 필요경비명세서

총수입금액 및 필요경비명세서(2023년 귀속)			
①주소지		②전화번호	
③성 명		④생년월일	
사업장	⑤소 재 지		
	⑥업 종		
	⑦주 업 종 코 드		
	⑧사업자등록번호		
	⑨과 세 기 간	2023.01.01.부터 2023.12.31.까지	부터 까지
	⑩소 득 종 류	(30, 40)	(30, 40)
장부상 수입금액	⑪매 출 액	60,220,000	
	⑫기 타	8,231,232	
	⑬수입금액 합계(⑪+⑫)	68,451232	
필 요 경 비	매 출 원 가	⑭기초 재고액	
		⑮당기 상품매입액 또는 제조비용(㉔)	
		⑯기말 재고액	
		⑰매출원가(⑭+⑮-⑯)	
	제 조 비 용	재 료 비	⑱기초 재고액	
			⑲당기 매입액	
			⑳기말 재고액	
			㉑당기 재료비 (⑱+⑲-⑳)	
		㉒노 무 비	
		㉓경 비	
		㉔당기제조비용(㉑+㉒+㉓)	
	일 반 관 리 비 등	㉕급 료	20,000,000
		㉖제 세 공 과 금	3,810,000
		㉗임 차 료	
		㉘지 급 이 자	
		㉙접 대 비	
		㉚기 부 금	5,000,000
		㉛감 가 상 각 비	
		㉜차 량 유 지 비	
		㉝지 급 수 수 료	2,500,000
		㉞소 모 품 비	1,800,000
		㉟복 리 후 생 비	2,160,000
		㊱운 반 비	
		㊲광 고 선 전 비	
		㊳여 비 교 통 비	1,180,000
		㊴기 타	7,001,232
		㊵일반관리비등(㉕~㊴합계)	43,451,232
	㊶ 필요경비 합계(⑰+㊵)		43,451,232

■ 종합소득금액 및 결손금 · 이월결손금공제명세서

구 분	① 소득별 소득금액	② 부동산임대업외의 사업소득 결손금 공제금액	이월결손금 공제금액		⑤ 결손금 이월 결손금공제 후 소득금액
			③부동산임대업 외의 사업소득 이월결손금 공제금액	④ 부동산임대업의 사업소득 이월결손금 공제금액	
이자소득금액					
배당소득금액					
출자공동사업자의 배당소득금액					
부동산임대업의 사업소득금액	25,000,000				25,000,000
부동산임대업 외의 사업소득금액					
근로소득금액					
연금소득금액					
기타소득금액					
계(종합소득금액)	25,000,000				25,000,000

■ 조정계산서

구 분		금 액
⑩ 결산서상 당기순이익		25,000,000
소득조정 금 액	⑪총수입금액산입 및 필요경비불산입	
	⑫필요경비산입 및 총수입금액불산입	
⑬차가감소득 (⑩+⑪-⑫)		25,000,000
⑭기부금한도초과액		2,000,000
⑮기부금이월액 중 필요경비 산입액		
⑯해당 과세기간소득(⑬+⑭-⑮)		27,000,000

○ 기부금한도초과액 : 1 - 2

2. 기부금 5,000,000원

2. 기부금을 필요경비에 산입하기 전 소득금액 30,000,000원 × 10%

필요경비에 대한 지출증빙

지출증빙 및 정규영수증

사업자의 사업소득금액은 수익에서 비용을 차감한 것으로 하며, 비용은 사업자의 이익을 감소시킨다. 예를 들어 임대수익이 2억원이고 임대와 관련하여 발생한 비용이 1억원인 경우 임대사업자의 사업소득금액은 1억원이 된다.

세법은 납세자가 자기의 소득을 스스로 계산하여 신고.납부하도록 규정하고 있다. 따라서 과세당국은 납세자가 자기의 소득을 세법의 규정에 따라 정확히 계산하여 성실하게 자진신고 및 납부하도록 법률에 규정하고 있으며, 이를 이행하지 않을 경우 가산세를 부과하거나 세무조사를 하여 공평과세를 구현하고 있다.

반면, 사업자는 어떻게든 세금을 적게 내기를 원할 것이다. 사업자가 적법한 방법으로 세금을 절약하는 것은 정당하나 어떤 경우에는 탈법적인 방법으로 세금을 줄이기 위하여 임대수익을 누락하거나 실제 발생하지 않은 비용을 발생한 것으로 처리하여 이익을 줄여 신고하는 경우가 발생할 수 있을 것이다. 따라서 과세당국은 납세자가 가짜 영수증을 수취하여 실제 발생하지 않은 경비를 비용처리하는 것을 원천적으로 방지하기 위하여 가능한 모든 방법을 동원하고 있으며, 그 대표적인 수단이 정규영수증 제도이다.

세법은 정규영수증을 수취하여야 하는 사업자(직전연도 수입금액이 4,800만원 이상인 사업자)가 정규영수증 수취대상거래에 대하여 실제 비용으로 지출을 하였다 하더라도 정규영수증을 수취하지 않는 경우 경비로는 인정을 하여 주나 거래금액의 100분의 2를 가산세로 부과할 수 있는 가산세 규정을 두어 납세자가 정규영수증이 아닌 간이영수증 등을 수취하여 비용처리하는 것을 제재하고 있다.

정규영수증이란 **세금계산서, 계산서, 신용카드매출전표, 현금영수증**을 말한다. 정규영수증 발급내용은 전부 국세청 전산시스템으로 연계되어 매출자의 매출신고내용 및 매입자의 비용 정당성 여부를 동시에 통제할 수 있다.

즉, 매입자로 하여금 정규영수증을 수취하도록 하여 매출자의 매출신고 누락을 방지하고 매입자가 가짜로 비용처리하는 것을 철저히 관리하는 것이다. 다만, 비용 중에는 정규영수증을 수취할 수 없는 경우 및 납세자의 편의를 위하여 건당 거래금액이 3만원 이하(접대비 1만원)의 소액거래에 대하여는 예외규정을 두고 있다.

▶ 비용 및 감가상각대상 자산 매입 증빙

구 분	수 취 대 상	제 출 기 한
세금계산서	과세대상 재화 또는 용역 매입	과세사업자 : 부가세신고시 면세사업자 : 다음해 2월 10일
계 산 서	면세대상 재화 또는 용역 매입	과세사업자 : 부가세신고시 면세사업자 : 다음해 2월 10일
신용카드 매출전표	과세 및 면세대상 재화, 용역 매입	매입세액공제분만'신용카드매출전표등수취명세서. 제출
현금영수증	현금을 지급하고 수취한 현금영수증	매입세액공제분만'신용카드매출전표등수취명세서; 제출

정규영수증을 수취하지 않아도 되는 거래
1. 건당 거래금액이 3만원 이하인 거래
2. 거래처 경조사비(20만원 이하) 및 종업원 경조사비

3. 기부금(기부금 영수증은 수취하여야 함)
4. 국가, 지방자치단체에 납부하는 세금 등
5. 국민연금, 건강보험료, 고용보험, 산재보험료 납부금액
6. 은행, 보험회사, 신용카드사에 지출한 각종 수수료
7. 부동산중개업자(공인중개사)에게 수수료를 지급하는 경우 단, 이 경우 금융기관을 통하여 송금하여야 하며, 종합소득세 신고시 '영수증수취명세서'를 제출하여야 한다.

간이과세자와 거래시 주의하여야 할 사항

거래상대방이 간이과세자인 경우 간이과세자는 부가가치세가 과세되는 거래에 대하여 세금계산서를 발급할 수 없기 때문에 현금영수증을 수취하거나 신용카드로 결제하여야 한다. 다만, 간이과세자가 신용카드가맹점 또는 현금영수증 발급장치가 없는 경우 간이영수증이라도 수취하여 두어야 한다.

인건비 지출증빙

사업자가 직원에게 급여를 지급하거나 퇴직금을 지급하는 경우 또는 일용근로자에게 일당을 지급하는 경우 「소득세법」에서 정하는 바에 따라 근로소득세 또는 퇴직소득세를 원천징수하여 세무서에 신고 및 납부하여야 하며, 그 지급사실에 대한 내역서인 지급명세서(인건비 지출에 대한 개별내역서로 지급받는 자의 인적사항 및 지급금액 등 기재)를 작성하여 제출기한내 세무서에 제출하여야 한다.

▶ 인건비 관련 지급명세서 제출기한

구 분	지 출 증 빙	제 출 기 한
계속근로자	근로소득 지급명세서	다음해 3월 10일
일용근로자	일용근로소득 지급명세서	지금일의 다음달 말일
퇴 직 자	퇴직소득 지급명세서	다음해 3월 10일

▶ 근로소득 간이지급명세서 제출

근로소득을 지급하는 자는 반기 마지막 달의 다음 달 말일까지 간이지급명세서를 제출하여야 한다. 단, 2023년 12월분 근로소득을 2024년 1월에 지급한 경우에 2023년 12월 지급분 간이지급명세서에 포함하여 제출하고, 2024년 1월 지급분 간이지급명세서 제출시에는 제외한다

[세법 개정] 근로소득 간이지급명세서 제출대상 소득 범위 조정
(제출대상 소득 범위 조정) 반기 근무분 소득 → 반기 동안 지급한 소득
<적용시기> 2020.1.1. 이후 제출하는 분부터 적용

◆ 간이지급명세서 미제출에 대한 가산세[소득세법 제81조의11]
간이지급명세서를 제출하지 아니한 분의 지급금액의 1만분의 25

▶ 연말정산 및 지급명세서 제출

① 근로자를 채용하고, 급여를 지급하는 경우 매월 급여지급시 근로소득간이세액표에 의하여 근로소득세 및 지방소득세(근로소득세의 10%)를 징수하여 매월 또는 반기별(직원이 20명 이하인 경우)로 원천징수이행상황신고서를 관할 세무서에 제출하고, 납부하여야 한다.

② 1년간 급여로 지급한 금액에 대하여 개인별로 연말정산을 하여 그 지급 및 세금 징수에 관한 개인별 내역서인 **지급명세서**를 작성하여 다음해 3월 10일까지 제출하여야 한다.

SECTION 03

부동산임대업 (주택외) 종합소득세 추계 신고

사업자는 원칙적으로 복식부기 또는 간편장부에 의하여 장부를 기장하여야 한다. 장부기장을 하지 않은 경우 소득세를 추계의 방법(수입금액에 경비율을 곱한 금액을 필요경비로 하여 소득금액을 계산하는 방법)으로 종합소득세 신고를 할 수 있으나 추계로 신고하는 경우 가산세를 부담하여야 한다.

간편장부대상자 추계신고

추계신고와 무기장가산세

간편장부대상자가 추계신고하는 경우 무신고가산세는 없으나 무기장가산세는 적용된다. 한편, 간편장부로 신고하는 경우 임대보증금에 대한 수익(간주임대료 수익)은 전체 임대보증금에서 건설비 상당액을 차감한 금액에 정기예금이자율을 곱한 금액으로 계상하나 추계로 신고하는 경우에는 임대보증금(건설비상당액을 차감할 수 없음)에 정기예금이자율을 곱한 금액을 임대료수익에 포함하여야 한다.

무기장가산세

산출세액 × [무기장(추계신고)소득금액/종합소득금액] × 20%

▶ 추계신고시 무기장가산세가 적용되는 간편장부대상자

직전연도 수입금액이 4,800만원 이상인 간편장부대상자

▶ 추계신고시 무기장가산세가 적용되지 않는 간편장부대상자

신규 사업자 및 직전 과세기간의 사업 수입금액이 4,800만원에 미달하는 소규모사업자가 추계신고하는 경우

추계신고시 경비율 적용

단순경비율 및 기준경비율

추계에 의하여 필요경비를 산정하여 소득금액을 계산하는 방법에는 **단순경비율**에 의한 방법과 **기준경비율**에 의한 방법이 있다. 단순경비율이란 국세청에서 업종별로 전체 사업자의 수익 대비 비용의 평균비율을 말하며,

기준경비율이란 주요 경비(상품 매입비용 + 임차료 + 급여 및 임금)는 실제 지급한 금액으로 하고, 주요 경비를 제외한 기타 경비는 업종별로 전체 사업자의 수익 대비 기타 비용의 평균비율을 말한다.

◆ 2023년 귀속분 단순경비율 또는 기준경비율

단순경비율 또는 기준경비율은 매 년 조정될 수 있으며, 2023년도 귀속분은 2024년 3월 이후 국세청 홈택스에서 확인할 수 있다.

간편장부대상자 중 단순경비율로 필요경비를 계산할 수 있는 사업자는 다음에 해당하는 경우에만 적용할 수 있으며, 기타의 경우에는 추계신고시 기준경비율을 적용하여 추계신고를 하여야 한다. 예를 들어 부동산임대업을 운영하는 사업자의 직전연도 수입금액이 3천만원인 경우로서 추계로 종합소득세를 신고하는 경우 기준경비율을 적용하여 추계신고를 하여야 한다. 다만, 이 경우 직전연도 수입금액이 4,800만원 미만이므로 기준경비율에 의하여 추계신고를 하더라도 무기장가산세는 적용되지 않는다.

1. 신규사업자(단, 개업연도의 수입금액이 복식부기기장의무자 제외)
2. 단순경비율 적용대상 사업자 (아래 업종별 기준금액 미만인 자)

업 종 별	기준금액
가. 농업·임업 및 어업, 광업, 도매 및 소매업(상품중개업 제외), 부동산매매업, 그 밖에 나목 및 다목에 해당되지 아니하는 사업	6천만원
나. 제조업, 숙박 및 음식점업, 전기·가스·증기 및 공기조절 공급업, 수도·하수·폐기물처리·원료재생업, 건설업(비주거용 건물 건설업은 제외하고, 주거용 건물 개발 및 공급업을 포함한다), 운수업 및 창고업, 정보통신업, 금융 및 보험업, 상품중개업, 수리 및 기타 개인서비스업(인적용역만 해당)	3천6백만원
다. 법 제45조제2항에 따른 부동산 임대업, 부동산업(부동산매매업은 제외), 전문·과학 및 기술서비스업, 사업시설관리·사업지원 및 임대서비스업, 교육서비스업, 보건업 및 사회복지서비스업, 예술·스포츠 및 여가 관련 서비스업, 협회 및 단체, 수리 및 기타 개인서비스업(인적용역은 제외)	2천4백만원

단순경비율에 의한 추계소득금액 계산

신규 사업자로서 개업연도의 수입금액이 복식부기기장의무자 기준금액(임대수익 7,500만원)에 미달하는 사업자 및 직전년도 임대수입금액이 **2,400만원 미만인 경우** 단순경비율에 의한 추계소득금액을 계산하여 종합소득세를 신고할 수 있다.

▶ 부동산임대업 단순경비율 및 기준경비율 (2022년 귀속분)

코드번호	세분류	세세분류	단순경비율	기준경비율
701201	부동산 임대업	비주거용 건물 임대업 (점포, 자기땅)	41.5	17.6
701201	○ 사무, 상업 및 기타 비거주용 건물(점포, 사무실 포함)을 임대하는 산업활동을 말한다. -건물과 토지를 함께 임대한 경우 건물에 정착된 토지면적의 3배 이내의 토지 포함			
	<제 외> *대지 소유자가 타인인 점포임대, 소규모 점포 임대(→701202) *지식산업센터 임대(→701203) *광고용 건물 임대(→701204) *임차부동산의 전대 또는 전전대에 따른 수입(→701300) *공장재단 대여(자기땅)(→701501) *공장재단 대여(타인땅)(→701502) *극장임대(→921404)			
701202	부동산 임대업	비주거용 건물 임대업(점포, 타인땅)	36.9	10.9
	○ 대지 소유자가 타인인 점포임대(공장건물임대포함) ○ 소규모 점포 임대 ·해당 사업장의 연간 부동산 임대 수입금액이 600만원 미만인 점포를 임대하는 사업자			

[2023년 귀속분 경비율] 홈택스 → 기존 홈택스 메뉴 보기 → 조회발급 → 기타조회 → 기준·단순 경비율(업종코드)

■ 소득금액 = 총수입금액 − (총수입금액 × 단순경비율)

기준경비율에 의한 추계신고대상자

부동산임대업의 경우 직전연도 수입금액이 2,400만원 이상인 사업자

◨ 간편장부대상자의 기준경비율에 의한 추계소득금액

단순경비율적용대상 사업자가 아닌 경우로서 추계에 의하여 종합소득세를 신고하는 경우 기준경비율을 적용하여야 한다.

간편장부대상자의 추계소득금액 계산
(①, ② 중 적은 금액)
① 소득금액= [수입금액 - (수입금액 × 단순경비율)] × 배율
② 소득금액= 수입금액 - 주요경비 - (수입금액 × 기준경비율)

◆ 2023년 귀속분 배율 : 2.8배 (소득세법 시행규칙 제67조 확인)

▶ 주요경비
1. 매입비용(사업용고정자산의 매입비용 제외)
2. 임차료로서 증빙서류에 의하여 지출하였거나 지출할 금액
3. 종업원의 급여와 임금으로서 증빙서류에 의하여 지급한 금액

소득금액을 추계하는 경우 간주임대료 수익

부동산임대소득을 추계에 의하여 계상하는 경우에는 임대보증금에서 건설비 상당액(건물의 취득가액 등)을 차감하지 아니하며, 다음 산식에 의하여 계산한 금액을 「간편장부소득금액계산서」의 '⑬수입금액에 가산할 금액'란에 기재하여 총수입금액에 합산하여야 한다.

간주임대료 = 임대보증금등의 적수 × 1/365(윤년 : 366일) × 정기예금이자율(2.9%, 2023년 귀속분)

◆ 2023년 정기예금이자율 : 2.9%

추계신고자 종합소득세 신고서 작성절차

1   총수입금액을 확정한다.

총수입금액 종류	금 액	비 고
월세 등	58,000,000원	
정부보조금	2,200,000원	
간주임대료 수익	8,231,232원	
전자신고세액공제	20,000원	
합계	68,451,232원	

* 부가가치세를 홈택스에서 전자신고하는 경우 확정신고시마다 1만원(제1기 + 제2기 합계 2만원)을 공제를 받을 수 있으며, 공제받은 금액은 「간편장부 소득금액계산서」의 '⑬수입금액에 가산할 금액'란에 기재하여 총수입금액에 합산하여야 한다.

2   추계에 의한 필요경비를 계상한다.

주 요 경 비	매입비용, 임차료, 급여 및 임금
기 타 경 비	총수입금액 × 기준경비율

3   종합소득세 신고서를 작성한다.

부동산(주택 제외) 임대보증금 등의 총수입금액 조정명세서(1)
부동산(주택 제외) 임대보증금 등의 총수입금액 조정명세서(2)
추계소득금액계산서
주요경비명세서
종합소득금액 및 결손금·이월결손금공제명세서
소득공제명세서
종합소득세 과세표준 확정신고서
세액공제명세서
가산세액명세서 및 기납부세액명세서

복식부기기장의무자의 추계신고

복식부기의무자가 추계신고하는 경우 가산세 적용
부동산임대업으로서 직전연도 수입금액 7천5백만원 이상인 경우 복식부기기장의무자에 해당하며, 복식부기장의무자가 추계로 신고하는 경우 무신고가산세와 무기장가산세 중 큰 금액을 가산세로 한다.

▶ 무신고가산세와 무기장가산세 중 큰 금액의 가산세 적용
① 무신고가산세 : ㉠, ㉡ 중 큰 금액
㉠ 소득세로 납부하여야 할 세액의 100분의 20
㉡ 수입금액(추계신고한 수입금액)의 7/10,000
② 무기장가산세
산출세액 × [무기장(추계신고)소득금액/종합소득금액] × 20%

〈주의〉 무기장가산세는 "산출세액의 20%"를 가산세로 부담하여야 하나 무신고가산세는 "그 신고로 납부하여야 할 세액"의 20%를 가산세로 부담하여야 한다. 따라서 복식부기기장의무자가 추계로 신고하는 경우 개정 법령에 의하면, 수입금액기준으로 계산한 가산세 금액이 무기장가산세 보다 적은 경우 무기장가산세를 부담하여야 한다.

복식부기의무자의 추계소득금액 (①, ② 중 적은 금액)
① 소득금액= [수입금액 - (수입금액 × 단순경비율)] × 3.4배
② 소득금액= 수입금액 - 주요경비 - (수입금액 × 기준경비율× 1/2)

◆ 2023년 귀속분 배율 [소득세법 시행규칙 제67조 확인]
복식부기의무자 : 3.4배, 간편장부대상자 : 2.8배

▶ 주요경비

1. 매입비용(사업용고정자산의 매입비용 제외)
2. 임차료로서 증빙서류에 의하여 지출하였거나 지출할 금액
3. 종업원의 급여와 임금으로서 증빙서류에 의하여 지급한 금액

| 사 례 | 복식부기의무자의 기준경비율 소득금액 계산 |

[예제] 부동산임대업(비주거용) 단순경비율 41.5% 기준경비율 17.6%
업종별 단순경비율 및 기준경비율
국세청 홈페이지 → 국세정보 → 국세청발간책자 → 기타참고책자
수입금액(매출) 1억원
주요경비 2천만원 (급여 2천만원)
[풀이] 소득금액 71,200,000원 (① 금액과 ② 금액 중 적은 금액)
① 소득금액(71,200,000원) = 100,000,000원(수입금액)
  - 20,000,000원(주요경비) - 8,800,000원 [(수입금액 1억원) × 기준경비율(17.6%)× 1/2]
* 복식부기의무자는 기준경비율에 2분의 1을 곱한 금액으로 한다.
② 소득금액(198,900,000원) = [1억원(수입금액) - 1억원 × 41.5%(단순경비율)] × 배율(3.4배)

▶ 부동산임대업의 단순경비율 또는 기준경비율 적용 및 무기장가산세

기준금액(직전연도 수입금액 기준)	경비율 적용	무기장 가산세
2천4백만원 미만	단순경비율	[×]
2천4백만원 이상 4천8백만원 미만	기준경비율	[×]
4천8백만원 이상 6천만원 미만	기준경비율	[O]
6천만원 이상 7천5백만원 미만	기준경비율	[O]
7천5백만원 이상	기준경비율의 1/2	[O]

부동산임대업 신규사업자 추계신고

신규사업자의 추계에 의한 소득금액 계산

신규사업자로서 개업한 사업연도의 수입금액이 복식부기기장 미만인 경우 최초 사업연도는 수입금액(매출액)에 단순경비율(국세청에서 매년 고시함 : 상가 부동산임대 41.5%)을 곱하여 계산한 금액을 필요경비로 계상하여 수입금액에서 필요경비를 차감한 금액을 소득금액으로 하여 종합소득세를 신고할 수 있으며, 무기장가산세가 없으므로 사업자 본인이 소득세를 신고할 수 있다.

사업 개시연도 총수입금액이 7,500만원 이상 임대사업자

신규사업자가 추계로 소득세 신고를 하는 경우 단순경비율을 적용하여 추계소득금액을 계상할 수 있으나 사업 개시연도의 총수입금액이 업종별 복식부기기장의무자 수입금액(7,500만원) 이상인 경우 기준경비율을 적용하여야 한다. 단, 복식부기의무자가 추계에 의하여 신고하는 경우 기준경비율 축소(기준경비율 × 1/2)에 관한 규정은 적용하지 아니하며, 무기장가산세 또한 없다. 그리고 신규로 사업을 개시한 사업자는 간편장부대상자에 해당하므로 단순경비율로 신고하는 경우 적용배율은 2.8배로 한다.

기존 사업자가 신규로 부동산임대업을 개시한 경우

기존 사업을 영위하는 사업자로서 그 사업이 복식부기기장의무자에 해당하는 사업자가 부동산임대업을 신규 개업한 경우 신규사업자 기장의무 특례규정(신규사업자의 경우 단순경비율에 의하여 소득금액을 추계로 계산할 수 있음)이 적용되지 아니하며, 신규사업자임에도 부동산임대업은 복식부기기장의무자에 해당하고, 성실신고확인대상자인 경우 부동산임대업도 성실신고확인대상 사업자에 해당한다.

공동사업자 종합소득세 신고 관련 유의사항

공동사업장 기장의무

공동사업장의 소득세 기장의무는 직전연도 공동사업장의 수입금액으로 판단한다. 예를 들어 공동사업장은 1곳이고, 나머지 2곳은 단독으로 영위하는 경우 공동사업장과 단독사업장에 대해 각각 기장의무를 판단하여야 한다.

◆ 소득세과-0480 (2011.06.07)
기존의 공동사업장과는 구성원이 상이한 별개의 1사업자로 보는 신규의 공동사업장은 간편장부대상자에 해당하는 것임

한편, 구성원이 동일한 공동사업장이 2 이상인 경우 공동사업장 전체 수입금액의 합계액을 기준으로 기장의무를 판단하여야 한다.

공동사업 해지 또는 공동사업으로 변경시

① 과세연도 중 공동사업을 하다 공동사업계약을 해지하고 단독사업을 하는 경우에는 과세연도 초일부터 공동사업 해지일까지의 공동사업장에서 발생한 수입금액에 대하여 별도의 결산을 한 다음 그 기간의 소득에 대하여 손익분배비율에 따라 소득금액을 분배하여야 한다.
② 공동사업 이후 단독사업장에 대하여 공동사업 해지일 이후 과세기간 종료일까지의 기간에 대한 결산을 하여 소득금액을 계산하여야 하며, 공동사업장에서 발생한 소득과 단독사업장에서 발생한 소득을 합산하여 종합소득세신고를 하여야 한다.
③ 단독사업을 하다가 공동사업을 하는 경우에는 과세연도 초일부터 공동사업개시 전일까지의 기간에 대하여 결산을 하여 소득금액을 계산하여야 하며, 공동사업 개시일부터 과세연도종료일까지의 기간

에 대하여 공동사업장에서 발생한 소득에 대하여 별도로 결산하여 그 기간 소득에 대하여 지분율에 따라 소득금액을 분배하여야 한다.

공동사업장의 구성원 또는 지분이 변경되는 경우

과세기간 중 공동사업장의 구성원 또는 지분이 변경되는 경우, 변경시마다 공동사업자별 소득분배 비율에 의거 각 거주자별 소득금액을 구분 계산하여야 한다.

공동사업장 구성원 종합소득세 신고

공동사업장의 손익분배비율에 따라 분배된 총수입금액, 필요경비, 소득금액에 대하여 종합소득 신고를 하여야 한다.

▶ 공동사업장의 종합소득세 신고 방법은?

공동사업장의 대표공동사업자는 종합소득세 신고시 「공동사업자별 분배명세서(제41호서식)」와 복식기장 신고시 재무제표를 주소지 관할 세무서에 제출하여야 합니다.

공동사업의 구성원들은 「공동사업자별 분배명세서(제41호서식)」에 따른 소득과 본인의 다른 종합소득을 합하여 각각 종합소득세 신고를 하여야 합니다.

□ 소득세법시행령 제150조 □ 소득세법집행기준 43-0-3

공동사업자의 성실신고 확인비용에 대한 세액공제

공동사업자에 대해서 성실신고확인서를 제출하는 경우 성실신고 확인에 직접 사용한 비용의 100분의 60에 해당하는 금액을 성실신고 확인비용에 대한 세액공제를 받을 수 있으며, 구성원별로 각각 120만원 한도가 적용된다.

부동산임대 공동사업에 출자하기 위한 차입한 차입금 이자

부동산임대 공동사업에 출자하기 위하여 차입한 차입금은 공동사업장의 부동산임대소득에 대한 필요경비에 해당하지 않는 것이며, 취득가액에 포함된 경우 해당 감가상각비는 필요경비에 산입할 수 없다.

◆ 공동사업 구성원의 국민건강보험료에 대한 필요경비 산입
(소득, 서면-2016-법령해석소득-5743, 2017.09.22.) 공동사업장 구성원이 지출한 사업자 본인의 지역가입 국민건강 보험료는 해당 공동사업장의 필요경비에 해당하는 것임

▶ 공동사업 성실신고확인대상

공동사업장 또는 단독사업장 중 어느 한 사업장만 성실신고확인 대상인 경우 신고기한은 해당 과세기간의 다음 연도 6월 30일까지입니다.

다만, 공동사업장의 구성원이 성실신고확인 대상자와 성실신고확인대상에 해당하지 않는 자가 있는 경우 성실신고확인대상에 해당하지 않는 거주자는 5월 31일까지 소득세 신고를 하여야 합니다.

◆ 소득세과-335 (2012.4.21.)

▶ 구성원 기부금 필요경비

공동사업자의 기부금은 공동사업자의 소득금액을 계산함에 있어 공동사업장의 기부금으로 보아「소득세법」제34조 규정에 따라 필요경비에 산입하는 것입니다.

◆ 소득세제과-57 (2016.02.02.)

주택 임대 종합소득세

SECTION 01
주택임대소득 종합소득세

부부합산 2채 이상의 주택(2채의 주택을 보유하고, 월세임대소득이 없는 경우에는 제외)을 보유하고, 주택 임대소득이 있는 경우 종합소득세를 신고 및 납부를 하여야 한다.

주택임대소득은 월세뿐만 아니라 3채 이상 주택(전용면적 40제곱미터이하이고, 기준시가가 2억원 이하인 주택은 제외)을 보유한 경우 전세보증금 전체 합계액에서 3억원을 차감한 금액에 정기예금이자율 상당액의 60%를 곱한 금액을 주택임대소득으로 본다.

주택임대소득 과세 개요

▣ 주택의 정의 및 주택 수 계산

「주택」이란 상시 주거용(사업을위한 주거용의 경우는 제외)으로 사용하는 건물로 주택부수토지를 포함한다.

◆ 주택부수토지

주택에 딸린 토지로서 다음 어느 하나에 해당하는 면적 중 넓은 면적 이내의 토지를 말한다.

① 건물의 연면적(지하층의 면적, 지상층의 주차용으로 사용되는 면적, 피난안전구역의 면적 및 주민공동시설의 면적은 제외)
② 건물이 정착된 면적에 5배[(수도권 주거·상업·공업지역 3배), 도시지역 밖의 토지10배)]를 곱하여 산정한 면적

◆ 기준시가 조회 : 국토해양부 → 공시지가알리미

부가가치세가 과세되는 사업용 건물이 함께 설치되어 있는 경우

구 분	계 산 방 법
주택 면적 > 사업용 건물 면적	전부를 주택으로 봄
주택 면적 ≤ 사업용 건물 면적	주택 부분만 주택으로 봄

▶ 해당 주택의 부수토지 면적 = 총토지면적 × 주택 부분 면적/총건물면적

주택 수의 계산

구 분	계 산 방 법
다가구주택	1개의 주택으로 보되, 구분 등기된 경우 각각을 1개의 주택으로 계산
공동소유	① 공동소유의 주택은 지분이 가장 큰 자의 소유로 계산 ② 지분이 가장 큰 자가 2인 이상인 경우에는 각각의 소유로 계산 ③ 지분이 가장 큰 자가 2인 이상인 경우로서 그들이 합의하여 그들 중 1인을 당해 주택의 임대수입의 귀속자로 정한 경우에는 그의 소유로 계산
전대 전전세	임차 또는 전세 받은 주택을 전대하거나 전전세하는 경우 당해 임차 또는 전세 받은 주택은 소유자의 주택 수에 포함될 뿐만 아니라 임차인 또는 전세 받은 자의 주택으로도 계산
부부소유	본인과 배우자가 각각 주택을 소유하는 경우에는 이를 합산

◆ 조합원입주권의 주택수 포함 여부 [소득세법 집행기준12-8의 2-4]
조합원입주권은 그 사용검사필증 교부일(사용검사 전 사실상 사용하거나 사용승인을 얻은 경우에는 그 사실상의 사용일 또는 사용승인일) 이후부터 주택으로 본다.

주택수의 부부합산 및 종합소득세 신고·납부

부부합산 1채의 주택만 보유한 경우

부부가 1채의 주택만 보유하는 경우에는 임대수익금액에 관계없이 과세되지 않는다. 단, 과세기간종료일 현재 기준시가가 9억원(다가구주택 포함, **2023년 이후 12억원**)을 초과하는 고가주택을 월세로 임대한 경우 종합소득세를 신고·납부 또는 종합소득에 합산하여야 한다.

▶ **부부가 합산하여 1개 주택만을 보유하더라도 과세되는 경우**

1. 과세기간 종료일 현재 기준시가가 9억원(2023년 이후 12억원)을 초과하는 주택
2. 국외 소재 주택

부부합산 2채의 주택을 보유한 경우

임대보증금만 있는 경우 종합소득세 신고대상이 아니나 월세 임대수익이 있는 경우에는 종합소득세를 신고 및 납부하여야 한다.

부부합산 3채 이상의 주택을 보유한 경우

3채 이상 주택을 보유한 경우로서 임대수익이 있는 경우 종합소득세를 신고 및 납부하여야 한다. 단, 주택의 주거 전용면적이 40제곱미터 이하이고, 기준시가가 2억원 이하인 주택을 임대보증금만 받고

임대를 하여 준 경우에는 주택수에서 제외하며, 임대보증금에 대하여 간주임대료를 계산하지 않는다.

부부의 주택수 합산 및 종합소득세 각자 신고
부부의 경우 주택수는 합산하여 계산하나 임대소득은 별도로 계산하므로 남편과 배우자의 임대수입금액에 대하여 각각 종합소득세를 신고 및 납부를 하여야 한다.

▶ **부부가 각각 소유한 주택의 비과세 적용 등**
- 주택의 수 : 부부 합산
- 임대소득 계산 및 종합소득세 신고납부 : 부부 별도

<공동소유주택> 지분이 가장 큰 자의 소유로 계산하되, 지분이 가장 큰 자가 2인 이상일 때는 각각의 소유로 계산한다. 다만, 지분이 가장 큰 자가 2인 이상인 경우로서 합의하여 1인을 임대수입의 귀속자로 정한 경우에는 그의 소유로 계산한다.

[세법 개정] 공동소유주택의 주택수 계산방법 개선(소득령 제8의2 ③)
1) ①, ②중 하나에 해당하면 소수지분자도 주택수에 가산
① 해당 주택에서 발생하는 임대소득이 연간 600만원 이상
② 기준시가가 9억원(2023년 이후 12억원)을 초과하는 주택의 30%를 초과하는 공동소유지분을 소유
2) 동일주택이 부부 각각의 주택수에 가산된 경우 다음 순서(①→②)로 부부 중 1인의 소유주택으로 계산
 ① 부부 중 지분이 더 큰 자
 ② 부부의 지분이 동일한 경우, 부부사이의 합의에 따라 소유주택에 가산하기로 한 자
* 주택수 계산 시 부부는 각자의 주택을 모두 합산
<적용시기> 2020.2.12. 이 속하는 과세기간(2020년) 분부터 적용

다가구주택, 다세대주택, 오피스텔 임대소득

다가구주택외 다른 주택이 없는 경우

세대별로 구분 등기되지 않은 다가구주택인 경우(일반적인 경우 원룸은 다가구주택에 해당함) 1채의 주택으로 보아 부부가 다가구주택외 다른 주택이 없고, 다가구주택의 기준시가가 9억원 이하('23년 이후 12억원)인 경우에는 임대소득 전체에 대하여 비과세된다.

다가구주택외 다른 주택이 있는 경우(주택 2채 보유)

다가구주택외에 다른 주택이 1채 있거나 다가구주택이 2채인 경우 경우로서 월세 임대소득(보증금에 대한 간주임대료는 소득에 포함하지 않음)은 과세대상이므로 월세 임대소득에 대하여 종합소득세를 신고·납부 또는 종합소득에 합산하여야 한다.

다가구주택을 포함하여 주택이 3채 이상인 경우

세대별로 구분 등기되지 않은 다가구주택은 1채의 주택으로 보나 구분등기된 다가구주택으로서 1세대당 주거전용면적이 40제곱미터를 초과하거나 주택의 **기준시가가 2억원을 초과**하는 경우 해당 세대는 주택수에 포함하여 주택수를 계산하여야 하며, 주택 수가 3주택 이상인 경우 월세소득과 간주임대료를 계산하여 종합소득세를 신고 및 납부하여야 한다.

◆ 구분 등기되어 있지 아니한 다가구주택은 하나의 주택으로 봄
(조심2016중3116, 2016.10.12)
쟁점 다가구주택은 건물등기부등본에 각 동별로 표시되어 있고, 각 호별로 구분 등기되어 있지 아니하므로 국민주택규모를 초과하는 각 동을 각각 하나의 주택으로 보아 그 보증금 등에 대해 종합소득세를 과세한 이 건 처분은 잘못이 없음.

다세대주택

1) 다세대주택은 세대별로 구분 등기된 주택으로서 주택으로 쓰는 1개 동의 바닥면적 합계가 660제곱미터 이하이고, 층수가 4개 층 이하인 주택을 말한다.
2) 다세대주택은 각각의 세대를 하나의 주택으로 봄으로 부부합산 전체 주택의 수가 2채 이상인 경우로서 월세 임대소득이 있거나 종합소득세를 신고·납부 또는 종합소득에 합산하여야 한다.

▶ **다세대주택의 주택수**

다세대주택(세대별로 구분 등기된 주택)의 경우 각각 1주택으로 보아 주택 수를 계산하며, 다세대주택의 1세대당 주거전용면적이 40제곱미터를 초과하거나 다세대주택의 **기준시가가 2억원을 초과**하는 경우로서 주택수가 3채 이상인 경우 월세소득과 전세보증금에 대한 간주임대료를 계산하여 종합소득세를 신고 및 납부하여야 한다.

오피스텔

주거용으로 사용하는 오피스텔로서 주거전용면적이 40제곱미터를 초과하거나 **기준시가가 2억원을 초과**하는 경우 주택수에 포함하며, 주택수가 3채 이상인 경우 월세소득과 전세보증금에 대한 간주임대료를 계산하여 종합소득세를 신고 및 납부하여야 한다.

◨ 주택임대 사업자등록 신청

개요

과세형평과 공평과세를 위하여 과세당국은 2019년 귀속분부터 연간 주택임대소득이 2천만원 이하인 경우에도 임대소득을 계산하여 종합소득세 신고 및 납부를 하도록 법령을 개정하였다.

한편, 과세당국은 주택임대소득의 세원관리를 위하여 사업자등록을 의무적으로 하도록 규정하였으며, 사업자등록을 하는 주택임대사업자에 대하여 사업자등록을 하지 아니하는 부동산임대사업자보다 각종 공제혜택을 더 주어 부부합산 2개 이상의 주택을 보유하고 월세가 있는 경우 또는 임대한 주택이 전세보증금만 있는 경우라도 3개 이상의 주택을 보유하고 있다면, 주택임대 사업자등록을 하여야 한다.

사업자등록 신청

사업 개시일부터 20일 이내에 사업자등록신청서를 사업장 소재지 관할 세무서장에게 제출
1) 임대주택법상 임대사업자로 등록한 사업자는 그 등록한 주소지(사무소 소재지)를 사업장으로 하여 관할 세무서장에게 사업자등록 신청 할 수 있음(서면인터넷방문상담1팀-728, '06.06.05)
2) 임대주택명세서 첨부(「민간임대주택에 관한 특별법 시행령」에 따른 임대사업자 등록증 사본으로 갈음 가능)

주택임대사업자 미등록 가산세(소득세법 제81조의12)

주택임대소득이 있는 사업자가 사업 개시일부터 20일 이내에 등록을 신청하지 아니한 경우 사업 개시일부터 등록을 신청한 날의 직전일까지의 주택임대수입금액의 1천분의 2를 가산세로 해당 과세기간의 종합소득 결정세액에 더하여 납부하여야 한다.

사업자등록신청 방법

1) 「소득세법」에 따른 사업자등록만 신청하는 경우
1. 인터넷을 통해 신청 : 홈택스(www.hometax.go.kr) → 신청/제출 → 사업자등록 신청/정정 등 → 사업자등록신청(개인)

2. 세무서를 방문하여 신청
* 신분증과 임대차계약서 지참(시군구청에 임대사업자 등록을 한 경우에는 임대사업자 등록증 사본)

[개정 세법] 주택임대사업자 사업자등록시 임대주택 명세서 제출 의무화
<적용시기> 2019.2.12. 이후 사업자등록을 신청하는 분부터 적용
[서식] 국세법령정보시스템 → 별표·서식 → 법령서식 → 소득세 → (검색어) 임대주택

2) 「민간임대주택에 관한 특별법」에 따른 임대사업자등록과 「소득세법」에 따른 사업자등록을 함께 신청하는 경우
- 인터넷을 통해 신청 : 렌트홈(www.renthome.go.kr) → 임대사업자 등록 신청 → 화면 제일 아래 "국세청 사업자 신고" 체크
- 시군구청을 방문하여 신청 : 임대사업자 등록신청서와 임대주택 명세서, 임대차계약서 사본을 작성하여 주소지 시군구청 신청

▶ 주택임대업의 업종분류

업종코드	세분류	세세분류
701101	부동산 임대업	주거용 건물 임대업(고가주택임대)
	「소득세법」 제12조에 따른 기준시가가 9억원을 초과하는 주택	
701102	부동산 임대업	주거용 건물 임대업(일반주택임대)
	주택주거용 건물 및 건물 일부를 임대하는 산업활동을 말한다.	
	- 기준시가가 9억원을 초과하지 않는 아파트, 다가구주택, 단독주택 등	
701103	부동산 임대업	주거용 건물 임대업(장기임대공동·단독주택)
	장기임대 국민주택(공동주택 및 단독주택)	
	- 국민주택 5호 이상을 5년 이상 임대한 경우에 한하여 적용	
701104	부동산 임대업	주거용 건물 임대업(장기임대다가구주택)
	장기임대 국민주택(다가구주택)	
	- 국민주택 5호 이상을 5년 이상 임대한 경우에 한하여 적용	

[2023년 귀속분] 기준시가 9억원 → 12억원

주택임대업 사업장현황신고서 제출의무

주택임대사업자 사업장현황신고서 제출
과세사업자의 경우 부가가치세 신고를 함으로서 국세청이 사업자의 수입금액을 파악할 수 있으므로 별도의 수입금액 신고는 필요하지 않으나 면세사업자의 경우에는 당해 과세기간의 **다음 해 2월 10일**까지 사업장현황신고서를 제출하여야 하며, 사업장현황신고시 주택임대사업자 수입금액 검토표를 같이 제출하여야 한다.

■ 홈택스에서 사업장현황신고서 신고하기
홈택스 →국세증명·사업자등록세금관련 신청/신고 → 사업장현황신고
[작성 방법] (구글 검색) 주택임대 사업장현황신고

매출 및 매입계산서합계표, 매입세금계산서합계표 제출
복식부기기장자 및 간편장부대상자로서 직전년도 수입금액이 4800만원 이상인 주택임대사업자로서 사업과 관련하여 면세 계산서를 발급하거나 수취한 내용 및 과세 세금계산서를 수취한 내용에 대하여 합계표(매출계산서합계표, 매입계산서합계표, 매입세금계산서합계표)를 작성하여 사업장현황신고시 같이 제출하여야 한다.

주택임대소득 종합소득세 신고 등

◐ 총수입금액

개요

총수입금액이란 해당 과세기간에 수입하였거나 수입할 금액의 합계액을 말하며, 주택임대소득의 경우 월세 및 전세보증금등에 대한 이자상당액의 합계액으로 한다. 단, 보증금을 받은 경우에는 주거전용면적이 1세대당 40제곱미터 이하이고, 해당 과세기간의 기준시가가 2억원 이하인 주택은 주택 수에 포함하지 아니한다.

주택임대소득의 총수입금액 = 월세 + 보증금등에 대한 간주임대료

▶ **선세금(先貰金)에 대한 총수입금액 계산**
총수입금액 = 선세금 × (해당연도 임대기간 월수 / 계약기간 월수)

◆ 월수
- 당해계약기간의 개시일이 속하는 달이 1월 미만인 경우 1월
- 당해계약기간의 종료일이 속하는 달이 1월 미만인 경우 0월

◆ 주택 임대 월세 계산서 발급 여부
(소득46011-21399 , 2000.12.07.)
사업자가 재화 또는 용역을 공급하는 때에는 소득세법 제163조 제1항의 규정에 의하여 계산서 또는 영수증을 작성하여 공급받는 자에게 교부하는 것이며, 주택임대사업자가 비사업자인 최종소비자에게 주택임대용역을 제공하는 경우에는 같은법 시행령 제211조 제2항 및 같은법 시행규칙 제96조의2의 규정에 의하여 영수증을 교부할 수 있는 것임

◆ 법인이 주택을 임대하고 받은 월세에 대한 영수증 발행가능 여부
(법인-947, 2009.08.31.)
주택임대업을 영위하는 법인이 사업자가 아닌 개인에게 주택임대용역을 제공하는 경우 영수증을 교부할 수 있는 것이나 제공받는 자가 사업자인 경우에는 계산서를 교부하여야 함

보증금 등에 대한 간주임대료

거주자가 3주택 이상을 소유하고 해당 주택의 보증금등의 합계액이 3억원을 초과하는 경우 다음의 간주임대료를 총수입금액에 산입하여야 한다.

간주임대료 =(보증금등 - 3억원1)의 적수 × 60% × $\frac{1}{365}$ × 정기예금이자율
    - 해당 임대사업부분 발생한 수입이자와 할인료 및 배당금의 합계액2)

1) 보증금등을 받은 주택이 2주택 이상인 경우에는 보증금등의 적수가 가장 큰 주택의 보증금등부터 순서대로 뺌
2) 추계신고·결정하는 경우 임대사업부분에서 발생한 금융수익 차감하지 않음

총수입금액에 포함하는 공공요금과 포함하지 않는 경우

주택임대의 경우 통상 임차인이 공공요금을 직접 납부하므로 임대수입과는 무관하다.

다만, 임대인이 임대주택을 직접 관리하는 경우 전기요금, 수도요금, 도시가스료 등 공과금을 건물주가 부담하고 관리비 등에 포함하여 별도로 구분하지 아니하고 받는 경우에는 이를 총수입금액에 산입하고 공과금 지급금액을 필요경비로 계상한다. 그러나 관리비를 구분징수하는 경우에는 수입금액에 산입하지 않고 전기요금 등 공과금을 필요경비에 산입하지 않는다.

주택 보증금 간주임대료

🅠 개요

부부합산 3채 이상(소규모주택 제외)의 주택을 보유하고 주택을 보증금·전세금 또는 이와 유사한 성질의 금액을 받은 경우 보증금 등에 대한 이자상당액을 일정한 산식에 의하여 계상하여 부동산임대소득의 총수입금액에 산입하여야 하며, 이자상당액을 간주임대료라고 한다.

▶ **부부합산 2채의 주택을 보유한 경우**
3채 이상 주택을 보유한 경우에만 임대보증금에 대하여 간주임대료를 계산하는 것이므로 2채만을 보유하고 전세로 임대를 한 경우에는 주택임대에 대하여 종합소득세 신고납부의무가 없다. 단, 2채만을 보유하고 있더라도 월세 임대를 한 경우에는 종합소득세 신고 및 납부를 하여야 한다.

▶ **과세기간 중 일부 주택을 양도한 경우**
과세기간 중 일부 주택을 양도하여 3주택 미만을 보유하게 되더라도 해당 과세기간의 3주택 보유기간에 대하여 보증금 등에 대한 간주임대료를 계산하여야 한다.

[개정 세법] 보증금 임대수익에서 제외하는 소규모주택(소득법 § 25)
(종전) 주거전용 면적이 1호(戶) 또는 1세대당 60제곱미터 이하인 주택으로서 해당 과세기간의 기준시가가 3억원 이하인 주택
(개정) 주거전용 면적이 1호(戶) 또는 1세대당 40제곱미터 이하인 주택으로서 해당 과세기간의 기준시가가 2억원 이하인 주택
〈적용시기〉 2019.1.1. 이후 발생하는 소득분부터 적용

▶ 주택 간주임대료의 총수입금액 산입 요건(다음 요건 모두 충족)

주택 수	3주택 이상 소유(부부합산) 단, 소형주택(1세대당 40제곱미터 이하인 주택으로서 해당 과세기간의 기준시가가 2억원 이하인 주택)은 2026년 12월 31일까지는 주택 수에 포함하지 않음
보증금 등의 합계액	간주임대료 계산 대상 주택 보증금 등의 합계액이 3억원 초과

▶ 주택의 간주임대료 계산방법

장부 신고	(보증금 등 - 3억원)의 적수 × 60% × $\frac{1}{365}$ × 정기예금이자율 ('23귀속 : 2.9%) 해당 임대사업부분 발생한 수입이자와 할인료 및 배당금의 합계액
추계 신고	(보증금 등 - 3억원)의 적수 × 60% × $\frac{1}{365}$ × 정기예금이자율 ('23귀속 : 2.9%)

- 보증금 등을 받은 주택이 2주택 이상인 경우에는 보증금등의 적수가 가장 큰 주택의 보증금 등부터 순서대로 차감
- 윤년인 경우 365일은 366일로 한다.

◆ 부부가 부동산임대업을 공동으로 하는 경우 주택의 임대보증금에 대한 간주임대료 계산방법
(소득, 서면-2016-법령해석소득-5179, 2017.06.12.)
1. 부부가 단독명의 주택과 공동명의 주택을 임대하는 경우 간주임대료 계산대상 해당여부는 각 거주자별로 판단하는 것이며, 소득세법 제25조 단서에서 규정하는 '주택수'와 '보증금등의 합계액' 판단시 같은 법 시행령 제8조의2제3항제4호에 따라 부부 합산하여 계산하는 것입니다.
2. 공동사업장에 대한 간주임대료는 공동사업장을 1거주자(구성원이 동일한 공동사업장은 동일 1거주자로 봄)로 보아 소득세법 제25조, 같은 법 시행령 제8조의2 및 제53조에 따라 계산하며, 간주임대료와 월 임

대료를 합산하여 각 공동사업장별 소득금액을 계산한 후 각 공동사업장의 손익분배비율에 따라 각 공동사업자별로 분배하는 것입니다.

◎ 임대보증금에 대한 간주임대료 계산 사례

단독사업자(보증금 등 합계액이 변동하지 않는 경우)
부부합산 비소규모주택(주거전용 면적 40㎡ 초과하거나 기준시가 2억원 초과) 3채 이상 소유자의 비소규모주택 보증금 및 전세금에 대해서 보증금 합계 3억원 초과분의 60%에 대하여 2.9%를 임대료로 간주하여 총수입금액에 산입하여야 한다.

<예제> 비소규모주택 3채를 단독으로 임대하는 경우
■ 아래 예제의 이자율은 2022년도 귀속분 이자율로
2023년도 귀속분의 경우 이자율은 2.9%로 하여야 함
임대사업부분 발생 금융수익 없음, 임대기간은 모두 1.1.~12.31.

구 분	보증금	월세	임대기간	전용면적	기준시가
A주택	150,000,000	1,000,000	01.01.~12.31.	69	4억
B주택	100,000,000	-	01.01.~12.31.	65	2.5억
C주택	350,000,000	1,300,000	01.01.~12.31.	109	6억

(보증금 등 - 3억원1))의 적수 × 60% ÷ 365 × 1.2% - 임대사업부분 발생 금융수익2)
1) 보증금등의 적수가 가장 큰 주택의 보증금등부터 순서대로 차감
2) 추계신고 등의 경우에는 금융수익을 차감하지 않음

구 분	보증금	간주임대료	월세	합 계
A주택	150,000,000	1,890,000	12,000,000	13,890,000
B주택	100,000,000	1,260,000	-	1,260,000
C주택	350,000,000	630,000	15,600,000	16,230,000
합 계				31,380,000

<간주임대료 수익>
A : [(1.5억원 - 0) × 365] × 0.6 ÷ 365 × 1.2% = 1,080,000
B : [(1억원 - 0) × 365] × 0.6 ÷ 365 × 1.2% = 720,000
C : [(3.5억원 - 3억원) × 365] × 0.6 ÷ 365 × 1.2% = 360,000
<월세> A : 1백만원 × 12 = 12,000,000
C : 1.3백만원 × 12 = 15,600,000

공동으로 주택을 임대하는 경우

단독명의 주택과 공동명의 주택이 혼합된 경우 간주임대료 계산 대상 해당 여부는 각 거주자별로 판단하되, 단독명의 주택과 공동명의 주택을 구분하여 각각 간주임대료를 계산하며, 간주임대료와 월 임대료를 합산하여 각 공동명의 주택별 소득금액을 계산한 후 각 공동명의 주택의 손익분배비율에 따라 각 거주자별로 소득금액을 배분한다.

<예제> 부부 甲과 乙이 비소규모주택 4채를 단독 및 공동으로 임대 임대사업부분 발생 금융수익 없음, 임대기간은 모두 1.1.~12.31.

구 분	보증금	월세	소유현황(甲 : 乙 지분율)
A주택	400,000,000	1,200,000	甲 단독소유
B주택	500,000,000	-	50 : 50
C주택	30,000,000	1,300,000	30 : 70
D주택	170,000,000	-	10 : 90
합계	1,100,000,000		

- 간주임대료는 보증금에서 3억원을 차감한 금액의 60%를 곱한 금액에 정기예금이자율을 곱한 금액으로 계산하되, 단독명의 주택과 공동명의 주택을 보유한 경우 단독명의 주택의 보증금 합계액에서 3억원 차감한 금액으로 하고, 공동명의는 공동명의의 주택 전세보증금 합계액에서 3억원을 차감하여 계산한다.
- 부부 공동명의 주택 3채(B, C, D)에 대해서는 1거주자로 보아 간주임대료 계산하고, 甲의 단독소유 A주택은 별도로 계산한다.
- 공동사업의 경우 공동사업장을 1거주자로 보아 공동사업장별로 소득

금액을 계산하며, 공동사업의 구성원이 동일한 수개의 공동사업장은 동일한 1거주자가 각 공동사업장을 운영하는 것으로 본다.

구 분	보증금	간주임대료	월세	소계	지분	甲 수입금액	乙 수입금액
A(甲) [단독]	4억원	1,260,000	14,400,000	15,660,000	단독	15,660,000	-
B(5:5) [공동]	5억원	2,520,000	-	2,520,000	5:5	1,260,000	1,260,000
C(3:7) [공동]	0.3억원	378,000	15,600,000	15,978,000	3:7	4,793,400	11,184,600
D(1:9) [공동]	1.7억원	2,142,000	-	2,142,000	1:9	214,200	1,927,800
합 계	11억원					21,927,600	14,372,400

<간주임대료 수익>

1) [(4억원 - 3억원) × 365] × 0.6 ÷ 365 × 1.2% = 720,000

2) B : [(5억원 - 3억원) × 365] × 0.6 ÷ 365 × 1.2% = 1,440,000
C : [(30백만원 - 0) × 365] × 0.6 ÷ 365 × 1.2% = 216,000
D : [(170백만원 - 0) × 365] × 0.6 ÷ 365 × 1.2% = 1,224,000

3) A : 1.2백만원 × 12 = 14,400,000
D : 1.3백만원 × 12 = 15,600,000

4) 2019년 귀속부터 총수입금액의 합계액이 2천만원 이하인 경우도 과세

■ 소형주택 간주임대료 과세특례 적용기한 연장(소득법 §25)

종 전	개 정
□ 3주택 이상자 보증금등에 대한 간주임대료 과세 ㅇ (대상) 3주택 이상자가 받는 전세금·보증금등 - 단, 소형주택*은 주택 수 및 간주임대료 과세대상에서 제외 　* 1세대당 40m2 이하이면서 기준시가 2억원 이하인 주택 ㅇ (적용기한) '21.12.31.	□ 소형주택에 대한 과세특례 적용기한 2년 연장 ㅇ (좌 동) ㅇ (종전) '23.12.31. ㅇ (개정) '26.12.31.

주택 임대소득 분리과세

❹ 선택적 분리과세

① 2019년 귀속분부터는 주택임대소득 **총수입금액의 합계액이 2천만원 이하**인 경우 종합소득세를 신고 및 납부하여야 한다.

② 주택임대소득 **총수입금액의 합계액이 2천만원 이하**인 경우 종합과세와 분리과세 중 선택하여 종합소득세를 신고납부할 수 있다.

[종합과세] (주택임대소득 + 종합과세대상 다른 소득) × 세율(6~45%)
[분리과세] 주택임대소득 × 14% + 종합과세대상 다른 소득 × 세율(6~45%)

▶ 주택임대소득 분리과세 계산구조

구 분	등록임대주택	미등록임대주택
수입금액	월세 + 간주임대료	월세 + 간주임대료
필요경비	수입금액 × 60%	수입금액 × 50%
소득금액	수입금액 - 필요경비	수입금액 - 필요경비
과세표준	소득금액 - 기본공제(4백만원)	소득금액 - 기본공제(2백만원)
산출세액	과세표준 × 세율(14%)	과세표준 × 세율(14%)
세액감면	단기(4년) 30% 장기(8년, 10년) 75%	없음
결정세액	산출세액 - 세액감면	산출세액과 동일

▶ '20. 8.18. 이후 장기일반민간임대주택 → 10년 이상 임대, 아파트 제외

[개정 세법] 아파트 임대는 우대공제 배제 (소득법 §64의2)
<적용시기> 2020.7.11. 이후 등록 임대 아파트는 우대공제하지 않음
2020. 7. 10. 이전에 4년 이상 임대등록 아파트에 대하여 우대공제함

▶ 등록임대주택 요건 (소득세법 시행령 제122조의2)
다음 각 호의 요건을 모두 충족하는 등록임대주택
1. 「민간임대주택에 관한 특별법」 제5조에 따른 임대사업자등록을 한 자가 임대 중인 같은 법 제2조제5호에 따른 장기일반민간임대주택
[아파트를 임대하는 민간매입임대주택의 경우에는 2020년 7월 10일 이전에 종전의 「민간임대주택에 관한 특별법」 제5조에 따라 등록을 신청한 것에 한정]
또는 종전의 「민간임대주택에 관한 특별법」 제5조에 따른 임대사업자등록을 한 자가 임대 중인 같은 법 제2조제6호에 따른 단기민간임대주택 (2020년 7월 10일 이전에 등록을 신청한 것으로 한정)
2. 관할 세무서에 사업자등록을 한 임대주택일 것
3. 임대보증금 또는 임대료의 증가율이 100분의 5를 초과하지 않을 것.

③ 주택임대소득의 **총수입금액 합계액이 2천만원을 초과하는** 경우 종합소득에 합산하여야 한다.

◆ 분리과세 주택임대소득에 대한 의제상각 여부
(사전-2020-법령해석소득-0269, 2021.03.09)
귀 사전답변 신청의 경우, 주택임대사업자가 주택임대소득에 대하여 「소득세법」 제64조의2제1항에 따라 분리과세를 선택하고 같은 법 제70조제4항제6호에 따른 추계소득금액 계산서를 제출한 경우에도 건축물에 대해서는 「소득세법 시행령」 제68조제2항의 적용이 배제되는 것이나, 위 주택임대소득에 대하여 「조세특례제한법」 제96조 제1항의 규정에 따라 소득세를 감면받은 경우에는 위 건축물에 대하여 「소득세법 시행령」 제68조제1항이 적용되는 것임.

□ 소득세법시행령 제68조(감가상각의 의제)
□ 조세특례제한법 제96조(소형주택 임대사업자에 대한 세액감면)

분리과세 주택임대소득 소득금액 및 과세표준

소득금액
수입금액에서 필요경비를 차감한 금액으로 한다.

미등록 임대주택 과세표준
등록임대주택의 요건을 모두 충족하지 못한 임대주택을 말하며, 미등록 임대주택의 과세표준은 다음과 같이 계상한다.

과세표준 = 수입금액 - 필요경비(50%) - 기본공제(2백만원)

등록임대주택 과세표준
등록임대주택이란 등록임대주택의 요건을 모두 충족하는 임대주택을 말하며, 등록임대주택의 과세표준은 다음과 같이 계상한다.

과세표준 = 수입금액 - 필요경비(60%) - 기본공제(4백만원)

과세기간 중 일부 기간 동안 등록임대주택을 임대한 경우 등록임대주택 수입금액 및 주택임대소득 계산

[소득세법 시행령 제122조의2(분리과세 주택임대소득에 대한 사업소득금액 등 계산의 특례)]

1. 등록임대주택을 적용할 때 과세기간 중 일부 기간 동안 등록임대주택을 임대한 경우 등록임대주택의 임대사업에서 발생하는 수입금액은 월수로 계산한다. 이 경우 해당 임대기간의 개시일 또는 종료일이 속하는 달이 15일 이상인 경우에는 1개월로 본다.

2. 해당 과세기간 중에 임대주택을 등록한 경우 주택임대소득금액은 다음의 계산식에 따라 계산한다.

[등록한 기간에 발생한 수입금액 × (1 - 0.6)] + [등록하지 않은 기간에 발생한수입금액 × (1 - 0.5)]

3. 해당 과세기간 동안 등록임대주택과 등록임대주택이 아닌 주택에서 수입금액이 발생한 경우 소득세법 제64조의2제2항에 따라 해당 과세기간의 종합소득금액이 2천만원 이하인 경우에 추가로 차감하는 금액은 다음의 계산식에 따라 계산한다.

(등록임대주택에서 발생한 수입금액/총 주택임대수입금액× 400만원) + (등록임대주택이 아닌 주택에서 발생한 수입금액/총 주택임대수입금액 × 200만원)

□ 소득세법 제14조(과세표준의 계산) -요약-
③ 다음 각 호에 따른 소득의 금액은 종합소득과세표준을 계산할 때 합산하지 아니한다. <개정 2019. 12. 31., 2020. 12. 29.>
7. 해당 과세기간에 대통령령으로 정하는 총수입금액의 합계액이 2천만원 이하인 자의 주택임대소득(분리과세 주택임대소득)

제20조(일용근로자의 범위 및 주택임대소득의 산정 등)
② 법 제14조제3항제7호에서 "대통령령으로 정하는 총수입금액의 합계액"이란 제8조의2제6항에 따른 총수입금액(주거용 건물 임대업에서 발생한 수입금액의 합계액을 말한다.

기본공제

분리과세 주택임대소득을 제외한 해당 과세기간의 종합소득금액이 2천만원 이하인 경우 2백만원(등록임대주택은 4백만원) 공제

■ 주택임대소득 종합과세, 분리과세 및 세액 계산구조

구 분	종합과세 선택	분리과세 선택	
		종합 과세 대상 소득	분리과세 주택임대소득
주택임대 수입금액	월세 + 간주임대료	해당사항 없음	월세 + 간주임대료
주택임대 필요경비	장부신고: 실제 지출한 경비 / 추계신고: 기준·단순경비율에 의한 경비	해당사항 없음	등록: 수입금액의 60% / 미등록: 수입금액의 50%
소득금액	수입금액 - 필요경비		수입금액 - 필요경비
종합소득 금액	주택임대 소득금액 + 종합과세 대상 다른 소득금액	분리과세주택임대소득 외의 종합과세대상 소득금액	해당사항 없음
소득공제 분리과세 임대소득 기본공제	인적공제 등 각종 소득공제	인적공제 등 각종 소득공제	등록: 4백만원 / 미등록: 2백만원 * 분리과세 주택임대소득을 제외한 종합소득금액이 2천만원 이하인 경우 공제
과세표준	종합소득금액 - 소득공제	종합소득금액 - 소득공제	주택임대 소득금액 - 기본공제(2백만원, 4백만원)
세율	6~45%	6~45%	14%(단일세율)
산출세액	과세표준×세율	과세표준×세율	과세표준×세율
공제감면 세액	소득세법 및 조특법 상의 각종 공제·감면 * 소형주택 임대사업자 감면 포함	소득세법 및 조특법의 각종 공제감면 * 소형주택 임대감면 제외	소형주택 임대사업자 감면 — 단기임대: 30% / 장기임대: 75%
결정세액	산출세액 - 공제감면세액	산출세액 - 공제감면세액	산출세액 - 감면세액
		종합과세대상 결정세액과 분리과세대상 결정세액 합산하여 신고납부	

주택 임대업 규모별 종합소득세 신고 방법

🗹 당해연도 주택임대 총수입금액이 2천만원 이하인 경우

종합소득세 신고시 분리과세 또는 종합과세를 선택할 수 있으며, 분리과세를 선택하여 신고하는 경우 주택임대소득에 대하여만 별도로 세액을 계산하여 납부하며, 다른 소득과 합산하지 아니하므로 근로소득 또는 다른 사업소득 등이 많아 세금 부담이 많은 자의 경우 절세 효과가 크다.

따라서 고소득자의 경우 분리과세방법에 의하여 임대소득만을 신고 납부하여야 세금을 줄일 수 있으므로 주택 임대와 관련한 연간 수입금액이 2천만원을 넘지 않도록 하는 것이 최상의 방법일 것이다.

▶ 주택임대수입이 2천만원 이하라도 종합과세가 유리한 경우
주택 임대외 다른 소득이 없는 경우 종합과세를 선택하여 종합소득세 신고를 하는 것이 유리할 수 있다.

[사례] 분리과세 또는 종합과세에 의한 세금 계산 비교
1. 주택임대업 외의 다른 종합소득금액 : 0원
2. 지자체 임대주택 등록 : 하지 않음
3. 연간 임대수입금액 : 1천8백만원, 일반주택임대(701102)
4. 주택임대 종합과세시 신고방법: 단순경비율(42.6%)
5. 종합소득공제 : 본인 기본공제 150만원만 적용
6. 세액공제감면 : 표준세액공제 7만원만 적용
• 종합과세 결정세액 459,920원 < 분리과세 결정세액 980,000원

▶ 분리과세에 의한 세액 계산

구 분	지자체 미등록 임대주택	금 액
수입금액	월세 + 간주임대료	18,000,000
필요경비	수입금액 × 50%	9,000,000
소득금액	수입금액 - 필요경비	9,000,000
과세표준	소득금액 - 기본공제(2백만원)	7,000,000
산출세액	과세표준 × 세율(14%)	980,000
결정세액	산출세액과 동일	980,000
지방소득세	결정세액 × 10%	98,000

▶ 종합과세(추계)에 의한 세액 계산

구 분	지자체 미등록 임대주택	금 액
수입금액	월세 + 간주임대료	18,000,000
필요경비	수입금액 × (단순경비율)42.6%	7,668,000
소득금액	수입금액 - 필요경비	10,332,000
소득공제	본인 기본공제	1,500,000
과세표준	소득금액 - 기본공제(150만원)	8,832,000
산출세액	과세표준 × 세율(6%)	529,920
표준공제세액	사업자 7만원	70,000
결정세액		459,920
지방소득세	결정세액 × 10%	45,990

직전연도 총수입금액이 2400만원 이하인 경우로서 당해연도 총수입금액이 2천만원을 초과하는 경우

주택 임대업의 경우 장부를 작성하더라도 임대사업과 관련한 비용(재산세, 수리비, 종합부동산세 등)이 거의 발생하지 아니하므로 국세청에서 정한 단순경비율(2022년 기준 42.6%)을 차감한 금액을 임대소득금액[임대 수입급액 - (임대 수입금액 × 42.6%)]으로 하여 종합소득세 신고를 하면 된다.

◨ 직전연도 총수입금액 2400만원 초과 4800만원 이하인 주택임대사업자

간편장부로 소득금액을 계산하여 종합소득금액 계산

간편장부(소규모 사업자를 위하여 국세청에서 특별히 고안한 장부)를 작성하여 임대소득금액을 계산한 후 종합소득세 신고 및 납부를 하거나 다른 종합소득합산대상 소득이 있는 경우 주택임대소득금액을 합산하여 종합소득세 신고를 하여야 한다.

◆ 간편장부 : 국세청 홈페이지 → 국세신고안내 → 장부기장의무 안내

추계로 소득금액을 계산하여 종합소득금액 계산

주택 임대업의 경우 장부를 작성하더라도 임대사업과 관련한 비용(재산세, 수리비, 종합부동산세 등)이 거의 발생하지 아니하므로 국세청에서 정한 기준경비율(2022년 기준 17.2%)을 차감한 금액을 임대소득금액(임대 수입급액 - 임대 수입금액 × 17.2%)으로 하여 종합소득세 신고를 하면 된다.

◨ 직전연도 총수입금액이 4800만원 초과 7500만원 이하인 주택임대사업자

간편장부에 의한 소득금액 계산

직전연도 주택임대와 관련한 총수입금액(월세 합계액 + 보증금에 대한 간주임대료 상당액)이 4800만원을 초과하는 경우 간편장부 기장

을 하여 주택 임대소득을 계산한 후 종합소득세 신고 및 납부를 하여야 하며, 다른 종합소득 과세대상 소득에 합산하여 종합소득세 신고를 하여야 한다. 직전연도 수입금액이 4800만원을 초과하는 경우 장부기장에 의하여 소득금액을 계산하여 신고하여야 세금을 줄일 수 있으며, 장부기장 및 세무신고는 간단한 문제가 아니므로 가능한 세무회계사무소에 대행하는 것이 바람직할 것이다.

추계에 의한 소득금액 계산

직전연도 수입금액이 4800만원을 초과하는 주택 임대사업자가 추계로 신고하는 경우 수입금액에 기준경비율 상당액을 차감한 금액으로 소득금액으로 계산하여야 하며, 장부기장을 하지 아니한 제재로 무기장가산세를 추가로 부담하여야 하는 문제가 있다.

▶ 종합과세(추계)에 의한 세액 계산

구 분	지자체 미등록 임대주택	금 액
수입금액	월세 + 간주임대료	50,000,000
필요경비	수입금액 × (기준경비율) 17.2%	8,600,000
	주요경비 → 없음	
소득금액	수입금액 - 필요경비	41,400,000
소득공제	본인 기본공제	1,500,000
과세표준	소득금액 - 기본공제(150만원)	39,900,000
산출세액	과세표준 × 세율(%)	4,905,000
표준세액공제	사업자 7만원	70,000
결정세액		4,835,000
무기장가산세	산출세액 × 20%	981,000
납부할 세액		5,816,000
지방소득세	결정세액 × 10%	581,600

▶ 2022년 귀속분 소득세 기본세율 (소득세법 §55①)

과세표준 구간	세율	누진공제액
1,200만원 이하	6%	
1,200만원 초과 4,600만원 이하	15%	108만원
4,600만원 초과 8,800만원 이하	24%	522만원
8,800만원 초과 1억5천만원 이하	35%	1,490만원
1억5천만원 초과 3억원 이하	38%	1,940만원
3억원 초과 5억원 이하	40%	2,540만원
5억원 초과 10억원 이하	42%	3,540만원
10억원 초과	45%	6,540만원

<적용시기> '21.1.1. 이후 발생하는 소득분부터 적용

■ 2023년 귀속분 소득세 기본세율 (소득세법 §55①)

과세표준 구간	세율	누진공제액
1,400만원 이하	6%	
1,400만원 5,000만원 이하	15%	126만원
5,000만원 8,800만원 이하	24%	576만원
8,800만원 1.5억원 이하	35%	1,544만원
1.5억원 3억원 이하	38%	1,994만원
3억원 5억원 이하	40%	2,594만원
5억원 10억원 이하	42%	3,594만원
10억원 초과	45%	6,594만원

<적용시기> '23.1.1. 이후 발생하는 소득 분부터 적용

직전연도 총수입금액이 7500만원을 초과하는 경우

직전연도 주택임대와 관련한 총수입금액(월세 합계액 + 보증금에 대한 간주임대료 상당액)이 7500만원을 초과하는 경우 복식부기기장을 하여야 하며, 장부기장 및 세무신고는 간단한 문제가 아니므로 세무회계사무소에 대행하여야 한다.

🔲 주택임대소득이 2천만원 이하이면서 공적연금 만 있는 경우 세금 절세

공적연금과 사업소득 또는 근로소득 등이 있는 경우 공적연금 금액에 관계없이 합산하여 종합소득세 신고를 하여야 한다.

단, 공적연금과 분리과세되는 소득만 있는 경우 합산하여 종합소득세 신고를 하지 않아도 되므로 주택임대소득이 2천만원 이하인 경우 분리과세로 신고를 하면, 공적연금에 대하여 합산하여 종합소득세 신고납부를 하지 않아도 된다.

▶ 사적연금 및 공적연금
1. 사적연금 : 보험회사의 연금, 퇴직연금 등
2. 공적연금 : 국민연금, 공무원연금, 군인연금, 사립학교교직원연금 등

▶ 공적연금 종합소득 합산금액 : 과세대상연금소득 - 연금소득공제액
[과세대상] 2002년 1월 1일 이후에 납입한 연금불입액
2001년 이전에 납입한 연금불입액 → 비과세됨

종합소득세 신고시 합산하지 않는 소득 (분리과세)
조세 정책 목적에 의하여 일부 소득은 종합소득에 합산하지 아니하고, 소득을 지급하는 자가 소득세를 원천징수하여 납부함으로서 소득을 지급받는 자의 납세의무가 종결되는 것을 분리과세라 하며, 분리과세 대상소득의 경우 종합소득에 합산하지 않는다.

▶ 분리과세 대상소득
- 사적 연금소득의 연간 합계액이 1,200만원 이하인 경우
- 퇴직금을 퇴직연금등에 불입한 후 연금형태로 지급받는 금액
- 이자소득과 배당소득의 합계액이 2,000만원 이하의 경우

주택임대소득 추계신고

◙ 추계신고와 무기장가산세

간편장부대상자가 추계신고하는 경우 무신고가산세는 없으나 무기장가산세는 적용된다. 한편, 간편장부로 신고하는 경우 임대보증금에 대한 수익(간주임대료 수익)은 전체 임대보증금에서 건설비 상당액을 차감한 금액에 정기예금이자율을 곱한 금액으로 계상하나 추계로 신고하는 경우에는 임대보증금(건설비상당액을 차감할 수 없음)에 정기예금이자율을 곱한 금액을 임대료수익에 포함하여야 한다.

무기장가산세

산출세액 × [무기장(추계신고)소득금액/종합소득금액] × 20%

◙ 부동산임대업 단순경비율 또는 기준경비율 적용 및 무기장가산세

기준금액(직전연도 수입금액 기준)	경비율 적용	무기장가산세
2천4백만원 미만	단순경비율	[×]
2천4백만원 이상 4천8백만원 미만	기준경비율	[×]
4천8백만원 이상 6천만원 미만	기준경비율	[O]
6천만원 이상 7천5백만원 미만	기준경비율	[O]
7천5백만원 이상	기준경비율의 1/2	[O]

◙ 추계신고시 경비율 적용

단순경비율 및 기준경비율

추계에 의하여 필요경비를 산정하여 소득금액을 계산하는 방법에는 **단순경비율**에 의한 방법과 **기준경비율**에 의한 방법이 있다.

▶ 단순경비율

단순경비율이란 국세청에서 업종별로 전체 사업자의 수익 대비 비용의 평균비율을 말하며, 간편장부대상자 중 단순경비율로 필요경비를 계산할 수 있는 사업자는 다음에 해당하는 경우에만 적용할 수 있으며, 기타의 경우에는 추계신고시 기준경비율을 적용하여 추계신고를 하여야 한다.
1. 신규사업자(단, 개업연도의 수입금액이 복식부기기장의무자 제외)
2. 주택임대업으로 직전연도 총수입금액이 2400미만인 경우

▶ 기준경비율

기준경비율이란 주요 경비(상품 매입비용 + 임차료 + 급여 및 임금)는 실제 지급한 금액으로 하고, 주요 경비를 제외한 기타 경비는 업종별로 전체 사업자의 수익 대비 기타 비용의 평균비율을 말한다.

예를 들어 주택임대업을 경영하는 사업자의 직전연도 수입금액이 3천만원인 경우로서 추계로 종합소득세를 신고하는 경우 기준경비율을 적용하여 추계신고를 하여야 한다. 다만, 이 경우 직전연도 수입금액이 4,800만원 미만이므로 기준경비율에 의하여 추계신고를 하더라도 무기장가산세는 적용되지 않는다.

단순경비율에 의한 추계소득금액 계산

신규 사업자로서 개업연도의 수입금액이 복식부기기장의무자 기준금액(임대수익 7,500만원)에 미달하는 사업자 및 직전연도 임대수입금액이 2,400만원 미만인 경우 단순경비율에 의한 추계소득금액을 계산하여 종합소득세를 신고할 수 있다.

기준경비율에 의한 추계신고대상자

부동산임대업의 경우 직전연도 수입금액이 2,400만원 이상인 사업자

◪ 간편장부대상자 기준경비율에 의한 추계소득금액

단순경비율적용대상 사업자가 아닌 경우로서 추계에 의하여 종합소득세를 신고하는 경우 기준경비율을 적용하여야 한다.

간편장부대상자 추계소득금액 (①, ② 중 적은 금액)
① 소득금액= [수입금액 - (수입금액 × 단순경비율)] × 배율
② 소득금액= 수입금액 - 주요경비 - (수입금액 × 기준경비율)

◆ 2022년 귀속분 배율 → 2.8배
◆ 2023년 귀속분 배율(소득세법 시행규칙 제67조)
→ 2024년 3월 이후 개정 여부 확인

■ (부동산임대업) 단순경비율 및 기준경비율(매년 변동될 수 있음)
[2023년 귀속분 경비율] 홈택스 → 기존 홈택스 메뉴 보기 → 조회발급 → 기타조회 → 기준·단순 경비율(업종코드)

▶ 주요경비
1. 매입비용(사업용고정자산의 매입비용 제외)
2. 임차료로서 증빙서류에 의하여 지출하였거나 지출할 금액
3. 종업원의 급여와 임금으로서 증빙서류에 의하여 지급한 금액

소득금액을 추계하는 경우 간주임대료 수익
부동산임대소득을 추계에 의하여 계상하는 경우에는 임대보증금에서 건설비 상당액(건물의 취득가액 등)을 차감하지 아니하며, 다음 산식에 의하여 계산한 금액을 「간편장부소득금액계산서」의 '⑬수입금액에 가산할 금액'란에 기재하여 총수입금액에 합산하여야 한다.

▶ 부동산임대업 단순경비율 및 기준경비율

코드번호	세분류	세세분류	단순경비율	기준경비율
701101	부동산 임대업	주거용 건물 임대업(고가주택임대)	37.4	15.2
	○「소득세법」 제12조에 따른 기준시가가 9억원을 초과하는 주택			
701102	부동산 임대업	주거용 건물 임대업(일반주택임대)	42.6	17.2
	○ 주거용 건물 및 건물 일부를 임대하는 산업활동을 말한다. 주로 1개월을 초과하는 기간으로 임대 기간을 약정하며, 가구 등 집기류를 포함하여 임대할 수 있다. -기준시가 9억원을 초과하지 않는 아파트, 공동주택, 다가구주택, 단독주택 등 <제 외> *기준시가 9억원 초과(→701101) *장기임대 국민주택(공동주택 및 단독주택)(→701103) *장기임대 국민주택(다가구주택)(→701104) *임차부동산의 전대 또는 전전대에 따른 수입(→701301)			
701103	부동산 임대업	주거용 건물 임대업(장기임대공동·단독주택)	61.6	20.1
	○ 장기임대 국민주택 (공동주택 및 단독주택) -국민주택 5호 이상을 5년 이상 임대한 경우에 한하여 적용			
701104	부동산 임대업	주거용 건물 임대업(장기임대다가구주택)	59.2	21.3
	○ 장기임대 국민주택 (다가구주택) -국민주택 5호 이상을 5년 이상 임대한 경우에 한하여 적용			

[2023년 귀속분] 기준시가 9억원 → 12억원

주택임대업의 장부기장에 의한 신고·납부 등

간편장부대상자
직전연도 수입금액이 7500만원 미만인 경우 간편장부기장에 의하여 주택임대 소득금액을 계산한 금액으로 종합소득세 신고·납부를 할 수 있으며, 간편장부기장에 의한 소득금액 계산에 대한 자세한 내용은 주택외 부동산임대 종합소득세 신고편을 참고한다.

복식부기의무자
직전연도 수입금액이 7500만원 이상인 경우 복식기장에 의하여 임대소득을 계산하여 종합소득세 신고 및 납부를 하여야 하며, 자세한 내용은 주택외 부동산임대 종합소득세 신고편을 참고한다.

종합소득세 신고·납부
종합소득세를 신고하여야 하는 자는 해당 과세기간의 다음해 5월 31일까지 **주소지 관할 세무서**에 종합소득세 신고를 하여야 하며, 신고기한 이내에 종합소득세를 납부하여야 하며,

종합소득세의 10%에 해당하는 금액인 지방소득세를 주소지 관할 지방자치단체(시.군.구)에 납부하여야 한다.

자세한 내용은 부동산임대업(주택외)의 종합소득세 신고.납부편을 참고한다..

소형주택 임대사업자에 대한 소득세 감면

감면요건 등

개요

내국인으로 다음 요건을 모두 충족하는 경우 임대주택을 1호 이상 임대하는 경우에는 2025년 12월 31일 이전에 끝나는 과세연도까지 해당 임대사업에서 발생한 소득에 대한 소득세 또는 법인세의 100분의 30 또는 100분의 75에 상당하는 세액을 감면받을 수 있다.
(조세특례제한법 제96조, 조세특례제한법 시행령 제96조)
1. 「소득세법」 제168조에 따른 사업자등록을 하였을 것
2. 「민간임대주택에 관한 특별법」 제5조에 따른 임대사업자등록을 하였을 것

소득세의 100분의 75를 감면받을 수 있는 임대주택

「민간임대주택에 관한 특별법」 제2조제5호에 따른 장기일반민간임대주택

[민간임대주택에 관한 특별법 제2조 제5호]
임대사업자가 공공지원민간임대주택이 아닌 주택을 10년 이상 임대할 목적으로 취득하여 임대하는 민간임대주택(아파트를 임대하는 민간매입임대주택은 제외)을 말한다.
▶ '20.8.18. 이후 장기일반민간임대주택 → 10년 이상 임대, 아파트 제외

[개정 세법] 감면대상 확대
부동산임대소득에 대한 분리과세 선택시에도 적용
<적용시기> 2019.1.1. 이후 발생하는 소득분부터 적용

[개정 세법] 주택을 2호 이상 임대하는 경우 세액감면율 축소
(조특법 제96조)

종 전	개 정
□ 소형주택 임대사업자 세액감면	□ 의무임대기간 연장 등
○ 감면대상소득 - 등록임대주택 중 소형주택(85㎡·6억원 이하)의 임대소득	○ 감면대상소득 (좌동)
○ 감면율 - 4년 이상 임대 30% - 8년 이상 임대 75% (장기일반민간임대주택 등)	○ 감면율 [1호 임대 (좌동)] - 4년 이상 임대 30% - 8년 이상 임대 75% (장기일반민간임대주택 등) 감면율 [2호 이상 임대] - 4년 이상 임대 20% - 8년 이상 임대 50%

<적용시기> 2021.1.1. 이후 임대사업에서 발생하는 소득분부터 적용

[개정 세법] 아파트 감면 배제 및 장기일반민간임대주택
1) 아파트의 경우 2020. 7. 10. 이전 등록분만 감면됨
2) '20.8.18. 이후 장기일반민간임대주택 → 10년 이상 임대, 아파트 제외

[세법 개정] 소형주택 임대사업자에 대한 세액감면 보완 (조특령 §96)
임대를 개시한 후 다음 각 호의 요건을 충족하는 경우, 그 요건을 모두 충족한 날 임대를 개시하는 것으로 본다.
1. 「소득세법」 또는 「법인세법」에 따른 사업자등록
2. 「민간임대주택에 관한 특별법」에 따른 임대사업자등록

▣ 감면대상 임대주택 요건

구 분	요 건
규모	「주택법」 제2조 제6호에 따른 국민주택규모1),2)의 주택3)일 것 1) 주거전용면적이 1호(戶) 또는 1세대당 85㎡ 이하인 주택(수도권을 제외한 도시지역이 아닌 읍 또는 면 지역은 1호 또는 1세대 당 주거전용면적이 100㎡ 이하) 2) 다가구주택일 경우 가구당 전용면적 기준 3) 주거에 사용하는 오피스텔과 주택 및 오피스텔에 딸린 토지를 포함
기준시가	주택 및 부수 토지의 기준시가의 합계액이 해당 주택의 임대개시일 당시 6억원을 초과하지 아니할 것
임대료 증가율	임대보증금 또는 임대료의 연 증가율이 5%를 초과하지 않을 것

임대기간

해당 세액감면을 적용받은 거주자가 1호 이상의 임대주택을 4년이상 임대하지 아니하는 경우 그 사유가 발생한 날이 속하는 과세연도 종합소득세 신고시 감면받은 세액 전액을 소득세로 납부하여야 한다.

임대기간과 상관없이 세액감면의 적용요건인 소득세법에 따른 사업자등록을 하였고, 민간임대주택에 관한 특별법에 따른 임대사업자등록을 하였다면 적용을 받을 수 있다.

▶ (사후 관리) 임대주택 수 및 임대기간의 판단기준
① 해당 과세연도 개월 수*의 12분의 9 이상인 경우 1호 이상의 임대주택을 임대하고 있는 것으로 봄
* 1호 이상의 임대주택의 임대개시일이 속하는 과세연도의 경우에는 1호 이상의 임대주택의 임대개시일이 속하는 월부터 과세연도 종료일이 속하는 월까지의 개월 수
② 1호 이상의 임대주택의 임대개시일부터 4년(장기일반민간임대주택등은 8년)이 되는 날이 속하는 달의 말일까지의 기간 중 매월 말 현재

실제 임대하는 임대주택이 1호 이상인 개월 수가 43개월(장기일반민간임대주택등은 87개월) 이상인 경우 1호 이상의 임대주택을 4년(장기일반민간임대주택등은 8년) 이상 임대하고 있는 것으로 봄
③ ① 및 ②를 적용할 때 기존 임차인의 퇴거일부터 다음 임차인의 입주일까지의 기간으로서 3개월 이내의 기간은 임대한 기간으로 봄

◆ 임대주택 유형 및 임대주택 호수 변경의 경우 감면금액 산출방법
(조세특례제한법 시행령 제96조)
① 임대주택 호수가 변경되는 경우, 과세연도 종료일 당시 임대주택 호수를 기준으로 해당 세액감면율 적용
② 단기민간임대주택을 장기일반민간임대주택등으로 변경하는 경우, 변경신고를 한 날이 속하는 과세연도부터 장기일반민간임대주택등에 대한 감면율 적용(임대시점은 민간임대주택법 시행령에 따라 기산)

■ 세액감면 및 농어촌특별세 납부

세액감면
2025년 12월 31일 이전에 끝나는 과세연도까지 해당 임대사업에서 발생한 소득에 대한 소득세의 30%(장기일반민간임대주택등은 75%)에 상당하는 세액을 감면

의무임대기간을 임대하지 않는 경우
감면받은 내국인이 1호 이상의 임대주택을 **4년**(장기일반민간임대주택등은 8년 또는 10년) 이상 임대하지 아니하는 경우 그 사유가 발생한 날이 속하는 과세연도의 과세표준신고를 할 때 감면받은 세액과 이자 상당 가산액을 소득세로 납부하여야 한다. [조특법 제96조 ②]

감면배제

소득세 무신고에 따라 세무서장 등이 과세표준과 세액을 결정하는 경우와 기한 후 신고를 하는 경우 [조특법 §128 ②]

최저한세

임대주택에 대하여 조세특례제한법 제96조의 규정에 의하여 감면을 받은 경우로서 감면 후의 세액인 최저한세 이하인 경우 최저한세를 납부하여야 한다.

▶ 개인사업자 최저한세율

산출세액의 35%(산출세액 3천만원 초과분은 45%)

농어촌특별세

임대주택에 대하여 조세특례제한법 제96조의 규정에 의하여 감면을 받은 경우 감면세액의 20%를 농어촌특별세로 납부하여야 한다.

감면신청

해당 과세연도의 과세표준신고와 함께 세액감면신청서에 다음의 서류를 첨부하여 납세지 관할 세무서장에게 제출하여야 한다.

① 임대사업자 등록증
② 임대 조건 신고증명서
③ 표준임대차계약서 사본
④ 임대차계약 신고이력 확인서

SECTION 02

장기일반민간임대주택 세제 혜택, 아파트 배제

주택을 임대하면서 시군구청에 주택임대사업자로 등록하고, 세무서에 임대사업자로 등록하여 일정 기간 이상 임대하는 주택의 경우 임대소득에 대한 소득세 경감, 종합부동산세 합산 배제, 양도소득세 신고시 장기보유특별공제, 조정대상지역 중과세 기준이 되는 주택수 제외, 거주주택에 대한 1세대 1주택 비과세 특례 등 각종 세제 혜택을 부여하였다.

그러나 2020년 아파트 가격 폭등으로 인한 정부 정책 변경으로 (매입)아파트는 2020.8.18. 이후 시군구청에 장기임대주택으로 등록할 수 없으며, 세법은 아파트에 대하여 2020.7.11. 이후 세제 지원을 폐지함으로서 아파트는 임대등록으로 더 이상 세금 혜택을 받을 수 없게 되었다. 단, 아파트를 제외한 단독주택, 오피스텔, 다세대주택(빌라 등), 겸용주택의 경우 임대등록을 하는 경우 각종 세금혜택이 있다.

본서에서는 주택 임대와 관련한 개요만 수록하였으므로 자세한 내용은 국세청에서 발간한 주택과 세금 책자를 구입하여 참고하시기 바랍니다.

장기일반민간임대주택 세금 혜택

임대주택 취득세 또는 재산세 감면 요약표

구분		40㎡ 이하	40~60㎡	60~85㎡
취득세	공통	공동주택 건축·분양 또는 주거용 오피스텔 분양시		
	4년 단기	1호 이상 임대시 감면 (취득세액 200만원 초과시 85% 감면)		-
	8년,10년			50% 감면(20호↑)
재산세	공통	2호 이상 임대시 감면		
		공동주택 건축·매입 또는 주거용 오피스텔 매입시		
	4년 단기	면제 (50만원 초과시 85% 감면)	50% 감면	25% 감면
	8년,10년		75% 감면	50% 감면

▶ 8년, 10년 → 2020.8.18. 이후 임대등록하는 경우 10년 이상

장기일반민간임대주택 장기보유특별공제, 양도소득세 경감

관련 법령	임대기간	감면내용
조특법 제97조의4	6년 이상	장기보유특별공제율 추가 공제
조특법 제97조의3	8년 이상	장기보유특별공제율 : 50%
	10년 이상	장기보유특별공제율 : 70%
조특법 제97조의5	10년 이상	양도소득세 100% 감면

• 양도소득세 100% 감면 → 2015. 1. 1.부터 2018. 12. 31. 까지 매매 등으로 소유권을 취득하여 10년 이상 임대한 장기임대주택에 한함

임대주택의 임대기간 및 세금 감면 요약

구분	임대기간	감면 등 종류	비고
1	6년 이상	장기보유특별공제율 추가(2 ~ 10%)	2018.3.31. 이전 등록
2	8년 이상	장기보유특별공제율 50%	1 배제
3	10년 이상	장기보유특별공제율 70%	1, 2 배제

장기임대주택의 거주주택 비과세특례

장기임대주택과 그 밖의 1주택을 국내에 소유하고 있는 1세대가 제1호와 제2호의 요건을 충족하고 해당 1주택(거주주택)을 양도하는 경우에는 국내에 1개의 주택을 소유하고 있는 것으로 보아 1세대 1주택 비과세를 적용한다.

1. 거주주택 : 2년 이상 보유기간 중 **거주기간이 2년 이상**일 것
2. 장기임대주택 : **양도일 현재** 사업자등록을 하고, 장기임대주택을 민간임대주택으로 등록하여 **임대**하고 있으며, 임대보증금 또는 임대료의 증가율이 2019.2.12. 이후 100분의 5를 초과하지 않을 것.

① 2018.9.13. 이전에 장기임대주택으로 등록한 주택
임대개시일 당시 주택의 기준시가가 6억원(비수도권 3억원 이하) 이하인 장기임대주택으로서 아래 요건을 충족하는 장기임대주택
1. 2018.9.13. 이전에 주택을 취득하여 장기일반민간임대주택등으로 등록하여 8년 이상 임대한 주택
2. 2018.3.31.까지 등록한 경우 5년 이상 임대한 주택으로 함

② 장기임대주택 (소득세법 시행령 제167조의3 ① 2 마)
민간매입임대주택 중 장기일반민간임대주택등으로 8년 이상[2020.8.18. 이후 임대등록한 주택 → 10년 이상(2020.7.11. 이후 아파트 제외)] 임대하는 주택으로서 해당 주택 및 이에 부수되는 토지의 기준시가의 합계액이 해당 주택의 임대개시일 당시 6억원(수도권 밖의 지역인 경우에는 3억원)을 초과하지 않는 주택

▶ 아파트 장기임대주택 폐지 및 시행시기
- 소득세법 시행령 → 2020년 7월 11일 이후
- 민간임대주택법 → 2020년 8월 18일 이후

▶ 2021.3.16. 이후 도시형 생활주택의 경우 장기임대등록 가능
○ 민간임대주택에 관한 특별법 제2조 제5호 개정
5. "장기일반민간임대주택"이란 임대사업자가 공공지원민간임대주택이 아닌 주택을 10년 이상 임대할 목적으로 취득하여 임대하는 민간임대주택[아파트(「주택법」 제2조제20호의 도시형 생활주택이 아닌 것을 말한다)를 임대하는 민간매입임대주택은 제외한다]을 말한다.

▶ 임대주택 등록 연도별 의무임대기간
1) 2020. 07. 10 이전 등록 → 5년 이상 임대
2) 2020. 07. 11 ~ 2020. 08.17 등록 → 8년 이상 임대
3) 2020. 08. 18 이후 등록 → 10년 이상 임대

▣ 거주주택 요건 (소득세법 시행령 제155조 제20항)
① 거주주택의 보유기간이 2년 이상
② 거주주택 보유기간 중 세대전원의 거주기간이 2년 이상일 것

◆ 양도, 서면-2017-부동산-1012 [부동산납세과-712] , 2017.06.22
장기임대주택을 소유한 1세대가 근무상 형편으로 2년 이상 거주요건을 갖추지 못한 일반주택을 양도할 때에는 비과세 특례를 적용할 수 없음

[개정 세법] 2019.2.12. 이후 장기임대주택 보유의 경우는 최초 거주주택에 대해서만 비과세 (평생 1회로 제한)

▣ 거주주택 비과세 특례 적용 이후 장기임대주택 양도
거주주택과 장기임대주택을 보유하던 중 보유기간 중 2년 이상 거주한 거주주택을 장기임대주택의 임대의무기간을 충족하기 전에 양도하는 경우에도 1세대 1주택 비과세 특례를 적용받을 수 있다. 단, 거주주택에 대하여 비과세 적용을 받은 후에 임대의무기간요건을

충족하지 못하게 된 때에는 그 사유가 발생한 날이 속하는 달의 말일부터 2개월 이내에 비과세받은 양도소득세를 신고·납부해야 한다. (소득세법 시행령 제155조 제22항)

◆ 장기임대주택 특례와 일시적2주택 특례 중복적용 1세대 1주택 비과세 (양도 사전-2020-법령해석재산-0320, 2021.01.20.)
거주주택과 임대주택을 보유한 1세대가 대체주택을 취득하고, 거주주택을 양도한 경우 장기임대주택특례와 일시적2주택 특례의 중첩적용이 가능한 것임

▶ 장기임대주택 자진말소 → 거주주택 5년 이내 양도 비과세

아파트의 경우 민간임대주택법 개정으로 2020년 8월 18일 이후 장기일반민간임대주택에서 제외함으로서 기존의 장기임대주택으로 등록한 사업자는 장기임대주택을 자진말소할 수 있으며, 자진말소 후 **5년내** 거주주택을 양도하는 경우 거주주택 비과세혜택을 받을 수 있다. 단, **거주주택 양도시 임대주택은 임대하고 있어야 하며**, 임대료 증액제한 요건(5%)을 이행하고 있어야 한다.(소득세법 시행령 제155조 제23항)

아파트 장기일반민간임대주택 폐지

자동말소 및 자진등록 말소일까지 소득세 및 종합부동산세 세제지원 유지

민간임대주택법 개정에 따라 폐지되는 임대주택 유형(아파트 장기일반매입임대주택)에 대하여 임대등록기간 동안 임대소득에 대한 소득세 및 임대주택 보유에 대한 종합부동산세 세제혜택 유지

① 임대소득에 대한 분리과세시 필요경비 우대
② 등록임대주택 중 소형주택에 대한 소득세·법인세 감면(30%, 75%)
③ 등록임대주택에 대한 종부세 비과세
- 임대등록일~자진·자동등록말소일까지 세제혜택 유지

의무임대기간 미충족시에도 거주주택에 대한 1세대 1주택 비과세 적용

자진등록말소의 경우 의무임대기간의 1/2 이상 임대한 경우 자진·자동등록말소로 인해 의무임대기간을 충족하지 않더라도 임대사업자의 거주주택을 임대주택 등록말소 후 **5년내** 양도하는 경우 1세대 1주택 양도세 비과세를 인정

■ 자동말소 또는 자진말소하는 경우 세제혜택 유지 기한 등 요약

1) 종합부동산세 과세 → 말소 이후 과세
자진말소 또는 자동말소 이전의 종합부동산세는 납부하지 않음

2) 거주주택 비과세 → 말소일 기준 5년 이내 양도

■ 장기임대주택 개정 세법

▶ '18.9.14. 이후 1주택을 보유한 1세대가 조정대상지역내 주택을 신규 취득하여 장기임대주택으로 등록한 경우 종합부동산세가 합산과세되며, 양도시 양도소득세가 중과세됨
단, 22.5.10. ~ 24.5.90 기간 중 양도시 중과세 한시 배제

▶ 장기일반민간임대주택등 감면 적용 시 주택가액 기준 신설
'18.9.14. 이후 취득하는 주택 → 조특법 §97의3 장기보유특별공제(8년 50%, 10년 70%) 및 조특법 §97의5 양도소득세 감면적용 시 임대개시일 당시 기준시가 6억원(비수도권 3억원) 이하의 주택가액 기준 신설

▶ 장기임대주택 보유 1세대의 거주주택 특례 평생 1회 제한
'19.2.12.이후 취득하는 주택부터 → 장기임대주택을 보유한 1세대의 거주주택 특례를 최초 거주주택에만 적용(평생 1회로 제한, 기존에 거주주택 비과세 특례를 받은 적이 있는 경우 비과세 적용을 받을 수 없음)

▶ 주택임대사업자 임대료 5% 증액 제한 요건 추가
'19.2.12. 이후 → 주택임대사업자에 대한 1세대 1주택 거주요건 적용배제, 거주주택 특례 및 임대주택 중과배제 적용 시 임대료(임대보증금) 증가율 5% 이하 요건 추가 ('20.2.11. 연 5% → 5%로 개정)

▶ 조정대상지역 내 1주택만을 보유한 세대가 해당 주택을 '19.12.17. 이후 임대하는 경우 2년 이상 거주하여야 비과세됨

▶ 단기임대·아파트 장기일반매입임대 유형 폐지 및 신규등록 임대주택 의무임대기간 연장 (소득령§155⑳~㉓, §167의3①2.가,마)
'20.07.11. 이후 → 단기, 아파트 장기매입 세제혜택 적용 배제
'20.08.18. 이후 → 의무임대기간을 8년에서 10년으로 연장

■ 임대주택 세제 혜택 및 개정 내용 요약

구 분	오피스텔, 다가구, 다세대 등		아파트	
	조정	비조정	조정	비조정
장기보유 특별공제 (소득세법 제95조)	▶ '18.4.1. 이후 중과세대상 주택(2주택 이상자 조정대상지역 주택) 양도시 장기보유특별공제 배제			
	'22.5.10. ~ '23.5.90 기간 중 중과세 한시 배제 및 장기보유특별공제 적용			
장특공제 (조특법 97조의3)	▶ '20.12.31.까지 임대주택 등록 : 8년 이상 50%, 10년 이상 70% 감면 ▶ '20.7.11. 이후 → 아파트는 임대등록할 수 없음			
2주택 이상 중과세 (소득세법 104⑦)	'18.9.14.이후 취득 중과세 18.9.13.이전 취득 및 등록 중과세(×) 임대등록(가능)	중과세(×)	'18.9.14.이후 취득 중과세 18.9.13.이전 취득 및 등록 중과세(×) 임대등록(불가)	중과세(×)
	'22.5.10. ~ '23.5.90 기간 중 중과세 한시 배제 및 장기보유특별공제 적용			
종합부동산세 (시행령 제3조 ①8)	'18.9.14.이후 1주택 이상자 등록 [합산]	합산배제	'18.9.14.이후 1주택 이상자 등록 [합산]	'20.7.11. 이후등록 [합산]
거주주택 비과세 (소령 155 ⑳)	임대주택 → 5년이상 임대 거주주택 2년 이상 거주 20.7.11. 이후 →8년 이상 '20.8.18. 이후 →10년 이상		'20.7.10. 이전 임대등록한 아파트를 5년 이상 임대하는 경우	
소득세 필요경비 우대공제 (소득세법 64조의2)	임대주택 → 4년이상 임대 - 등록임대주택 : 60% - 미등록임대주택 : 50% (소령 §155의2 1) 종전 민간 임대주택에 관한 특별법 적용		'20.7.10. 이전 임대등록한 아파트를 4년 이상 임대하는 경우	
소득세 감면 (조특법 제96조)	임대주택 → 4년이상 임대 - 장기임대 75%(2호 50%) - 단기임대 30%(2호 20%) (조특령§96 ②) 종전 민간 임대주택에 관한 특별법 적용		'20.7.10. 이전 임대등록한 아파트를 4년 이상 임대하는 경우	

장기임대주택 종합부동산세 합산 배제

장기임대주택 종합부동산세 합산 배제
임대개시일 또는 최초로 합산배제신고를 한 연도의 과세기준일의 공시가격이 6억원(수도권 밖 지역 3억원) 이하인 주택으로서 10년 이상 임대하는 장기임대주택은 종합부동산세 과세대상에서 제외한다.

▶ 등록임대주택의 등록시기별 종합부동산세 합산배제(종부령 §3①)
- 2018.3.31. 이전 등록한 5년 이상 임대주택
- 2018.4.01. 이후 등록한 8년 이상 장기임대주택
- 2020.7.11. 이후 등록한 8년 이상 장기임대주택(아파트 제외)
- 2020.8.18. 이후 등록한 10년 이상 장기임대주택(아파트 제외)

▶ 조정대상지역 임대주택의 종합부동산세 합산 과세
- 2018.9.14. 이후 1세대가 주택을 보유한 상태에서 취득한 조정대상지역에 있는 장기일반매입임대주택
- 2020.7.11. 이후 취득하여 임대하는 아파트

◆ 증여로 취득한 주택의 종합부동산세 합산배제 적용여부
(종부, 서면-2020-부동산-2300 [부동산납세과-780], 2020.06.30)
합산배제 임대주택 적용받던 주택을 증여받는 경우 전체 주택분에 대해 합산배제 가능한 것이나, 기존에 합산배제 되고 있지 않는 경우에는 새로운 주택의 취득으로 보아 합산배제 적용되지 않는 것임.

임대주택 등의 종합부동산세 합산배제 신고
일정한 요건을 갖춘 임대주택, 미분양주택 등과 주택건설사업자의 주택신축용토지에 대하여는 9월 16일부터 9월 30일까지 합산배제 신고를 하는 경우 종합부동산세가 과세에서 제외된다.

SECTION 03

종합부동산세

종합부동산세 개요

종합부동산세는 국세청에서 부과·징수 및 관리하는 국세로서 **과세기준일(매년 6월1일)** 현재 국내에 소재한 재산세 과세대상인 **주택** 및 토지를 유형별로 구분하여 **인별로** 합산하여 그 공시가격 합계액이 각 유형별 공제액을 초과하는 경우 그 초과분에 대하여 과세되는 세금이다.

▶ 주택
독립된 주거생활을 할 수 있는 구조로 된 건축물의 전부 또는 일부 및 그 부속토지를 말하며, 단독주택과 공동주택으로 구분한다.

▶ 분양권, 조합원입주권
분양권, 조합원입주권은 종합부동산세 과세대상이 아니므로 주택에 포함하지 않는다.

▶ 오피스텔
업무용오피스텔은 주택분 종합부동산세가 과세대상이 아니나 상시 주거용으로 사용하는 오피스텔은 주택에 해당하여 종합부동산세가 과세된다.

종합부동산세 납세의무자 및 과세대상

종합부동산 납세의무자는?

과세기준일(매년 6월 1일) 현재 **인별**로 보유한 과세유형별 **공시가격**의 전국 합산액이 공제금액을 초과하는 재산세 납세의무자로 한다.

▶ 개인별 과세

종합부동산세는 개인별로 과세되므로 부부가 각각 부동산을 소유한 경우 부부 개인별 주택공시가격이 9억원을 초과하는 경우 납부의무가 있다. 단, 2022년 이후 부부가 1주택만을 공동소유하는 경우 1세대 1주택으로 본다.

▶ 유형별 종합부동산세 과세대상 및 공제액

과세대상	공제액
주택	전국합산 주택 공시가격 합계액이 9억원을 초과하는 자 - 1세대 1주택자 12억원을 초과하는 자 * '21년 귀속분부터 법인은 기본공제 6억원 적용 배제
종합합산토지	전국합산 토지 공시가격 합계액이 5억원을 초과하는 자
별도합산토지	전국합산 토지 공시가격 합계액이 80억원을 초과하는 자

▶ 분리과세, 별도합산, 종합합산

1) 분리과세란 해당 부동산에 대하여만 공시가액에 세율을 적용하여 부과하는 세금을 말한다.
2) 별도합산이란 별도로 합산을 할 항목 등을 정해둔 것으로서 동일 시·군·구 내 별도합산대상 토지를 합산하여 과세하는 것을 말한다.
3) 종합합산이란 분리과세 또는 별도합산대상이 아닌 토지 등은 모두 합산하여 과세하는 것을 말한다.

▣ 종합부동산세 과세대상 구분(건축물)

구분		재산의 종류	재산세	종부세
건축물	주거용	· 주택(아파트, 연립, 다세대, 단독·다가구), 오피스텔(주거용) · 별장(주거용 건물로서 휴양·피서용으로 사용되는 것) · 일정한 임대주택·미분양주택·사원주택·기숙사·가정어린이집용 주택	과세 과세 과세	과세 × ×
	기타	· 일반건축물(상가, 사무실, 빌딩, 공장, 사업용 건물)	과세	×
토지	종합 합산	· 나대지, 잡종지, 분리과세가 아닌 농지·임야·목장용지 등 · 재산세 분리과세대상 토지 중 기준초과 토지 · 재산세 별도합산과세대상 토지 중 기준초과 토지 · 재산세 분리과세·별도합산과세대상이 아닌 모든 토지 · 주택건설사업자의 일정한 주택신축용 토지	과세 과세 과세 과세 과세	과세 과세 과세 과세 ×
	별도 합산	· 일반건축물의 부속토지(기준면적 범위내의 것) · 법령상 인허가 받은 사업용 토지	과세 과세	과세 과세
	분리 과세	· 일부 농지·임야·목장용지 등(재산세만 0.07% 과세) · 공장용지 일부, 공급목적 보유 토지(재산세만 0.2% 과세) · 골프장, 고급오락장용 토지(재산세만 4% 과세)	과세 과세 과세	× × ×

종합부동산세 과세표준 및 세율

종합부동산세 과세표준은?

과세표준이란 종합부동산세를 부과하기 위한 기준이 되는 금액으로 다음과 같이 계산한다.

[과세유형별 전국합산 공시가격 - 공제금액(과세기준금액)] × 공정시장가액비율
- 주택분 : [전국합산 공시가격 - 9억원(1주택자 12억원)] × 60%
- 종합합산토지분 : [전국합산 공시가격 - 5억원] × 100%
- 별도합산토지분 : [전국합산 공시가격 - 80억] × 100%

[개정 세법] 주택분 공정시장가액 비율 하향 조정 (종부령 제2조의4)
2022년 이후 주택분 종합부동산세 과세표준 계산 시 적용하는 공정시장가액비율을 종전 100%에서 60%로 하향 조정함

[개정 세법] 주택분 종합부동산세 기본공제금액 상향(종부세법 §8①)

종 전	개 정
□ 주택분 종부세 기본공제금액 　* 주택분 종부세 과세표준 　= 공시가격 합산액 - 기본공제금액 　o (일반) 6억원 　o (1세대 1주택자) 11억원 　o (법인) 기본공제 없음	□ 기본공제금액 조정 　o 6억원 → 9억원 　o 11억원 → 12억원 　o (좌 동)

<적용시기> '23.1.1. 이후 납세의무가 성립하는 분부터 적용

종합부동산세 산출세액 계산

종합부동산세 산출세액은 과세표준에 세율을 곱한 금액에서 재산세 상당액을 공제한 금액으로 계산한다.

◆ 공제할 재산세액

(종부세 과세표준 × 재산세 공정시장가액비율) × 재산세율/주택 또는 토지(종합, 별도구분)를 각각 합산하여 표준세율로 계산한 재산세상당액
- 재산세 공정시장가액비율 주택 60%('22년 1세대1주택 45%), 토지70%

주택수 계산 및 종합부동산세 세율

1) 1주택을 여러 사람이 공동으로 소유한 경우 공동 소유자 각자가 그 주택을 소유한 것으로 본다.
2) 다가구주택은 1주택으로 본다.

[세법 개정] 주택분 종합부동산세 세율 조정(종부세법 §9①·②)

종 전	개 정
□ 주택분 종합부동산세 세율	□ 다주택자 중과제도 폐지 및 세율 인하

과세표준	2주택 이하	3주택 이상*
3억원 이하	0.6%	1.2%
3억원 초과 6억원 이하	0.8%	1.6%
6억원 초과 12억원 이하	1.2%	2.2%
12억원 초과 50억원 이하	1.6%	3.6%
50억원 초과 94억원 이하	2.2%	5.0%
94억원 초과	3.0%	6.0%
법 인	3.0%	6.0%

* 조정대상지역 2주택 포함

과세표준	세율
3억원 이하	0.5%
3억원 초과 6억원 이하	0.7%
6억원 초과 12억원 이하	1.0%
12억원 초과 25억원 이하	1.3%
25억원 초과 50억원 이하	1.5%
50억원 초과 94억원 이하	2.0%
94억원 초과	2.7%
법 인	2.7%

<적용시기> '23.1.1. 이후 납세의무가 성립하는 분부터 적용

1. 납세의무자가 2주택 이하를 소유한 경우

과세표준	세율
3억원 이하	1천분의 5
3억원 초과 6억원 이하	150만원+(3억원을 초과하는 금액의 1천분의 7)
6억원 초과 12억원 이하	360만원+(6억원을 초과하는 금액의 1천분의 10)
12억원 초과 25억원 이하	960만원+(12억원을 초과하는 금액의 1천분의 13)
25억원 초과 50억원 이하	2천650만원+(25억원을 초과하는 금액의 1천분의 15)

과세표준	세율
50억원 초과 94억원 이하	6천400만원+(50억원을 초과하는 금액의 1천분의 20)
94억원 초과	1억5천200만원+(94억원을 초과하는 금액의 1천분의 27)

2. 납세의무자가 3주택 이상을 소유한 경우

주택분 종합부동산세 과세표준 12억원 초과 구간에서는 중과세율을 유지하되, 과세표준 구간에 따라 1천분의 20에서 1천분의 50으로 조정함

과세표준	세율
3억원 이하	1천분의 5
3억원 초과 6억원 이하	150만원+(3억원을 초과하는 금액의 1천분의 7)
6억원 초과 12억원 이하	360만원+(6억원을 초과하는 금액의 1천분의 10)
12억원 초과 25억원 이하	960만원+(12억원을 초과하는 금액의 1천분의 20)
25억원 초과 50억원 이하	3천560만원+(25억원을 초과하는 금액의 1천분의 30)
50억원 초과 94억원 이하	1억1천60만원+(50억원을 초과하는 금액의 1천분의 40)
94억원 초과	2억8천660만원+(94억원을 초과하는 금액의 1천분의 50)

[핵심 요약] 주택분 종합부동산세 계산구조

주택공시가격	[개인별 과세] 공동주택 + 개별주택
−	주택공시가격 → 부동산공시가격 알리미
공제금액	주택 9억원, 1세대 1주택자 12억원
=	
과세기준금액	
×	
공정시장가액비율	2022년 : 60%
=	
과세표준	
×	
세율(누진세율)	2주택 이하 : 0.5 ~ 2.7%
=	3주택 이상 : 0.5 ~ 5%
종합부동산세	
−	
재산세	종합부동산세 과세표준에 부과된 재산세 상당액
=	
산출세액	
−	
세액공제	[1세대 1주택자] 고령자, 장기보유세액공제
한도초과액	직전년도 대비 1.5배 초과금액
=	
납부세액	종합부동산세 + 농어촌특별세(종부세의 20%)

▶ 종합부동산세 모의 계산

홈택스(우측 하단) → 세금종류별 서비스 → 종합부동산세 간이세액 계산

◆ 주택분 종합부동산세 산출세액에서 상한 초과세액은 차감함

[재산세 + 세부담상한전 종부세액(1)] − 직전년도(재산세 + 종부세) × 150%

(1) (과세표준 × 세율 − 누진공제) − (공제할 재산세액 + 세액공제액)

- 법인은 세부담 상한규정이 적용되지 아니함

1세대 1주택자 종합부동산세

1세대 1주택자 종합부동산세

1세대가 1주택만을 보유한 경우로서 해당 주택의 공시가액이 11억원을 초과하는 경우 투기 목적 등이 아님에도 종합부동산세가 과세됨으로서 조세저항이 큼으로 인하여 5년 이상 보유한 경우 기간별로 세액공제를 하여 주며, **과세기준일 현재 만60세 이상인 1세대 1주택자에 대하여 연령별 공제를 하여 준다.**

세대

1) 주택 또는 토지의 소유자 및 그 배우자와 그들과 생계를 같이하는 가족으로서 주택 또는 토지의 소유자 및 그 배우자가 그들과 동일한 주소 또는 거소에서 생계를 같이하는 가족과 함께 구성하는 1세대를 말한다
2) 혼인함으로써 1세대를 구성하는 경우에는 혼인한 날부터 5년 동안은 주택을 소유하는 자와 그 혼인한 자별로 각각 1세대로 본다.
3) 동거봉양하기 위하여 합가함으로써 과세기준일 현재 60세 이상의 직계존속과 1세대를 구성하는 경우에는 합가한 날부터 10년 동안 주택을 소유하는 자와 그 합가한 자별로 각각 1세대로 본다.

가족

주택 또는 토지의 소유자와 그 배우자의 직계존비속(그 배우자 포함) 및 형제자매를 말하며, 취학, 질병의 요양, 근무상 또는 사업상의 형편으로 본래의 주소 또는 거소를 일시퇴거한 자를 포함한다.

1세대 1주택자

세대원 중 1명만이 주택분 재산세 과세대상인 1주택만을 소유한 경

우로서 그 주택을 소유한 거주자(비거주자가 국내에 1주택을 소유한 경우에는 1주택에 해당하지 않음)를 말한다.

◆ 다가구주택
다가구주택은 전체를 1주택으로 본다, 다만, 합산배제 임대주택의 공시가액(수도권 6억원, 비수도권 3억원)은 각 호별로 계산한다.

◆ 공동 소유한 주택
1주택을 여러 사람이 공동으로 소유한 경우 공동 소유자 각자가 그 주택을 소유한 것으로 본다.

[개정 세법] 2021.1.1. 이후 부부공동명의 1주택자는 1주택자로 봄
(종합부동산세법 제10조의2)
1) 기본공제 12억원 및 고령자 및 장기보유공제 적용
2) (납세의무자) 부부 중 지분율이 큰 자(지분율이 같은 경우 선택)
3) (세액공제 적용 기준) 납세의무자의 주택 보유기간 및 연령을 기준으로 적용
4) 부부 공동명의주택을 1명의 납세의무자로 하고자 하는 경우 당해연도 9월 16일부터 9월 30일까지 관할세무서장에게 신청하여야 한다.

◆ 다른 주택의 부속토지를 보유하고 있는 경우
1주택과 다른 주택의 부속토지(주택의 건물과 부속토지의 소유자가 다른 경우의 그 부속토지)를 함께 소유하고 있는 경우 1주택자로 본다.

◆ 2주택인 경우에도 1세대 1주택자에 해당하는 경우
일시적 2주택·상속주택·지방저가주택을 소유한 경우에는 신청에 의해 1세대 1주택자로 봄

◆ 합산배제되는 임대주택과 1주택을 보유한 세대의 종합부동산세 1세대 1주택자 거주주택 요건 (종합부동세법 시행령 제2조의 ①)
임대주택이 있는 경우에는 임대주택 외의 주택을 소유하는 세대가 과세기준일 현재 그 주택에 주민등록이 되어 있고 실제로 거주하고 있는 경우에 한정하여 1세대1주택을 적용받을 수 있다.

배우자가 없는 때에도 1세대에 해당하는 경우

1. 30세 이상인 경우
2. 배우자가 사망하거나 이혼한 경우
3. 기준 중위소득의 100분의 40 이상으로서 독립된 생계를 유지할 수 있는 경우. 다만, 미성년자의 경우는 제외한다.

1세대 1주택자 기본공제

주택에 대한 종합부동산세의 과세표준은 납세의무자별로 주택의 공시가격을 합산한 금액에서 9억원을 공제한 금액으로 하되, 1세대 1주택자의 경우에는 3억원을 추가로 공제한 금액으로 한다.

[개정 세법] 1세대 1주택자 기본공제 상향조정 [종부세법 제8조]
[종전] (일반) 6억원 (1세대 1주택자) 11억원
[개정] (일반) 9억원 (1세대 1주택자) 12억원(기본공제 9억원 + 3억원)
<적용시기> '23.1.1. 이후 납세의무가 성립하는 분부터 적용

1세대 1주택자의 종합부동산세 납세의무자는?

1세대 1주택자는 주택 공시가격에서 기본공제 12억원을 차감한 금액에 60%를 곱한 금액을 과세표준으로 한다. 따라서 1세대 1주택자의 경우 해당 주택의 주택공시가격이 20억을 초과하는 경우 종합부동산세 납세의무자가 된다.

🅠 1세대 1주택자 세액공제

1세대 1주택 연령별, 보유기간별 세액공제

주택분 종합부동산세 납세의무자가 1세대 1주택자에 해당하는 경우의 주택분 종합부동산세액은 산출세액에서 **연령별** 또는 **보유기간별** 공제율에 따른 공제액을 공제한 금액으로 하며, 중복하여 적용한다.

[개정 세법] 1세대 1주택자 고령자 공제율 및 보유기간별 공제(종부세법 §9)

종 전	개 정
□ 1세대 1주택자의 세액공제	
ㅇ 고령자 공제	ㅇ 고령자 공제율 +10%p 인상
<table><tr><th>연령</th><th>공제율(%)</th></tr><tr><td>60 ~ 65세 미만</td><td>10</td></tr><tr><td>65 ~ 70세 미만</td><td>20</td></tr><tr><td>만 70세 이상</td><td>30</td></tr></table>	<table><tr><th>연령</th><th>공제율(%)</th></tr><tr><td>60 ~ 65세 미만</td><td>20</td></tr><tr><td>65 ~ 70세 미만</td><td>30</td></tr><tr><td>만 70세 이상</td><td>40</td></tr></table>
ㅇ 장기보유 공제	ㅇ (좌 동)
<table><tr><th>보유기간</th><th>공제율(%)</th></tr><tr><td>5 ~ 10년 미만</td><td>20</td></tr><tr><td>10 ~ 15년 미만</td><td>40</td></tr><tr><td>15년 이상</td><td>50</td></tr></table>	<table><tr><th>보유기간</th><th>공제율(%)</th></tr><tr><td>5 ~ 10년 미만</td><td>20</td></tr><tr><td>10 ~ 15년 미만</td><td>40</td></tr><tr><td>15년 이상</td><td>50</td></tr></table>
□ 합산 공제한도 (고령자 공제 + 장기보유 공제)	□ 합산 공제한도 +10%p 인상
ㅇ 최대 70%	ㅇ 최대 70% → 80%

<적용시기> 2021.1.1. 이후 납세의무가 성립하는 분부터 적용

🅠 2주택이나 1주택자 공제를 받을 수 있는 경우

2022년 이후 2주택인 경우라도 다음에 해당하는 일시적 2주택, 상속주택, 지방 저가주택 1채는 주택수에서 제외하여 주며, 이 경우 해당 과세연도의 9월 16일부터 9월 30일가지 관할 세무서에 '**1세대 1주택자 판단 시 주택 수 산정 제외 신청서**'를 **제출**하여야 한다.

◆ 합산배제 임대주택의 경우 세율 산정 시 주택수에 포함되지 않음
합산배제되는 임대주택을 1세대가 소유한 주택수에서 제외하여 종합부동산세 1세대 1주택자 판단함 (종부, 종합부동산세과-32 , 2011.12.01)

[개정 세법] 일시적 2주택, 상속주택, 지방저가주택 등 1세대 1주택자 주택 수 종합부동산세 특례 신설(종부세법 §8 · 9 · 17)
<적용시기> '22.1.1. 이후 납세의무가 성립하는 분부터 적용

다음에 해당하는 주택은 종합부동산세 세율 적용시 주택수에서 제외하여 적용하고, 1세대 1주택자의 경우 3억원 추가공제를 받을 수 있으나 합산배제하는 것은 아니므로 과세표준에서 제외하지 않는다.

일시적 2주택(종부세법 §8④2호)
1세대 1주택자가 주택을 양도하기 전에 다른 주택을 대체취득하여 일시적 2주택이 되었으나 일시적 2주택 요건을 충족하는 경우 주택 수 제외

☐ 일시적 2주택 요건
1세대 1주택자가 보유하고 있는 주택을 양도하기 전에 다른 1주택(신규주택)을 취득하여 2주택이 된 경우로서 과세기준일 현재 신규주택을 취득한 날부터 2년이 경과하지 않은 경우

[세법 개정] 종부세 주택 수 특례 적용대상 일시적 2주택 기간 요건 완화 (종부세령 §4의2①)
□ 종부세 주택 수 특례* 적용되는 일시적 2주택 요건
 * 1세대 1주택자 판정 시 주택 수 제외
(현행) 과세기준일 현재 신규주택취득일부터 2년이 경과하지 않을 것
□ 일시적 2주택 기간 확대
(개정) 2년 → 3년
<적용시기> 23.2. 28. 이후 납세의무가 성립하는 분부터 적용
<특례규정> 영 시행일(23.2. 28) 전 일시적 2주택 신청한 경우에도 적용

상속주택(종부세법 §8 ④ 3호)

상속받은 주택으로서 다음에 정하는 주택은 1세대 1주택자 판정 시 주택 수 제외

□ **상속주택 적용요건**

1주택과 다음의 어느 하나에 해당하는 상속주택을 함께 소유하고 있는 경우

1. 과세기준일 현재 상속개시일부터 5년이 경과하지 않은 주택
2. 지분율이 100분의 40 이하인 주택
3. 지분율에 상당하는 공시가격이 6억원(수도권 밖의 지역에 소재하는 주택의 경우에는 3억원) 이하인 주택

지방 저가주택(종부세법 §8④4호)

1주택과 지방 저가주택을 함께 소유하고 있는 경우 지방 저가주택 1채는 1세대 1주택자 판정 시 주택 수 제외

□ **지방 저가주택 적용요건**

1. 공시가격이 3억원 이하일 것

2. 수도권 밖의 지역으로서 다음 각 목의 어느 하나에 해당하는 지역에 소재하는 주택일 것
   가. 광역시 및 특별자치시가 아닌 지역
   나. 광역시에 소속된 군
   다. 세종특별자치시의 읍·면지역

■ '1세대 1주택자 판단 시 주택 수 산정 제외 신청서' 제출
위 규정을 적용받으려는 납세의무자는 해당 연도 9월 16일부터 9월 30일까지 '1세대 1주택자 판단 시 주택 수 산정 제외 신청서'를 관할세무서장에게 제출하여야 한다. [종합부동산세법 제8조 ⑤]

2주택이나 1세대 1주택 특례적용을 받은 경우 고령자, 5년이상 보유한 주택 세액공제 [종부세법 제9조 ⑦ ⑨]

1) 과세기준일 현재 만 60세 이상인 1세대 1주택자가 이사를 위한 대체주택, 상속주택, 지방저가주택을 보유하고 있는 경우 해당 1세대 1주택자의 공제액은 종합부동산세 산출세액에서 다음 각 호에 해당하는 산출세액(공시가격합계액으로 안분하여 계산한 금액)을 제외한 금액에 연령별 공제율을 곱한 금액으로 한다.
1. 1주택을 양도하기 전 대체취득한 주택분에 해당하는 산출세액
2. 상속주택분에 해당하는 산출세액
3. 저가주택분에 해당하는 산출세액
2) 1세대 1주택자로서 해당 주택을 과세기준일 현재 5년 이상 보유한 자가 이사를 위한 대체주택, 상속주택, 지방저가주택을 보유하고 있는 경우 해당 1세대 1주택자의 공제액은 종합부동산세로 산출된 세액에서 이사를 위한 대체주택, 상속주택, 지방저가주택의 산출세액(공시가격합계액으로 안분하여 계산한 금액)을 제외한 금액에 보유기간별 공제율을 곱한 금액으로 한다.

종합부동산세 합산대상에서 제외되는 주택

합산배제 임대주택(종부세법 제8조 ② 1, 시행령 제3조)

아래 요건을 모두 충족하는 임대주택은 종합부동산세에 합산하여야 하는 부동산에 포함하지 않는다. 단, 1주택 이상자가 2018.9.14. 이후 조정대상지역에 새로 등록한 장기임대주택 및 2020.7.11. 이후 등록하는 비조정지역의 아파트도 합산배제되지 않는다.

① 지방자치단체 임대사업자등록 및 관할 세무서 사업자등록
② 10년 이상[8년 → 10년 (2020.8.18. 이후 등록분)] 계속 임대
③ 임대주택 요건 → 해당 주택 임대개시일 또는 최초로 합산배제신고를 한 연도의 과세기준일 공시가격 6억원(수도권 밖 지역 3억원) 이하
④ (2019.2.12. 이후 계약 체결 또는 갱신분부터) 임대료등의 증가율이 100분의 5를 초과하지 않을 것

> Q&A 임대등록한 다가구주택을 종합부동산세 합산배제신고를 하는 경우 주택공시가격 6억원(비수도권 3억원)을 어떻게 적용하는가?

다가구주택의 전체 공시가격이 6억원(비수도권 3억원)을 초과하더라도 종합부동산세의 경우 1호 기준으로 하므로 대부분의 다가구주택은 임대주택으로 등록한 경우 합산배제가 가능하다.
[종부세법 시행령 제3조 ⑥] 다가구주택은 「지방세법 시행령」 제112조에 따른 1구를 1호의 주택으로 본다.

1. 종합부동산세 세율 적용시 주택수는 다가구주택은 전체를 하나의 주택으로 본다,
2. 양도소득세와 관련한 주택수는 다가구주택을 구획된 부분별로 양도하지 아니하고 하나의 매매단위로 하여 양도하는 경우에는 그 전체를 하나의 주택으로 본다.

합산배제 주택의 종합부동산세 합산배제 신고

일정한 요건을 갖춘 임대주택, 미분양주택 등과 주택건설사업자의 주택신축용토지에 대하여는 9월 16일부터 9월 30일까지 합산배제 신고를 하는 경우 종합부동산세가 과세에서 제외된다.

◆ [재정경제부 부동산실무기획단-217호, 2007.04.04]
임대사업자가 합산배제 임대주택을 종합부동산세 신고기한이 경과한 이후에 합산배제를 신청한 경우에도 「종합부동산세법」 제8조 및 동법 시행령 제3조의 합산배제 임대주택 규정이 적용된다.

종합부동산세 고지 및 납부

종합부동산세는 고지에 의한 납부를 원칙으로 하되, 신고 및 납부를 할 수 있으며, 이 경우 납세의무자는 종합부동산세의 과세표준과 세액을 당해 연도 12월 1일부터 12월 15일까지 관할세무서장에게 신고 및 납부하여야 한다.

고지 및 납부

1) 과세기준일 : 매년 6월 1일
2) 납부기간 : 매년 12월 1일 ~ 12월 15일
3) 분납 : 납부할 세액이 250만원 초과(농특세 제외)시 납부기한 경과일로부터 6개월 이내
○ 250만원 초과 500만원 미만 : 250만원 초과금액
○ 500만원 초과 : 해당 세액의 50% 이하금액

[개정 세법] 종합부동산세 세부담상한 인하 (종부세법 제10조)
(종전) 2주택 이하 150%, 조정지역 2주택 300%, 3주택 이상 300%
(개정) 주택수 등에 관계없이 150% 단, 법인의 경우 상한도 없음
<적용시기> '23.1.1. 이후 납세의무가 성립하는 분부터 적용

농어촌특별세
종합부동산세의 20%를 농어촌특별세로 같이 고지하게 되며, 고지된 금액을 하여야 한다.

고지세액을 기한내에 납부하지 아니한 때
납부기한 다음날에 3%의 가산금이 부과되고, 체납된 종합부동산세가 150만원 이상인 경우 매일 0.022%(연리 8.03%)의 납부지연가산세가 60개월 동안 부과된다.

종합부동산세 납부유예 도입
1세대 1주택자로서 다음의 납부유예대상자[1) + 2)]에 해당하는 경우로서 종합부동산세액이 100만원 초과하는 경우 납세담보 제공시 상속·증여·양도시점까지 납부유예를 할 수 있으며, 납부유예를 받고자 하는 경우 해당 과세연도 9월 16일부터 9월 30일까지 관할 세무서장에 납세유예 신청서를 제출하여야 한다.

1) 만60세 이상 또는 5년 이상 보유,
2) 총급여 7천만원 이하(또는 종합소득금액 6천만원 이하)

[세법 개정] 종합부동산세 경정청구 대상 확대(국기법 §45의2 ⑥)
(중전) 종합부동산세의 경우 신고·납부한 경우에만 경정청구 가능
(개정) 종합부동산세를 부과·고지받아 납부한 납세자
<적용시기> '23.1.1. 이후 경정청구하는 분부터 적용

주택 임대 관련 법령 등

SECTION 01

주택 임대차보호법

> 부부합산 주택 2채를 보유하면서 1채를 월세로 임대하거나 (1개는 거주하고 1개는 전세를 준 경우는 제외) 3채 이상의 주택을 보유하고 있는 경우 반드시 세무서에 주택임대 사업자등록을 하여야 하며, 임대소득에 대하여 종합소득세 신고를 하여야 한다. 그리고 주택 임대소득외 다른 종합소득 합산대상 소득이 있는 경우 주택임대소득과 합산하여 종합소득세 신고 및 납부를 하여야 한다.

[주택임대차보호법] 일부 개정 법률

[1] 임대인에게 임차권등기명령이 송달되기 전에도 임차권등기명령을 집행할 수 있도록 임차권등기명령에 민사집행법 제292조제3항을 준용하도록 함(제3조의3제3항).

[2] 임대차계약을 체결할 때 임대인은 임차주택의 확정일자 부여일, 차임 및 보증금 등 정보와 납세증명서를 임차인에게 제시하거나 확정일자 부여기관의 임대차 정보 제공에 대한 동의와 미납세액 열람에 동의하도록 함(제3조의7 신설).

□ 주택임대차보호법
제3조의3(임차권등기명령)
③ 다음 각 호의 사항 등에 관하여는 「민사집행법」 제280조제1항, 제281조, 제283조, 제285조, 제286조, 제288조제1항, 같은 조 제2항 본문, 제289조, 제290조제2항 중 제288조제1항에 대한 부분, 제291조, 제292조제3항 및 제293조를 준용한다. 이 경우 "가압류"는 "임차권등기"로, "채권자"는 "임차인"으로, "채무자"는 "임대인"으로 본다.
<개정 2023. 4. 18.>
1. 임차권등기명령의 신청에 대한 재판
2. 임차권등기명령의 결정에 대한 임대인의 이의신청 및 그에 대한 재판
3. 임차권등기명령의 취소신청 및 그에 대한 재판
4. 임차권등기명령의 집행

제3조의7(임대인의 정보 제시 의무) 임대차계약을 체결할 때 임대인은 다음 각 호의 사항을 임차인에게 제시하여야 한다.
1. 제3조의6제3항에 따른 해당 주택의 확정일자 부여일, 차임 및 보증금 등 정보. 다만, 임대인이 임대차계약을 체결하기 전에 제3조의6제4항에 따라 동의함으로써 이를 갈음할 수 있다.
2. 「국세징수법」 제108조에 따른 납세증명서 및 「지방세징수법」 제5조제2항에 따른 납세증명서. 다만, 임대인이 임대차계약을 체결하기 전에 「국세징수법」 제109조제1항에 따른 미납국세와 체납액의 열람 및 「지방세징수법」 제6조제1항에 따른 미납지방세의 열람에 각각 동의함으로써 이를 갈음할 수 있다.

부칙 <제19356호, 2023. 4. 18.>
제1조(시행일) 이 법은 공포 후 6개월이 경과한 날부터 시행한다. 다만, 제3조의7의 개정규정은 공포한 날부터 시행한다.
제2조(임차권등기명령의 집행에 관한 적용례) 제3조의3제3항 각 호 외의 부분 전단의 개정규정은 이 법 시행 전에 내려져 이 법 시행 당시 임대인에게 송달되지 아니한 임차권등기명령에 대해서도 적용한다.
제3조(임대인의 정보 제시 의무에 관한 적용례) 제3조의7의 개정규정은 같은 개정규정 시행 이후 임대차계약을 체결하는 경우부터 적용한다.

지방자치단체(시·군·구) 임대등록

지방자치단체(시·군·구)에 임대등록을 하여야 하는 경우

주택을 임대하면서 시·군·구청에 주택임대사업자로 등록하고, 세무서에 임대사업자로 등록하여 일정 기간 이상 임대하는 주택의 경우 임대소득에 대한 소득세 경감, 종합부동산세 합산 배제, 양도소득세 신고시 별도의 장기보유특별공제, 조정대상지역 중과세 기준이 되는 주택수 제외, 거주주택에 대한 1세대 1주택 비과세 특례 등 각종 세제 혜택을 받을 수 있다.

단, 최근 아파트 가격 폭등으로 인한 정부 정책 변경으로 아파트는 2020.8.18. 이후 시·군·구청에 장기임대주택으로 등록할 수 없으며, 아파트를 제외한 단독주택, 오피스텔, 다세대주택(빌라 등), 겸용주택의 경우 임대등록을 하는 경우 각종 세금혜택을 받을 수 있으므로 장기임대주택 등록 여부를 고려하여야 한다.

아파트는 장기일반민간임대주택으로 등록할 수 없음

아파트는 2020.8.18. 이후 지방자치단체에 장기일반민간임대주택으로 등록할 수 없으며, 2020.7.11. 이후 세제 지원을 폐지함

(일반임대) 주택임대차보호법 요약

[대한민국 모든 법령] (법제처) 홈페이지
현행 법령 (검색어) 주택임대차보호법

임대차기간 등(제4조)

① 기간을 정하지 아니하거나 2년 미만으로 정한 임대차는 그 기간을 2년으로 본다. 다만, 임차인은 2년 미만으로 정한 기간이 유효함을 주장할 수 있다.
② 임대차기간이 끝난 경우에도 임차인이 보증금을 반환받을 때까지는 임대차관계가 존속되는 것으로 본다.

주택 임대차계약 신고 및 확정일자

2021년 6월 1일 이후 전국(경기도 외 도지역의 군 제외)에서 주택에 대해 보증금이 6천만원을 초과하거나 월 차임이 30만원을 초과하는 주택 임대차 계약(계약을 갱신하는 경우로서 보증금 및 차임의 증감 없이 임대차 기간만 연장하는 계약은 제외)을 체결한 경우 임대차 계약의 체결일부터 30일 이내에 지방자치단체(시.군.구)에 신고를 하여야 하며, 2023년 6월 1일 이후 주택 임대차 계약의 신고를 하지 않거나 그 신고를 거짓으로 한 경우에는 100만원 이하의 과태료가 부과된다 [부동산 거래신고 등에 관한 법률 제6조의2, 제28조]

주택 임대차계약 신고시 계약서를 제출하면 확정일자가 수수료 없이 자동으로 부여되어 신고 접수일부터 확정일자의 효력이 발생된다.

★ 주택임대를 직거래는 하는 경우 주택 임대차 계약 신고를 누락하지 않도록 각별히 유의하여야 한다.

[서식] 법제처 홈페이지 → 부동산 거래신고 등에 관한 법률 시행규칙 → 별표/서식 [별지 제5호의2서식] 주택 임대차 계약 신고서

▶ 확정일자

확정일자란 증서가 작성된 날짜에 주택임대차계약서가 존재하고 있음을 증명하기 위해 법률상 인정되는 일자를 말한다. 확정일자를 받은 경우 임차인은 우선변제권(우선변제권이란 임차인이 보증금을 다른 채권자보다 우선 변제받을 수 있는 권리를 말한다.)을 갖고, 이 경우 임차인은 임차주택이 경매 또는 공매에 붙여졌을 때 그 경락대금에서 다른 후순위권리자보다 우선하여 보증금을 변제받을 수 있다.

임차인, 임차인의 대리인 등 주택임대차계약서의 소지인은 주택소재지의 읍사무소, 면사무소, 동 주민센터 또는 시·군·구의 출장소에서 확정일자를 부여받을 수 있다.

계약의 갱신 (제6조)

① **임대인**이 **임대차기간이 끝나기 6개월 전부터 2개월 전까지의 기간**에 임차인에게 갱신거절(更新拒絶)의 통지를 하지 아니하거나 계약조건을 변경하지 아니하면 갱신하지 아니한다는 뜻의 통지를 하지 아니한 경우에는 그 기간이 끝난 때에 전 임대차와 동일한 조건으로 다시 임대차한 것으로 본다. **임차인이 임대차기간이 끝나기 2개월 전**까지 통지하지 아니한 경우에도 또한 같다. <개정 2020. 6. 9.>
② 제1항의 경우 임대차의 존속기간은 2년으로 본다.

③ 2기(期)의 차임액(借賃額)에 달하도록 연체하거나 그 밖에 임차인으로서의 의무를 현저히 위반한 임차인에 대하여는 제1항을 적용하지 아니한다.

묵시적 갱신의 경우 계약의 해지 (제6조의2)
① 제6조제1항에 따라 계약이 갱신된 경우 같은 조 제2항에도 불구하고 임차인은 언제든지 임대인에게 계약해지를 통지할 수 있다.
② 제1항에 따른 해지는 임대인이 그 **통지를 받은 날부터 3개월이 지나면 그 효력이 발생한다.**

계약갱신 요구 등(제6조의3)
① 제6조에도 불구하고 임대인은 임차인이 제6조제1항 전단의 기간 이내에 계약갱신을 요구할 경우 정당한 사유 없이 거절하지 못한다. 다만, 다음 각 호의 어느 하나에 해당하는 경우에는 그러하지 아니하다.
1. 서로 합의하여 임대인이 임차인에게 상당한 보상을 제공한 경우
2. 임대인(임대인의 직계존속·직계비속을 포함한다)이 목적 주택에 실제 거주하려는 경우
② 임차인은 제1항에 따른 계약갱신요구권을 **1회에 한하여 행사**할 수 있다. 이 경우 갱신되는 임대차의 존속기간은 2년으로 본다.
③ 갱신되는 임대차는 전 임대차와 동일한 조건으로 다시 계약된 것으로 본다.

차임 등의 증감청구권(제7조)
① 당사자는 약정한 차임이나 보증금이 임차주택에 관한 조세, 공과금, 그 밖의 부담의 증감이나 경제사정의 변동으로 인하여 적절하지 아니하게 된 때에는 장래에 대하여 그 증감을 청구할 수 있다. 이 경우

증액청구는 임대차계약 또는 약정한 차임이나 보증금의 증액이 있은 후 1년 이내에는 하지 못한다. <개정 2020. 7. 31.>
② 제1항에 따른 증액청구는 약정한 차임이나 보증금의 20분의 1의 금액을 초과하지 못한다. 다만, 특별시·광역시·특별자치시·도 및 특별자치도는 관할 구역 내의 지역별 임대차 시장 여건 등을 고려하여 본문의 범위에서 증액청구의 상한을 조례로 달리 정할 수 있다.

월차임 전환 시 산정률의 제한(제7조의2)

보증금의 전부 또는 일부를 월 단위의 차임으로 전환하는 경우에는 그 전환되는 금액에 다음 각 호 중 낮은 비율을 곱한 월차임(月借賃)의 범위를 초과할 수 없다.
1. 「은행법」에 따른 은행에서 적용하는 대출금리와 해당 지역의 경제 여건 등을 고려하여 대통령령으로 정하는 비율
2. 한국은행에서 공시한 기준금리에 대통령령으로 정하는 이율을 더한 비율

□ 주택임대차보호법 시행령

제9조(월차임 전환 시 산정률) ① 법 제7조의2제1호에서 "대통령령으로 정하는 비율"이란 연 1할을 말한다.
② 법 제7조의2제2호에서 "대통령령으로 정하는 이율"이란 연 2퍼센트를 말한다. <개정 2016. 11. 29., 2020. 9. 29.>

주택임대차표준계약서 사용(제30조)

주택임대차계약을 서면으로 체결할 때에는 법무부장관이 국토교통부장관과 협의하여 정하는 주택임대차표준계약서를 우선적으로 사용한다. 다만, 당사자가 다른 서식을 사용하기로 합의한 경우에는 그러하지 아니하다. <개정 2020. 7. 31.>

[부동산 거래신고 등에 관한 법률] 일부 개정

[1] 현재 토지거래허가구역에서 투기행위와 관련이 없는 국민까지 재산권 처분 제한 등 고강도 규제를 받고 있다는 지적이 있는바, 허가대상자, 허가대상 용도와 지목 등을 특정하여 허가구역을 지정할 수 있도록 함으로써 부동산 시장 교란행위를 예방하고 부동산 시장의 안정성을 제고하려는 것임(제10조제1항 및 제3항).

[2] 한편, 거래가 실제 이루어지지 않았음에도 불구하고 아파트 호가를 높이기 위하여 거짓으로 신고하는 경우가 많다는 의혹이 제기되고 있는바, 부당하게 재물이나 재산상 이득을 취득하거나 제3자로 하여금 이를 취득하게 할 목적으로 거짓으로 거래신고 또는 거래취소신고를 한 경우에는 3년 이하의 징역 또는 3천만원 이하의 벌금에 처하도록 함으로써, 허위신고를 통한 시세조작행위를 방지하려는 것임
(제26조제1항 및 제28조제1항).

또한, 거래가의 거짓 신고로 인한 부동산 시장 및 수요자에 미치는 손해와 이들이 취하는 부당이득의 범위가 매우 큰 바, 이에 대한 과태료의 상한액을 해당 부동산등 취득가액의 100분의 5에서 100분의 10으로 상향함(제28조).

부칙 <제19384호, 2023. 4. 18.>
제1조(시행일) 이 법은 공포 후 6개월이 경과한 날부터 시행한다.
제2조(허가구역 지정에 관한 적용례) 제10조제1항 및 제3항의 개정규정은 이 법 시행 이후 허가구역을 지정하는 경우부터 적용한다.

SECTION 02

등록임대주택 및 의무사항

주택을 임대하면서 시·군·구청에 주택임대사업자로 등록하고, 세무서에 임대사업자로 신청하여 10년 이상 임대하는 주택의 경우 임대소득에 대한 소득세 경감, 종합부동산세 합산 배제, 양도소득세 신고시 장기보유특별공제, 조정대상지역 중과세 기준이 되는 주택수 제외, 거주주택에 대한 1세대 1주택 비과세 특례 등 각종 세제 혜택을 받을 수 있다. 단, 아파트는 2020.8.18. 이후 시·군·구청에 장기임대주택으로 등록할 수 없으며, 아파트를 제외한 단독주택, 주거용 오피스텔, 다가구주택, 다세대주택(빌라 등), 겸용주택의 경우 임대등록을 하는 경우 각종 세금혜택을 받을 수 있으므로 장기임대주택 등록 여부를 고려하여야 한다. (장기일반민간임대주택 참조)

시·군·구청에 장기일반민간임대주택으로 등록하는 경우 민간임대주택에 관한 특별법(약칭 민특법)에 의한 각종 의무사항을 지켜야 하며, 의무사항을 위반하는 경우 과태료 처분을 받게 되므로 각별한 주의를 요한다.

시·군·구 등록 임대주택 관련 의무사항

▣ 임대차계약 신고 등 및 설명의무

임대차계약 신고 및 표준임대차계약서 사용

1) 임대사업자는 민간임대주택의 임대차기간, 임대료 및 임차인(준주택에 한정) 등 임대차계약에 관한 사항을 **임대차 계약을 체결한 날**(종전 임대차계약이 있는 경우 민간임대주택으로 등록한 날) 또는 임대차계약을 변경한 날부터 3개월 이내에 시장·군수·구청장에게 신고 또는 변경신고를 하여야 한다. [민특법 제46조]

2) 임대사업자가 민간임대주택에 대한 임대차계약을 체결하려는 경우 표준임대차계약서를 사용하여야 한다. [민특법 제47조]

◆ 임대사업자 등록신청서 등 임대사업자의 임대주택 관련 서식
법제처 홈페이지 → 민간임대주택에 관한 특별법 시행규칙 → 별표/서식

◆ 의무위반에 대한 과태료
법제처 홈페이지 → 민간임대주택에 관한 특별법 시행령 → [별표 3]

임대사업자의 설명의무 [민특법 제48조]

① 민간임대주택에 대한 임대차계약을 체결하거나 월임대료를 임대보증금으로 전환하는 등 계약내용을 변경하는 경우에는 임대사업자는 다음 각 호의 사항을 임차인에게 설명하고 이를 확인받아야 한다.

1. 임대보증금에 대한 보증의 보증기간 등

2. 민간임대주택의 선순위 담보권, 국세·지방세의 체납사실 등 권리관계에 관한 사항. 이 경우 등기부등본 및 납세증명서를 제시하여야 한다.
3. 임대의무기간 중 남아 있는 기간과 임대차계약의 해제·해지 등에 관한 사항
4. 임대료 증액 제한에 관한 사항

② 민간임대주택(단독주택, 다가구주택, 다중주택에 한함)에 둘 이상의 임대차계약이 존재하는 경우 임대사업자는 그 주택에 대한 임대차계약을 체결하려는 자에게 「주택임대차보호법」제3조의6제2항에 따라 확정일자부에 기재된 주택의 차임 및 보증금 등의 정보를 제공하여야 한다.

등록 민간임대주택의 부기등기

등록 민간임대주택의 부기등기 [민특법 제5조의2]

2020년 12월 10일 이후부터 민간임대주택의 임대사업자는 소유권등기에 해당 민간임대주택이 임대의무 기간과 임대료 증액기준 등을 준수하여야 하는 재산이라는 사실 등을 부기등기를 하여야 한다.

임대의무기간 등 준수의무

임대의무기간의 계속임대 [민특법 제43조 제1항]

임대사업자는 임대사업자 등록일(다만, 임대사업자 등록 이후 임대가 개시되는 주택은 임대차계약서상의 실제 임대개시일로 함)부터 장기일반민간임대주택의 경우 10년의 기간(임대의무기간) 동안 민간임대주택을 계속 임대해야 한다.

임대료 증액 한도(임대료의 5%내) 준수의무

1) 주택임대사업자는 임대기간 동안 임대료의 증액을 청구하는 경우 종전 임대료의 5%를 초과해서는 안된다. [민특법 제44조 제2항]
2) 임대료 증액 청구는 임대차계약 또는 약정한 임대료의 증액이 있은 후 1년 이내에는 하지 못한다. [민특법 제44조 제3항]

◆ 월세 → 전세, 전세 → 전환시 임대료 계산
구글, 네이버 등 (검색어) 보증금 월세 전환

☐ 초과 임대료의 반환 청구(민특법 제44조의2)
임차인은 증액 비율을 초과하여 증액된 임대료를 지급한 경우 초과 지급한 임대료 상당금액의 반환을 청구할 수 있다.

임대차계약의 해제·해지 등 [민특법 제45조 제1항]

임대사업자는 아래 사유가 발생한 때를 제외하고는 임대사업자로 등록되어 있는 기간 동안 임대차계약을 해제 또는 해지하거나 재계약을 거절할 수 없다.

◆ 임차인이 의무를 위반하거나 임대차를 계속하기 어려운 경우
1. 거짓이나 그 밖의 부정한 방법으로 민간임대주택을 임대받은 경우
2. 임대사업자의 귀책사유 없이 제34조제1항 각 호의 시점으로부터 3개월 이내에 입주하지 않은 경우
3. 월 임대료를 3개월 이상 연속하여 연체한 경우
4. 임대사업자 동의없이 개축·증축, 변경하거나 다른 용도로 사용한 경우
5. 민간임대주택 및 그 부대시설을 고의로 파손 또는 멸실한 경우
6. 법 제47조에 따른 표준임대차계약서상의 의무를 위반한 경우

임대보증금에 대한 보증보험 가입

임대보증금에 대한 보증보험 가입의무

1) 민간임대주택법의 개정으로 2020.8.18. 이후 지방자치단체에 임대주택(지방자치단체가 아닌 세무서에만 사업자등록을 했거나 사업자등록을 하지 않은 채 임대주고 있는 주택은 제외)으로 등록하는 경우 의무적으로 보증보험에 가입하여야 한다. [민특법 제49조]

민특법 시행 당시(2020.8.18.) 임대주택으로 등록 중인 임대사업자는 민특법 시행 **1년 후(2021.8.18. 이후)** 임대차계약을 체결하는 경우부터 적용한다.

2) 임대사업자는 임대보증금에 대한 보증에 가입하였으면 지체 없이 해당 보증서 사본을 민간임대주택의 소재지를 관할하는 시장·군수·구청장에게 제출하여야 한다.

3) 임대사업자는 임대보증금에 대한 보증에 가입한 경우에는 임차인이 해당 민간임대주택에 입주한 후 지체 없이 보증서 및 보증약관 각각의 사본을 임차인에게 내주어야 한다.

보증의 가입기간

민간임대주택 등록일 이후 최초 임대차계약 개시일 시점부터 임대사업자 등록이 말소되는 날까지로 한다.

보증수수료의 납부방법 등

보증수수료의 납부방법, 보증수수료의 부담비율 등은 다음 각 호와 같다.

1. 보증수수료의 75퍼센트는 임대사업자가 부담하고, 25퍼센트는 임차인이 부담할 것
2. 보증수수료는 임대사업자가 납부할 것. 이 경우 임차인이 부담하는 보증수수료는 임대료에 포함하여 징수하되 임대료 납부고지서에 그 내용을 명시하여야 한다.

보증보험에 가입하지 않아도 되는 경우

임대주택으로 등록된 주택이라 할지라도 채무금액(담보권 설정금액 + 임대보증금)이 주택가격(주택공시가격 × 적용비율 or 감정평가금액)의 60%보다 적은 경우 예외적으로 보증보험에 가입하지 않아도 된다.

(담보권 + 보증금) < 주택가격(주택공시가격 × 적용비율)의 60%

□ (국토교통부 고시) 공시가격 및 기준시가 적용비율 [별표 1]

구분	9억원 미만	9~15억원	15억원 이상
공동주택	150%	140%	130%
단독주택	190%	180%	160%

주택가격의 60%를 차감한 금액 보증보험 가입대상

다음 요건을 모두 충족한 임대주택은 예외적으로 채무금액(담보권 설정금액 + 임대보증금)에서 주택가격의 60%를 차감한 금액을 보증보험으로 가입할 수 있다. [민특법 제49조 제3항]
1. 근저당권이 세대별로 분리된 경우
2. 임대사업자가 임대보증금보다 선순위인 제한물권(다만, 제1호에 따라 세대별로 분리된 근저당권은 제외한다), 압류·가압류·가처분 등을 해소한 경우
3. 전세권이 설정된 경우 또는 임차인이 「주택임대차보호법」 제3조의2제2항에 따른 대항요건과 **확정일자**를 갖춘 경우

보증보험 수수료 및 부담

보증보험 수수료는 주택소유자, 부채비율, 신용도, 주택유형(단독주택, 공동주택) 등에 따라 차등 적용되기 때문에 보증회사(주택도시보증공사, SGI서울보증)에 문의하여야 정확히 알 수 있다.

보증보험 미가입시 불이익

민특법 제49조를 위반하여 임대보증금에 대한 보증에 가입하지 아니한 임대사업자에게는 임대보증금의 100분의 10 이하에 상당하는 금액의 과태료를 부과한다. 이 경우 그 금액이 3천만원을 초과하는 경우에는 3천만원으로 한다. <신설 2021. 9. 14.>

시·군·구 등록 임대주택 양도시 의무사항

민간임대주택의 양도

민간임대주택의 양도제한 [민특법 제43조 ①, ④]

임대사업자는 위의 임대의무기간 동안 민간임대주택을 계속하여 임대해야 하므로, 임대의무기간(장기일반민간임대주택 10년)이 지나지 않으면 임대주택을 양도할 수 없다. [민특법 제43조]

단, 부도, 파산, 그 밖의 경제적 사정 등으로 임대를 계속할 수 없는 경우에는 시장·군수·구청장의 허가를 받아 임대사업자가 아닌 자에게 민간임대주택을 양도할 수 있다.

◆ 부도, 파산 등의 경제적 사정에 따른 임대주택 양도

임대사업자는 다음 어느 하나에 해당하는 경우에는 임대의무기간 중에도 시장·군수·구청장에게 허가를 받아 임대사업자가 아닌 자에게 민간임대주택을 양도할 수 있다.

1. 2년 연속 적자가 발생한 경우
2. 2년 연속 부(負)의 영업현금흐름이 발생한 경우
3. 최근 12개월간 해당 임대사업자의 전체 민간임대주택 중 임대되지 않은 주택이 20% 이상이고 같은 기간 동안 특정 민간임대주택이 계속하여 임대되지 않은 경우
4. 관계 법령에 따라 재개발, 재건축 등으로 민간임대주택의 철거가 예정되어 있거나 민간임대주택이 철거된 경우
5. 부도, 파산 등으로 임대를 계속할 수 없는 경우
6. 임대사업자의 상속인이 다음 어느 하나에 해당하는 경우
- 임대사업자로서의 지위를 거부하는 경우
- 임대사업자의 결격사유 또는 임대사업자의 임대주택 추가 등록제한에 해당되어 등록이 제한되는 경우

다른 임대사업자에게 양도시 신고의무 [법 제43조 제2항]

임대사업자는 임대의무기간 동안에도 시장·군수·구청장에게 신고한 후 민간임대주택을 다른 임대사업자에게 양도할 수 있다. 이 경우 양도받는 자는 양도하는 자의 임대사업자로서의 지위를 포괄적으로 승계하며, 이러한 뜻을 양수도계약서에 명시하여야 한다.

▶ 민간임대주택 양도신고서 및 매매계약서 제출

1) 임대사업자는 민간임대주택을 다른 임대사업자(해당 민간임대주택을 양수하여 주택임대사업을 하려는 자를 포함)에게 양도하려는 경우 민간임대주택 양도신고서를 시장·군수·구청장에게 제출해야 한다.

2) 민간임대주택 양도 신고를 한 임대사업자는 신고서 처리일부터 30일 이내에 매매계약서 사본을 시장·군수·구청장에게 제출해야 한다

양도허가 절차

임대사업자는 민간임대주택 양도 허가를 받으려는 경우에는 민간임대주택 양도 허가신청서에 다음의 서류를 첨부하여 해당 민간임대주택의 소재지를 관할하는 시장·군수·구청장에게 제출하여야 한다.
- 양도의 구체적인 사유를 적은 서류
- 양도가격 산정의 근거서류

임대기간 종료 후 양도시 신고의무 [법 제43조 제3항]

임대사업자가 임대의무기간이 지난 후 민간임대주택을 양도하려는 경우 시장·군수·구청장에게 민간임대주택 양도신고서를 제출하여야 한다. 이 경우 양도받는 자가 임대사업자로 등록하는 경우에는 양도하는 자의 임대사업자로서의 지위를 포괄적으로 승계하며, 이러한 뜻을 양수도계약서에 명시해야 한다.

[서식] 민간임대주택 양도신고서 [별지 제19호서식]
법제처 홈페이지 → 민간임대주택에 관한 특별법 시행규칙 → 별표/서식

임대사업자 건강보험료 피부양자 자격 요건 등

■ 본인의 부양가족 중 건강보험료 피부양자가 될 수 없는 경우
(국민건강보험법 시행규칙 [별표 1의2])
1. 부양가족이 사업자등록이 있는 경우로서 사업소득이 발생한 사업연도 이후
2. 부양가족이 사업자등록 여부에 관계없이 주택임대소득이 있는 경우
3. 사업자등록이 되어 있지 않더라도 사업소득(보험모집인 등), 기타소득 등의 연간 합계액이 500만원을 초과하는 자
4. 부양가족이 소유한 재산의 재산세 과세표준이 9억원을 초과하는 자
5. 부양가족이 소유한 재산이 재산세 과세표준이 5.4억원 초과 9억원 이하이나 연간소득이 1천만원을 초과하는 자
6. 영 제41조제1항 각 호에 따른 소득의 합계액이 연간 2,000만원을 초과하는 경우

▶ 재산세 과세표준(지방세법 시행령 제109조)
1. 토지 및 건축물: 시가표준액의 100분의 70
2. 주택: 시가표준액의 100분의 60.

□ 지방세법 제4조(부동산 등의 시가표준액) −요약−
시가표준액은 공시된 가액으로 한다.
○ 공시가격 → 부동산공시가격알리미 홈페이지

▶ 소득 산정방법 및 평가기준(국민건강보험법 시행규칙 제44조)
소득월액 산정에 포함되는 소득은 다음 각 호의 구분에 따른 금액을 합산한 금액으로 한다. 다만, 이자소득 및 배당소득의 연간합계액이 1천만원 이하인 경우에는 해당 이자소득과 배당소득은 합산하지 않는다.

1. 이자소득 : 해당 과세기간의 이자소득금액
2. 배당소득 : 해당 과세기간의 배당소득금액
3. 사업소득: 사업소득금액(총수입금액 - 필요경비)
분리과세 주택임대소득에 대한 사업소득금액
- 미등록 임대주택 : 수입금액 - 필요경비(50%) - 기본공제(2백만원)
- 등록 임대주택 : 수입금액 - 필요경비(60%) - 기본공제(4백만원)
4. 근로소득: 근로소득의 금액의 합계액(비과세되는 근로소득 제외)
5. 연금소득: 연금소득의 금액의 합계액(비과세되는 연금소득 포함)
6. 기타소득: 기타소득금액(기타소득 - 필요경비)

◈ 공적연금소득(국민연금, 공무원연금 등) 비과세 및 과세
- 2001년 12월 31일 이전에 납입한 연금불입액에 대한 연금
- 2002년 1월 1일 이후에 납입한 연금불입액에 대한 연금

■ 피부양자에서 지역가입자로 전환되는 경우 건강보험료 부과기준 대상 소득에 포함하는 금액 [건강보험법 시행규칙 제44조 ②]
○ 이자소득과 배당소득의 합계액이 1천만원을 초과하는 경우 전액
○ 사업소득 : 사업소득에서 필요경비를 차감한 금액
○ 근로소득 : 근로소득(비과세 급여 제외) 전액의 50%
○ 공적연금소득 : 공적연금소득(총 연금액)의 50%
○ 사적연금소득 : 연금운용수익 소득의 50%
○ 기타소득 : 기타소득에서 필요경비를 차감한 금액

◈ 보험료 경감고시
피부양자 인정기준 강화에 따라 지역가입자로 전환되는 피부양자의 보험료를 2026년 8월까지 일부 경감함
<경감률> 1년차 80%→ 2년차 60% → 3년차 40% → 4년차 20% 등 단계적으로 적용된다.

증여세·상속세

SECTION 01

증여세, 증여재산공제

증여세

증여세 개요

증여세란 타인으로부터 재산을 무상으로 받은 경우에 당해 증여재산에 대하여 부과되는 세금을 말한다. 증여세는 완전포괄주의 과세제도로서 민법상 증여뿐만 아니라 거래의 명칭, 형식, 목적 등에 불구하고 경제적 실질이 무상이전인 경우에도 모두 증여세 과세대상에 해당한다. 이는 「상속세 및 증여세법」에서 열거한 경우에만 증여세를 과세하는 경우 납세자는 법령에 열거되지 아니한 여러 가지 방법을 이용하여 증여세를 부담하지 않을 수 있기 때문이다.

증여재산의 평가

1) 증여받은 재산의 가액은 증여 당시의 시가로 평가한다. 시가란 불특정다수인 사이에 자유로이 거래가 이루어지는 경우에 통상 성립된다고 인정되는 가액을 말하며, 수용가격, 공매가격 및 감정가격 등으로 시가로 인정되는 것을 포함하되, 당해 재산의 매매 등 가액을 우선하여 적용한다.

2) 시가를 산정하기 어려울 때에는 다음의 방법으로 평가한다.
- 토지 및 주택 : 개별공시지가 및 개별(공동)주택가격
- 주택 이외 건물 : 국세청 기준시가(일반건물, 상업용건물 및 오피스텔 등에 대하여 국세청장이 매년 산정·고시하는 가액

증여재산공제

증여재산공제란 친족 등으로부터 재산을 증여받는 경우 일정금액을 공제하여 주는 것을 말한다. 단, 동일인(직계존속의 경우 그 배우자를 포함함)으로부터 수차에 걸쳐 증여를 받은 경우 증여재산공제는 해당 증여일로부터 10년 이내에 증여를 받은 금액을 모두 합산한 금액에서 해당 금액만을 공제받을 수 있다.

증여자와의 관계	공제금액	비고
배우자	6억원	
직계존속(부모)	5천만원	증여자의 부모, 조부모 등
직계비속(성년자녀)	5천만원	증여자의 자녀, 손자녀 등
직계비속(미성년자)	2천만원	증여자의 자녀, 손자녀 등
기타친족	1천만원	6촌이내 혈족, 4촌 이내 인척

[개정 세법] 혼인에 따른 증여재산 공제 신설(상증법 §53의2)

종 전	개 정
□ 증여재산 공제* 　* 증여자별 아래 금액을 증여세 　　과세가액에서 공제하고, 　　수증자 기준 10년간 공제금액과 　　합산하여 초과분은 공제제외 　ㅇ 배우자: 6억원	ㅇ (좌 동)

○ 직계존속: 5천만원 (단, 수증자가 미성년자: 2천만원) ○ 직계비속: 5천만원 ○ 직계존비속 외 6촌 이내 혈족, 4촌 이내 인척: 1천만원 <신 설>	○ (좌 동) □ 혼인 증여재산 공제 ○ 아래 요건 모두 충족 시 증여세 과세가액에서 공제 ❶ (증여자) 직계존속 ❷ (공제한도) 1억원 ❸ (증여일) 혼인신고일 이전 2년 + 혼인신고일 이후 2년 이내(총 4년) ❹ (증여재산) 증여추정·의제 등에 해당하는 경우 제외 ○ 반환특례 - 혼인공제 적용받은 재산을 혼인할 수 없는 정당한 사유*가 발생한 달의 말일부터 3개월 이내 증여자에게 반환시 처음부터 증여가 없던 것으로 봄 * 구체적 범위는 대통령령에서 규정 ○ 가산세 면제 및 이자상당액 부과

	□ 출산 증여재산 공제 ○ 아래 요건 모두 충족 시 증여세 과세가액에서 공제 ❶ (증여자) 직계존속 ❷ (공제한도) 1억원 ❸ (증여일) 자녀의 출생일*부터 2년 이내 　* 입양의 경우 입양신고일 □ 통합 공제한도 ○ 혼인 증여재산 공제 　+ 출산 증여재산 공제: 1억원

<적용시기> '24.1.1. 이후 증여받는 분부터 적용

■ 현재 직계존속으로부터 증여를 받는 경우 증여세 과세가액에서 5천만원을 공제하고 있는바, 이와 별개로 **혼인일 전후 2년 이내 또는 자녀의 출생일(입양신고일 포함)부터 2년 이내에 직계존속으로부터 증여를 받는 경우 총 1억원을 공제**할 수 있도록 함.

▶ **창업자금에 대한 증여세 과세특례(조세특례제한법 제30조의5)**
거주자가 제조업, 건설업, 음식점업, 통신판매업, 정보통신업 등 증여세 과세특례대상 업종(조세특례제한법 제6조 ③ 참조)을 영위하는 중소기업을 창업할 목적으로 60세 이상의 부모로부터 토지·건물 등을 제외한 재산을 증여받는 경우 5억원을 공제받을 수 있으며, 5억원 초과 50억원까지의 금액에 대하여는 증여세 세율은 100분의 10으로 한다.

[개정 세법] 창업자금 증여세 과세특례 한도 및 창업 인정범위 확대(조특법 §30의5)

종 전	개 정
□ 창업자금 증여세 과세특례 ㅇ (대상) 자녀가 부모로부터 증여받은 창업자금 ㅇ (특례) 증여세 과세가액 30억원* 한도로 5억원 공제 후 10% 증여세율 적용 　* 10명 이상 신규 고용 시 50억원 ㅇ 창업 제외 대상 　- 합병·분할·현물출자·사업양수를 통해 종전의 사업승계 　- 종전의 사업에 사용되던 자산을 인수·매입하여 동종사업 영위	□ 적용한도 및 대상 확대 ㅇ (좌 동) ㅇ 30억원 → 50억원* 　* 50억원 → 100억원 ㅇ 제외 대상 축소 　- (좌 동) 　- 종전의 사업에 사용되던 자산을 인수·매입하여 동종사업 영위하는 경우로서 자산가액에서 인수·매입한 사업용자산이 50%를 초과하는 경우

<적용시기> '23.1.1. 이후 증여받는 분부터 적용

[개정 세법] 가업승계 증여세 과세특례 혜택 확대
(조특법 §30의6, 상증법 §71, 조특령 §27의6)

종 전	개 정
□ 가업승계 증여세 과세특례	□ 저율과세 구간 확대 및 연부연납 기간 조정
ㅇ (대상) 18세 이상 거주자가 60세 이상 부모로부터 가업승계목적 주식등 증여	ㅇ (좌 동)
ㅇ (특례한도) - 업력 10년 이상: 300억원 - 업력 20년 이상: 400억원 - 업력 30년 이상: 600억원	
ㅇ (기본공제) 10억원	
ㅇ (세율) 10% - 단, 60억원 초과분은 20%	- 단, 120억원 초과분은 20%
ㅇ (연부연납 기간) 5년	ㅇ 15년
ㅇ (신청 기간) 증여받은 날이 속하는 달의 말일부터 3개월 이내	ㅇ (좌 동)

< 시행시기 > (저율과세 구간 확대) '24.1.1. 이후 증여받는 분부터 적용
(연부연납 기간 확대) '24.1.1. 이후 증여세 과세표준 신고기한 내 신청하는 분부터 적용

증여세 과세표준

증여세 과세표준이란 증여세를 부과하는 기준이 되는 금액으로 증여재산에서 해당 증여재산에 대한 채무, 증여재산공제금액을 차감한 금액으로 한다.

일반적인 경우의 증여세 계산구조

- 증여세 과세가액 = 증여재산가액 - 채무부담액
- 증여세 과세표준 = 증여세 과세가액
  + 10년내 재차증여재산 가산액 - 증여재산공제
- 증여세 산출세액 = 증여세 과세표준 × 세율(10~50%)
- 증여세 자진납부세액 = 증여세 산출세액 - 증여세 신고세액공제 등

▣ 증여세 또는 상속세 세율

과세표준	세 율	누진공제액
1억원 이하	10%	
1억원 초과 5억원 이하	20%	1천만원
5억원 초과 10억원 이하	30%	6천만원
10억원 초과 30억원 이하	40%	1억 6천만원
30억원 초과	50%	4억 6천만원

증여세 신고 및 납부

증여세는 증여를 받은 사람이 신고 및 납부하여야 하며, 증여일이 속하는 달의 말일로부터 3개월 내에 주소지 관할세무서에 증여세를 신고·납부하여야 한다. (증여세의 경우 지방소득세 신고·납부의무는 없음)

부동산을 증여받은 경우 취득세 신고·납부

건물, 토지 등 취득세 과세대상 증여재산을 취득한 자는 부동산 소

재지 관할 시·군·구청에 그 취득한 날로부터 60일 이내에 취득세를 신고 및 납부하여야 한다.

▶ 증여 취득시 납부하여야 하는 취득세 등 [지방세법 제11조]
- 취득세 : 취득가액의 3.5%
- 농어촌특별세 : 0.2%, 지방교육세 : 0.3%

[개정 세법] 조정대상지역의 증여 취득에 대한 취득세율 인상
2020.8.12. 이후 조정대상지역에 있는 주택으로서 취득 당시 지방세법 제4조에 따른 시가표준액이 3억원 이상인 주택을 무상취득하는 경우 취득세율은 12% (일반 무상 취득 취득세율 3.5%)로 상향 조정하였다. 단, 1세대 1주택자가 소유한 주택을 배우자 또는 직계존비속이 무상취득하는 경우는 중과세되지 아니한다.

증여에 대한 자금출처조사

자금출처조사는 부동산을 취득하였다하여 무조건 조사를 하는 것은 아니며, 재산의 취득일로부터 10년 이내 재산취득가액 또는 채무상환 금액의 합계액이 다음의 기준금액 미만인 경우에는 자금출처조사를 하지 않는다. 다만, 기준금액이내라 하더라도 객관적으로 증여 사실이 확인되면 증여세가 과세될 수 있다.

취득자금 중 소명하지 않아도 증여로 보지 않는 금액

소명하지 못한 금액이 ①과 ② 중 적은 금액에 미달할 때에는 취득 자금 전체가 소명된 것으로 본다. [상증법 시행령 제34조]
① 취득재산금액 × 20%
② 2억원

재산 취득가액이 10억원 미만인 경우
자금의 출처가 80% 이상 확인되면 나머지 부분은 소명하지 않아도 된다.

재산 취득가액이 10억원 이상인 경우
자금의 출처를 제시하지 못한 금액이 2억원이 넘는 경우에만 증여로 추정하므로 재산 취득가액이 10억원 이상인 경우로서 자금출처를 제시하지 못한 금액이 2억원 미만인 경우 증여세를 추징하지 않는다.

[사례] 취득자금 전체가 소명된 것으로 보는 경우
소명할 금액 15억원 → 13억원 이상 소명

재산취득자금 등의 증여추정 배제
재산취득일 전 또는 채무상환일 전 10년 이내에 주택과 기타재산의 취득가액 및 채무상환금액이 각각 증여추정배제 기준에 미달하고, 주택취득자금, 기타재산 취득자금 및 채무상환자금의 합계액이 총액한도 기준에 미달하는 경우에는 증여추정을 하지 않는다.

▣ 증여추정배제기준 [상속세 및 증여세 사무처리규정 제31조]

구 분	취득재산		채무상환	총액한도
	주택	기타재산		
1. 세대주인 경우			5천만원	
가. 30세 이상인 자	2억원	5천만원		2억5천만원
나. 40세 이상인 자	4억원	1억원		5억원
2. 세대주가 아닌 경우			5천만원	
가. 30세 이상인 자	1억원	5천만원		1억5천만원
나. 40세 이상인 자	2억원	1억원		3억원
3. 30세 미만인 자	5천만원	5천만원	5천만원	1억원

부담부증여 및 양도소득세

부담부 증여

부담부 증여란 수증자가 증여를 받으면서 증여를 하는 자(증여자)의 채무를 인수하는 것을 말한다. 직계존비속간 부담부 증여에 대하여는 수증자가 증여자의 채무를 인수한 경우에도 당해 채무액은 수증자에게 채무가 인수되지 아니한 것으로 **추정하나**, 당해 채무액을 수증자가 인수한 사실이 객관적으로 입증되는 경우(금융기관 담보채무, 전세계약서 등)에 한하여 수증자가 인수한 채무액을 증여재산의 가액에서 공제할 수 있다. (상속세 및 증여세법 제47조 제3항) 다만, 직계존비속간의 임대차계약은 세금을 회피할 목적으로 실제 금전거래없이 얼마든지 계약서를 작성할 수 있으므로 증여세 신고시 부담부 증여가 있는 경우 과세당국은 실제 거래 여부를 확인하여 수증자가 임대차계약을 명백히 증명하지 못하는 경우 채무를 부당하게 공제한 것으로 보아 증여세를 추징하게 된다.

부담부 증여에 대한 양도소득세

부담부 증여계약으로 증여자의 채무를 수증자가 인수하는 경우에는 증여가액 중 그 채무에 상당하는 부분이 유상으로 사실상 이전되는 것으로 보며, 증여자는 채무에 상당하는 자산부분에 대하여 양도일이 속하는 달의 말일부터 3개월(부담부 증여가 아닌 경우 2개월) 이내에 양도소득세를 신고 및 납부하여야 하며, 수증자는 증여를 받은 날의 말일부터 3개월 이내로 증여세를 신고납부하여야 한다.

▶ 부담부증여 양도가액 및 취득가액
- 양도가액 : 시가(또는 기준시가) × 채무액/증여가액

[개정] 양도가액이 임대보증금인 경우에도 기준시가 적용
- 취득가액 : 실지거래가액 × 채무액/증여가액

SECTION 02

상속세, 상속재산공제

상속세

상속세 개요
상속세는 사람의 사망으로 인하여 그의 배우자 및 자녀 등이 사망자의 재산을 무상으로 취득하는 경우 배우자 및 자녀 등이 취득하는 재산가액에 대하여 「상속세 및 증여세법」에 의하여 상속인에게 과세하는 세금을 말한다.

법정상속 및 유언상속
법정상속이란 피상속인이 별도의 유언을 하지 않은 경우 「민법」의 규정에 의하여 정하여진 지분을 말하며, 유언상속이란 피상속인(사망자)이 생전에 유언에 의하여 본인의 재산을 가족 등에게 재산의 분배를 지정하는 것을 말한다.

▶ 피상속인 및 상속인
피상속인이란 상속인에게 자기의 권리, 의무를 물려주는 사람 즉, 사망한 자를 말하며, 상속인이란 피상속인으로부터 상속을 받는 자를 말한다.

▶ 법정상속분
배우자 : 1.5
자녀 : 1.0 (장남, 미성년자, 출가한 자녀 모두 구분없음)

▶ 피상속인의 자녀가 없고 배우자 및 부모가 있는 경우
배우자 : 1.5, 부 : 1.0, 모 : 1.0

상속재산

상속재산이란 피상속인에게 귀속되는 모든 재산을 말하며, 상속개시일 현재 피상속인이 소유하고 있던 재산으로서 금전으로 환가할 수 있는 경제적 가치가 있는 물건 및 권리로서 상속재산에는 다음의 재산을 포함한다.

본래의 상속재산
상속개시 당시 피상속인이 현실적으로 소유하고 있는 경제적 가치가 있는 물건과 재산적 가치가 있는 법률상·사실상의 권리를 말한다.

간주상속재산
상속·유증 및 사인증여라는 법률상 원인에 의하여 취득한 재산은 아니지만, 상속 등에 의한 재산 취득과 동일한 결과가 발생하여 상속재산으로 간주되는 재산을 말한다.

1) 보험금 : 피상속인의 사망으로 인하여 지급받는 생명보험 또는 손해보험의 보험금으로서 피상속인이 보험계약자가 되거나 보험료를 지불한 경우

2) 신탁재산 : 피상속인이 신탁한 재산
3) 퇴직금 등 : 퇴직금, 퇴직수당, 공로금, 연금 또는 이와 유사한 것으로서 피상속인에게 지급될 것이 피상속인의 사망으로 인하여 지급되는 금액

사전 증여재산

1) 상속개시일 전 10년 이내에 피상속인이 상속인에게 증여한 재산가액
2) 상속개시일 전 5년 이내에 피상속인이 상속인이 아닌 자에게 증여한 재산가액

추정상속재산

상속개시일 전에 피상속인이 처분한 재산 또는 부담한 채무로서 일정 금액을 초과하는 경우 그 용도가 객관적으로 명백하지 아니한 경우 상속인이 상속받은 것으로 추정하여 상속세 과세가액에 산입한다.

▶ **상속개시일 전 처분재산 및 인출금액**
- 1년 이내 : 재산종류별로 2억원 이상인 경우
- 2년 이내 : 재산종류별로 5억원 이상인 경우

▶ **상속개시일 전에 국가·지방자치단체·금융기관에 부담한 채무**
- 1년 이내 : 부담채무 합계액이 2억원 이상인 경우
- 2년 이내 : 부담채무 합계액이 5억원 이상인 경우

유증

유증(遺贈)이란 유언에 의하여 재산의 전부 또는 일부를 주는 행위로서 상대방이 없는 단독행위로서 유증에 의하여 취득한 재산은 상속재산에 해당한다.

상속재산에서 공제되는 금액 및 신고·납부

상속재산에서 공제되는 금액

▶ 기초공제액

상속재산에서 특별한 조건없이 **2억원**을 공제받을 수 있으며, 이를 기초공제라 한다.

▶ 배우자 상속공제

피상속인(사망자)의 배우자가 있는 경우 상속재산에서 특별한 조건 없이 **5억원**을 배우자 상속공제받을 수 있다. 다만, 배우자가 실제 상속받은 상속재산이 있는 경우로서 상속재산가액에 배우자 법정상속지분[1.5/3.5(자녀가 2명인 경우)]을 곱한 금액이 5억원 이상인 경우 그 금액을 공제하되, 공제한도액은 30억원이다.

거주자의 사망으로 상속이 개시되는 경우에 아래의 ①, ②, ③중 가장 적은 금액을 배우자상속공제로 적용받을 수 있는 것이며, 배우자가 실제 상속받은 금액이 없거나 아래와 같이 계산한 금액이 5억원 미만인 경우에도 5억원을 상속세과세가액에서 공제가 가능하다.

① 배우자가 실제 상속받은 금액(배우자가 승계하기로 한 채무 공제, 공과금 공제함)
② 배우자의 법정상속분 - 가산한 증여재산중 배우자 수증분의 증여세 과세표준
③ 30억원

▶ 일괄공제 (상속세 및 증여세법 제21조)

거주자의 사망으로 상속이 개시되는 경우에 상속인은 기초공제액 2억원과 그 밖의 인적공제액을 합친 금액과 5억원 중 큰 금액으로 공제받을 수 있다. 다만, 신고가 없는 경우 5억원을 공제받을 수 있으나 배우자 단독상속의 경우에는 일괄공제를 적용받을 수 없다

▶ 피상속인(사망자)의 배우자와 자녀가 있는 경우 일괄공제

민법상 법정상속인으로 배우자가 있는 경우에는 배우자공제 5억원을 추가로 받을 수 있으므로, 피상속인이 자녀와 배우자가 있는 경우로서 사망일 전 10년 및 5년 내 상속인과 상속인이 아닌 자에게 증여한 사실이 없는 경우라면, 일괄공제 5억원과 배우자 공제 5억원을 합하여 총 10억원을 공제받을 수 있다

상속세 신고 및 납부 등

상속인(재산을 상속받은 사람)은 상속개시일(사망일)이 속하는 달의 말일로부터 6개월안에 사망자의 주소지 관할세무서에 상속세신고를 하고 자진납부하여야 한다.

▶ 상속세에 대한 지방소득세 신고·납부의무는 없음

상속세 신고는 조세 전문가에게 의뢰하는 것이 적절함

상속세의 경우 상속재산은 시가로 평가하여 신고하여야 하고, 상속추정 및 간주재산, 사전 증여재산에 대한 복합적인 세무문제로 상속인이 직접 신고하기는 현실적으로 매우 어렵다. 따라서 상속재산이 5억원(배우자와 자녀가 있는 경우 10억원)을 넘는 경우로서 상속세로 납부할 금액이 있는 것으로 예상되는 경우 상속인은 상속세 분야에 대한 전문 세무사 등에게 신고를 의뢰하여야 할 것이다.